"新思想在浙江的萌发与实践"系列教材

编 委 会

主　编：任少波

编　委：（按姓氏笔画排序）

"新思想在浙江的萌发与实践"系列教材

主编 任少波

"八八战略"

引领省域"两个先行"的科学指南

Double-Eight
Strategy

A Scientific Guide for
a Pioneer in Socialist Common
Prosperity with
Chinese Characteristics and
Modernization at
Provincial Level

盛世豪 王祖强 编著

ZHEJIANG UNIVERSITY PRESS
浙江大学出版社
·杭州·

序

　　浙江是中国革命红船起航地、改革开放先行地、习近平新时代中国特色社会主义思想重要萌发地。习近平同志在浙江工作期间，作出了"八八战略"重大决策部署，先后提出了"绿水青山就是金山银山""腾笼换鸟、凤凰涅槃"等科学论断，作出了平安浙江、法治浙江、数字浙江、文化大省、生态省建设、山海协作和加强党的执政能力建设等重要部署，推动浙江经济社会发展取得前所未有的巨大成就。2020年3月29日至4月1日，习近平总书记到浙江考察，提出浙江要坚持新发展理念，坚持以"八八战略"为统领，干在实处、走在前列、勇立潮头，努力成为新时代全面展示中国特色社会主义制度优越性的重要窗口。2021年6月，中共中央、国务院发布《关于支持浙江高质量发展建设共同富裕示范区的意见》，赋予浙江新的使命和任务。习近平新时代中国特色社会主义思想在浙江的萌发与实践开出了鲜艳的理论之花，结出了丰硕的实践之果，是一部中国特色社会主义理论的鲜活教科书。

　　走进新时代，高校在宣传阐释新思想、培养时代新人方面责无旁贷。浙江大学是一所在海内外具有较大影响力的综合型、研究型、创新型大学，同时也是中组部、教育部确定的首批全国干部教育培训基地。习近平同志曾18次莅临浙江大学指导，对学校改革发展作出了一系列重要指示。我们编写本系列教材，就是要充分发挥浙江"三个地"的政治优势，将新思想在浙江的萌发与实践作为开展干部培训的重要内容，作为介绍浙江努力打造新时代"重要窗口"的案例样本，作为浙江大学办学的重要特色，举全校之力高质量教育培训干部，高水平服务党和国家事业发展。同时，本系列教材也将作为高校思想政治理论课的重要教材，引导师生通过了解浙江改革发展历程，深切感悟新思想的理论穿透力和强大生命力，深入感知国情、省情和民情，让思想政治理论课更加鲜活，让新思想更加入脑入心，打造具有浙江大学特色的高水平干部培训和思想政治教育品牌。

实践是理论之源，理论是行动先导。作为改革开放先行地，浙江坚持"八八战略"，一张蓝图绘到底，全面客观分析世情、国情和省情与浙江动态优势，扬长避短、取长补短走出了符合浙江实际的发展道路；作为乡村振兴探索的先行省份，浙江从"千村示范、万村整治"起步，以"山海协作"工程为重大载体，逐步破除城乡二元结构，有效整合工业化、城市化、农业农村现代化，统筹城乡发展，率先在全国走出一条以城带乡、以工促农、山海协作、城乡一体发展的道路；作为"绿水青山就是金山银山"理念的发源地和率先实践地，浙江省将生态建设摆到重要位置统筹谋划，不断强化环境治理和生态省建设，打造"美丽浙江"，为"绿色浙江"的建设迈向更高水平、更高境界指明了前进方向和战略路径；作为经济转型发展的先进省份，浙江坚持以发展为第一要务，以创新为第一动力，通过"立足浙江发展浙江""跳出浙江发展浙江"，在"腾笼换鸟"中"凤凰涅槃"，由资源小省发展成为经济大省、开放大省。

在浙江工作期间，习近平同志怀着强烈的使命担当，提出加强党的建设"巩固八个方面的基础,增强八个方面的本领"的总体战略部署,从干部队伍和人才队伍建设、基层组织和党员队伍建设、党的作风建设与反腐败斗争等方面坚持和完善党的领导,有力推进了浙江党的建设走在前列、发展走在前列。在浙江工作期间,习近平同志以高度的文化自觉,坚定文化自信、致力文化自强,科学提炼了"求真务实、诚信和谐、开放图强"的"浙江精神",对浙江文化建设作出了总体部署,为浙江文化改革发展指明了前进方向。在浙江工作期间,习近平同志积极推进平安浙江、法治浙江、文化大省建设。作为"平安中国"先行先试的省域样本,浙江被公认为全国最安全、社会公平指数最高的省份之一。在浙江工作期间,习近平同志着力于发展理念与发展实践的有机统一,着力于发展观对发展道路的方向引领,着力于浙江在区域发展中的主旨探索、主体依靠、关系处理及实践经验的总体把握,深刻思考了浙江发展的现实挑战、面临困境、发展目标、依靠动力和基本保障等一系列问题,在省域层面对新发展理念进行了思考与探索。

从"绿水青山就是金山银山"理念到"美丽中国",从"千万工程"到"乡村振兴",从"法治浙江"到"法治中国",从"平安浙江"到"平安中国",从"文化大省"到"文化强国",从"数字浙江"到"数字中国",从对内对外开放到双循环新格局⋯⋯可以清晰地看到,习近平同志在浙江的重大战略布局、改革发展举措及创新实践经验,体现了新思想萌发与实践的重要历程。

浙江的探索与实践是对新思想鲜活、生动、具体的诠释,对党政干部培训和高校思想政治理论课教学而言,就是要不断推动新思想进学术、进学科、进课程、进培训、进读本,使新思想落地生根、入脑入心。本系列教材由浙江省有关领导干部、专家及浙江大学知名学者执笔，内容涵盖"八八战略"、新发展理念、"绿水青山就是金山银山"理念、乡村振兴、"千万工程"、"山海协作"、县域治理、"腾笼换鸟"、对内对外开放、党的建设、新时代"枫桥经验"、平安浙江、法治浙江、数字浙江、健康浙江、民营经济、精神引领、文化建设、创新强省等重要专题。浙江省以习近平新时代中国特色社会主义思想为指引，全面贯彻党中央各项决策部署，统筹推进"五位一体"总体布局，协调推进"四个全面"战略布局，坚持稳中求进工作总基调，坚持新发展理念，坚持以"八八战略"为统领，一张蓝图绘到底，为社会各界深入了解浙江改革开放和社会主义现代化建设的成功经验提供有益的参考。

本系列教材主要有以下特色：一是思想性。教材以习近平新时代中国特色社会主义思想为指导，通过新思想在浙江的萌发与实践展现党的创新理论的鲜活力量。二是历史性。教材编写涉及的主要时期为2002年到2007年，并作适当延伸或回顾，集中反映浙江坚持一张蓝图绘到底，在新思想指导下的新实践与取得的新成就。三是现实性。教材充分展现新思想萌发与实践过程中的历史发展、典型案例、现实场景，突出实践指导意义。四是实训性。教材主要面向干部和大学生，强调理论学习与能力提升相结合，使用较多案例及分析，注重示范推广性，配以思考题和拓展阅读，加强训练引导。

"何处潮偏盛？钱塘无与俦。"奔涌向前的时代巨澜正赋予浙江新的期望与使命。起航地、先行地、重要萌发地相互交汇在这片神奇的土地上，浙江为新时代新思想的萌发、形成和发展提供了丰富的实践土壤。全景式、立体式展示浙江的探索实践,科学全面总结浙江的经验,对于学深悟透党的创新理论,用习近平新时代中国特色社会主义思想武装全党、教育人民具有重大意义。让我们不负梦想、不负时代,坚定不移地推进"八八战略"再深化、改革开放再出发,为建设社会主义现代化强国、实现中华民族伟大复兴的中国梦作出更大贡献。

感谢专家王永昌教授、胡坚教授、盛世豪教授、刘亭教授、张彦教授、宋学印特聘研究员对本系列教材的指导和统稿,感谢浙江大学党委宣传部、浙江大学继续教育学院(全国干部教育培训浙江大学基地)、浙江省习近平新时代中国特色社会主义思想研究中心浙江大学研究基地、浙江大学中国特色社会主义研究中心、浙江大学马克思主义学院、浙江大学出版社对本系列教材的大力支持,感谢各位作者的辛勤付出。由于时间比较仓促,书中难免有不尽完善之处,敬请读者批评指正。

是为序。

"新思想在浙江的萌发与实践"
系列教材编委会
二〇二一年十二月

前　言

　　中国式现代化是全体人民共同富裕的现代化。共同富裕和现代化具有鲜明的时代特征和中国特色。共同富裕以现代化和高质量发展为基石，是在做大"蛋糕"基础上分好"蛋糕"，要以"做大蛋糕"为首要目标，为共同富裕奠定坚实的物质基础。共同富裕与高质量发展、现代化建设本质上是一致的，是相互促进、螺旋上升的。

　　浙江要在高质量发展、现代化先行的基础上率先推动共同富裕。

　　"八八战略"实施 20 多年以来，浙江坚持经济、政治、文化、社会和生态文明"五位一体"全面推进小康社会建设，实现了"五个跃变"：实现了从资源小省向经济大省、从外贸大省向开放强省、从总体小康向高水平全面小康、从环境整治向美丽浙江、从文化大省向文化强省跃变。这 20 年，浙江是城乡区域发展最均衡、群众最富裕、社会活力最强、社会秩序最优的省份之一，为浙江高质量发展推进共同富裕先行和省域现代化先行打下了坚实的基础。

　　"两个先行"，即中国特色社会主义共同富裕先行和省域现代化先行。2021 年 5 月 20 日《中共中央、国务院关于支持浙江高质量发展建设共同富裕示范区的意见》发布，明确了浙江建设共同富裕示范区顶层设计，浙江要先行先试为全国实现共同富裕探路。2022 年 6 月浙江省第十五次党代会提出，今后五年的奋斗目标是，在高质量发展中实现中国特色社会主义共同富裕先行和省域现代化先行。2023 年 9 月 20—21 日习近平总书记在浙江考察时强调，浙江要在推进共同富裕中先行示范。"先行"的本质，就是先行探路,中央不拿钱,老百姓能富起来,率先破解体制机制难题,走出一条具有普遍意义的实现共同富裕和现代化的新路子。浙江要聚焦示范引领,在推进"两个先行"过程中,加快打造一批具有浙江辨识度、示范推广性、战略引领力的标志性成果。

"八八战略"是马克思主义中国化时代化在省域层面探索创新的理论成果,是习近平新时代中国特色社会主义思想在浙江萌发与实践的集中体现和重要标志。编写此书的目的,是深入学习"八八战略"蕴含的一系列极具开创性、前瞻性、洞察力的发展理念、战略思路和思想论断,正确把握习近平总书记关于中国式现代化和共同富裕的重要论述,全面贯彻"两个先行"的战略部署、战略定位和目标任务,鼓励各地全面深化改革、因地制宜探索"两个先行"的有效路径。

此书兼具理论研究性与实践总结性,主要有以下特点:第一,高举思想旗帜。全书以习近平新时代中国特色社会主义思想和习近平总书记关于中国式现代化和共同富裕的重要论述为指导,坚定捍卫"两个确立"、坚决做到"两个维护",在思想上政治上行动上同以习近平同志为核心的党中央保持高度一致。第二,坚持问题导向。全书十分关注浙江高质量发展、现代化建设和共同富裕先行示范的热点难点问题,既涉及基本理论问题,也涉及重大现实问题。"两个先行"是一场深刻社会变革,需要加强总体谋划、系统协调、整体推进;"两个先行"不仅是发展问题,更是改革问题;既要尽力而为,又要量力而行;既要防止两极分化,又要反对平均主义。第三,坚持守正创新。全书有扎实的科研成果基础,阐释富有启发性。科学、准确地阐述中国式现代化和共同富裕的科学内涵、主要特征和重大意义,正确把握"两个先行"的战略部署、战略定位、目标任务和实现路径,具有较强的针对性和现实指导性。

由于时间仓促等原因,书中难免存在一些不当之处,敬请读者不吝指正。

目　录

导论　"八八战略"是引领浙江共同富裕和现代化建设的总纲领

◆◆ **导论要点**

1. "八八战略"是20多年前习近平同志在浙江工作时,亲自擘画并推动实施的省域经济社会发展的战略部署。其中,第一个"八"是指"八个优势",第二个"八"是指八个方面的举措。"发挥八个方面的优势,推进八个方面的举措",是针对浙江率先遇到的种种"成长的烦恼"提出的引领浙江从粗放型增长迈向高质量发展的总方略。

2. 习近平同志到中央工作以后,始终牵挂着浙江的改革发展,牵挂着"八八战略"的贯彻落实,并对浙江工作作出一系列重要指示,亲自为新时代浙江赋予光荣使命、擘画宏伟蓝图。这些重要指示、重大部署不仅为新时代浙江发展提供了重要依据,也是"八八战略"的进一步深化发展。

3. "八八战略"是全面系统开放的理论体系,具有与时俱进的理论品格。"5大战略指引、11方面重要遵循"是"八八战略"的深化发展。"八八战略"是习近平新时代中国特色社会主义思想的重要组成部分,是省域发展的全面规划和顶层设计,是推进中国式现代化省域先行的行动指南,也是干在实处、走在前列的实践方法。

"八八战略"是20多年前习近平同志在浙江工作时,经过广泛深入调研思考,亲自擘画并推动实施的省域经济社会发展的战略部署。20多年来,浙江的发展实践充分表明,"八八战略"引领浙江发生了翻天覆地的变化,是中国特色社会主义在省域层面探索创新的重要成果,是习近平新时代中国特色社会主义思想在浙江萌发与实践的集中体现和重要标志。

一、"八八战略"的提出及其丰富发展

"八八战略"是全面系统开放的理论体系,涵盖了习近平同志在浙江工作时作出的一系列重大决策部署,与时俱进融汇集合了党的十八大以来习近平总书记重要指示、党中央重大部署在浙江贯彻落实的战略要求,是习近平新时代中国特色社会主义思想在浙江萌发与实践的集中体现,是浙江全面推进习近平新时代中国特色社会主义思想省域生动实践的总抓手,是引领浙江共同富裕和现代化的总纲领。

(一)"八八战略"的提出

2002年10月,习近平同志刚从福建省调到浙江任省委副书记、代省长,就马不停蹄地到基层开展调研。从2002年10月22日赴嘉兴调研并瞻仰南湖革命纪念馆,到2003年1月,短短的110多天,他连续跑了11个市和25个县;到2003年7月,习近平同志在9个月时间里跑了全省90个县(市、区)中的69个①。在广泛深入调研的基础上,习近平同志对省域发展进行了全面系统的思考和谋划。

2003年7月10日,在中共浙江省委十一届四次全会上,习近平同志代表省委常委会在总结历届省委工作的基础上,围绕如何

---

① 郭占恒.从"全省大兴调查研究之风"看"全党大兴调查研究之风"[J].浙江经济,2023(03):6-8.

加快浙江全面建设小康社会、提前基本实现现代化的战略目标,提出了"八八战略"的重大决策和总体部署。其中第一个"八"所指的"八个优势",并非单纯指已经体现出来的优势,而是按照科学发展观的要求,结合实际作出的总体把握,体现了继承和创新的统一。具体而言,是将已经显现出来的优势进一步发挥好;将潜在的优势变为现实的优势;对于一些劣势,要通过努力转化为优势,或者避开。第二个"八"是指八个方面的举措,是针对进一步发挥、培育和转化优势提出的。通过实施这些举措,推动经济社会发展、增创新优势、再上新台阶。"八八战略"是对新世纪初浙江发展面临的世情国情省情变化的正确认识和深刻把握,充分体现了习近平同志对浙江当时经济社会发展优势的精准分析预判,以及对浙江如何走好今后发展道路的思路举措。

"八八战略"具体内容为①:一、进一步发挥浙江的体制机制优势,大力推动以公有制为主体的多种所有制经济共同发展,不断完善社会主义市场经济体制。二、进一步发挥浙江的区位优势,主动接轨上海、积极参与长江三角洲地区合作与交流,不断提高对内对外开放水平。三、进一步发挥浙江的块状特色产业优势,加快先进制造业基地建设,走新型工业化道路。四、进一步发挥浙江的城乡协调发展优势,统筹城乡经济社会发展,加快推进城乡一体化。五、进一步发挥浙江的生态优势,创建生态省,打造"绿色浙江"。六、进一步发挥浙江的山海资源优势,大力发展海洋经济,推动欠发达地区跨越式发展,努力使海洋经济和欠发达地区的发展成为浙江经济新的增长点。七、进一步发挥浙江的环境优势,积极推进

---

① 习近平.干在实处 走在前列:推进浙江省新发展的思考与实践[M].北京:中共中央党校出版社,2006:71-73.

基础设施建设，切实加强法治建设、信用建设和机关效能建设。

八、进一步发挥浙江的人文优势，积极推进科教兴省、人才强省，加快建设文化大省。

发挥"八个优势"，推进"八项举措"，首先是基于对新世纪浙江面临的重要战略机遇期的正确认识和科学把握。进入 21 世纪后，经济全球化进程不断加快，新技术革命迅猛发展，国际产业结构快速变革，全球产业转移迅速，以及我国加入世界贸易组织，为我国经济社会发展带来了前所未有的机遇。因此，中央作出科学研判后提出，21 世纪的头 20 年是必须紧紧抓住并且可以大有作为的重要战略机遇期。而作为沿海开放大省、民营经济大省，浙江如何抓住这一历史性机遇加快发展，亟待谋划新的改革开放思路和提出新的战略举措。其次是基于把中央精神与浙江实际有机结合的正确认识和科学把握。党的十六大确立了全面建设小康社会的奋斗目标，并要求有条件的地方可以发展更快一些，在全面建设小康社会的基础上率先实现现代化。特别是期望浙江能在全面建设小康社会、加快推进社会主义现代化的进程中走在前列。为此，习近平同志在 2003 年 7 月召开的省委十一届四次全体（扩大）会议上明确提出，"按照省第十一次党代会和省委十一届二次全会确定的目标、任务，围绕如何加快浙江全面建设小康社会、提前基本实现现代化，进一步发挥'八个方面的优势'，推进'八个方面的举措'"①。再次是基于对浙江经济社会发展现实基础的正确认识和科学把握。新世纪初，浙江凭借着体制创新的先发优势，率先成为全国经济发展速度最快的地区之一，浙江人均 GDP 已在 3000 美元左右，

---

① 习近平.干在实处 走在前列：推进浙江省新发展的思考与实践[M].北京：中共中央党校出版社，2006：3.

达到了中等收入经济体水平。这时是经济社会结构发生深刻变化的重要阶段,既有资源短缺等"先天不足"的制约,也有发展方式粗放、环境制约等"成长的烦恼"。原有的一些优势正在快速减弱,新的矛盾和问题在不断显现,如何顺利"爬坡过坎",急需谋划和实施一系列的新理念新战略新举措。

总之,"发挥八个方面的优势,推进八个方面的举措"是习近平同志在系统梳理浙江改革发展取得的成就、经验及优势的基础上,针对浙江率先遇到的种种"成长的烦恼"提出的引领浙江从粗放型增长迈向高质量发展的总方略,它涵盖政府与市场、经济与社会、经济与生态、内生发展与开放发展、硬环境与软环境、城乡区域协调发展等各方面内容,构成了一个全面、系统的整体解决方案。

(二)"八八战略"的丰富拓展

继 2003 年作出实施"八八战略"重大决策之后,习近平同志在浙江工作期间,又根据新的形势和任务,将党中央的重大决策部署同"八八战略"的贯彻落实紧密地结合起来,先后作出了平安浙江、法治浙江、文化大省、生态省建设和加强党的执政能力建设等一系列决策部署,这些决策部署同"发挥八个方面的优势,推进八个方面的举措"相互补充、相互促进、相互支撑,共同构成了新世纪以来浙江改革发展和省域治理创新的重要战略,为"八八战略"提供了新内容、注入了新内涵,形成了在省域层面实践中国特色社会主义的系统性思想。

比如,为了给转型期经济社会发展创造一个和谐稳定的社会环境,2004 年 5 月,浙江省委十一届六次全体(扩大)会议作出了《关于建设"平安浙江" 促进社会和谐稳定的决定》,着眼树立"大平安"理念和"新的稳定观",将维护社会稳定同经济建设、政治建设和文化建设有机地结合起来,致力于探索社会和谐稳定的长效机制。一方面,"平安浙江"建设是"八八战略"的一个有机组成部分,是"八八战略"在社会领域的细化、深化和具体部署,正如习近平同志所强调的,要按照"八八战略"的总体部署,大力建设"平安浙江"。另一方面,建设"平安浙江"是深入实施"八八战略"的重要保证。^① 两者有着非常紧密的关系。

又如,如何发挥党委总揽全局、协调各方的领导核心作用,是习近平同志在浙江工作时一直思考的问题。2005 年 12 月,他在全省经济工作会议上明确强调,要始终坚持把加强党的执政能力建设和先进性建设作为落实实施"八八战略"的根本保证,并就健全党的领导的体制机制进行了深入的探索,率先提出并健全了"一个核心、三个党组、几个口子"的领导体制和工作机制。浙江省委十一届七次全体(扩大)会议还围绕加强党的先进性建设和执政能力建设,作出了"巩固八个基础,增强八种本领"的重大决策,在省域层面对巩固党的执政基础作了系统性、战略性的谋划和部署。

再如,浙江是中华文明的重要发源地,具有深厚的文化积淀。习近平同志在浙江工作期间,高度重视对优秀传统文化的传承保护和浙江精神的提炼概括。早在 2003 年,他就对"自强不息、坚韧不拔、勇于创新、讲求实效"的浙江精神作了阐释;2006 年,他又强调,要与时俱进地培育和弘扬"求真务实、诚信和谐、开放图强"的精神,这些精神气质也都蕴含在"八八战略"之中。习近平同志还就增强发展区域文化软实力进行了深入的理论思考和实践探索。2005 年 7 月,浙江省委十一届八次全体(扩大)会议作出了《关于加

---

① 习近平.之江新语[M].杭州:浙江人民出版社,2007:52.

快建设文化大省的决定》,明确提出要通过实施文化建设"八项工程",加快建设教育强省、科技强省、卫生强省、体育强省,增强文化软实力,建设文化大省。

可以看出,从"发挥八个方面的优势,推进八个方面的举措",到建设"绿色浙江""平安浙江""文化大省""法治浙江"以及"巩固八个基础,增强八种本领",习近平同志在浙江工作期间的一系列探索和实践,涉及中国特色社会主义经济建设、政治建设、文化建设、社会建设、生态文明建设和党的建设各个领域,共同构成了一个完整的思想理论体系。而这个思想体系的形成,就源于习近平同志在浙江的理论思考和实践探索。2006年浙江省委作出"法治浙江"建设决策时,习近平同志就强调指出,建设"法治浙江"与党的十六大以来省委作出的深入实施"八八战略"、全面建设"平安浙江"、加快建设"文化大省"、加强党的执政能力建设和先进性建设等重大决策部署,有机地构成了浙江经济、政治、文化和社会建设"四位一体"的总体布局。在这个总体布局中,深入实施"八八战略"是落实科学发展观的总抓手,全面建设"平安浙江"是构建和谐社会的主要载体,加快建设"文化大省"是发展社会主义先进文化的重要举措,努力建设"法治浙江"是发展社会主义民主政治的有效途径,加强党的执政能力建设和先进性建设为此提供根本保证。它们之间是内在统一、有机联系、相辅相成、不可分割的。这"四位一体"的辩证统一,体现了历史和逻辑的一致性,反映了马克思主义认识论的基本原理和事物发展的客观规律;体现了"你中有我、我中有你"的互动性,每一个方面既具有质的规定性和各自丰富的内涵,同时又相互联系、相互依存、相互作用;体现了科学发展和普遍联系的整体性,以辩证的思维、从全局的高度、按统筹的方法，谋划了各个方面的工作，使之统一于建设中国特色社会主义在浙江的实践。①

"八八战略"的丰富拓展，把贯彻落实党中央的重大决策部署同破解浙江改革发展面临的突出问题紧密地结合起来，健全完善了省域中国特色社会主义的总体布局，全面擘画了省域中国式现代化建设的宏伟蓝图，精心构筑了省域治理的四梁八柱，在省域层面具体回答了"怎样建设社会主义""怎样建设党""怎样实现发展"等重大理论和实践问题。

(三)"八八战略"的深化发展

习近平同志到中央工作以后，始终牵挂着浙江的改革发展，牵挂着"八八战略"的贯彻落实。党的十八大以来，习近平总书记6次亲临浙江，对浙江工作作出一系列重要指示，亲自为新时代浙江赋予光荣使命、擘画宏伟蓝图。党中央也赋予了浙江建设共同富裕示范区等多项重要使命任务。这些重要指示、重大部署不仅为新时代浙江发展提供了重要遵循，也是"八八战略"的进一步深化发展。2015年5月，习近平总书记在视察浙江时，赋予了浙江"干在实处永无止境、走在前列要谋新篇"的新使命，希望浙江坚持和深化"八八战略"，努力在提高全面建成小康社会水平上更进一步，在推进改革开放和社会主义现代化建设中更快一步，继续发挥先行和示范作用，并明确要求浙江在适应和引领新常态中做出新作为，发挥全面深化改革的牵引作用，加快推进城乡发展一体化，培育和践行社会主义核心价值观，不断提高社会建设水平，全面提高生态文明建设水平，认真落实全面依法治国，坚持伟大工程和伟大

---

① 习近平.之江新语[M].杭州：浙江人民出版社，2007：201.

事业协同推进等"八个方面"重点任务。

2016年9月,在G20杭州峰会期间,习近平总书记进一步提出了"秉持浙江精神,干在实处,走在前列,勇立潮头"的新要求。

2018年7月8日,在"八八战略"实施15周年之际,习近平总书记作出重要批示,明确指出"'八八战略'来自大量的调查研究,体现出中央精神与浙江实际的结合,见效于浙江广大党员干部群众的共同奋斗",对浙江提出了"干在实处永无止境,走在前列要谋新篇,勇立潮头方显担当"的新期望。

2020年3月29日至4月1日,在统筹推进疫情防控和经济社会发展的特殊时期,习近平总书记到浙江考察调研并发表重要讲话,赋予浙江"努力成为新时代全面展示中国特色社会主义制度优越性的重要窗口"的新目标新定位,为浙江实现更好发展指明了战略方向、提供了战略指引。

2021年5月,在"十四五"开局、现代化新征程开启的历史性时刻,以习近平同志为核心的党中央赋予了浙江在扎实推动共同富裕的新征程中先行示范的重大政治使命。

2023年6月,在"八八战略"实施20周年之际,习近平总书记再次作出重要批示,希望浙江持续推动"八八战略"走深走实,始终干在实处、走在前列、勇立潮头,在推进共同富裕和中国式现代化建设中发挥示范引领作用。

2023年9月20日至21日,习近平总书记在浙江考察时指出,浙江要在深化改革、扩大开放上续写新篇,要求浙江在以科技创新塑造发展新优势上走在前列,要在推进共同富裕中先行示范,要在建设中华民族现代文明上积极探索,要坚持和加强党的全面领导、加强和改进党的建设。

此外,习近平总书记还在许多场合对浙江的工作作出了一系列重要指示批示,这些重要指示批示精神,与"八八战略"是一脉相承的,在内涵上也是高度契合的,成为新时代浙江改革发展稳定最重要最直接的思想遵循,也是"八八战略"的重要组成部分。

因此,"八八战略"蕴含了加强党对经济工作的战略谋划和统一领导的思想;蕴含了实现社会主义现代化和中华民族伟大复兴的思想;蕴含了坚持和完善社会主义基本经济制度、使市场在资源配置中起决定性作用、更好发挥政府作用的思想;蕴含了顺应经济全球化、实行更加积极主动的开放战略的思想;蕴含了区域协调发展战略和空间布局的思想;蕴含了创新、协调、绿色、开放、共享的新发展理念;蕴含了全面依法治国、建设社会主义法治国家的思想;蕴含了以人民为中心的发展思想。"八八战略"是习近平同志在浙江对省域层面如何坚持和发展中国特色社会主义进行的卓有成效的理论探索和实践创新,创造的弥足珍贵的理论成果、实践成果、制度成果,是一个完整的省域现代化建设的总体方略和科学指南。因此,"八八战略"既是浙江干部群众深化改革开放探索实践的行动指南,也是学习和运用马克思主义立场、观点、方法的生动教材。

(四)贯彻"八八战略"的战略指引和重要遵循

"八八战略"是全面系统开放的理论体系。习近平同志在浙江省委十一届四次全体(扩大)会议上系统阐述的关于浙江经济社会发展的"八个方面优势"和"八个方面举措"是"八八战略"的基本内容;习近平同志在浙江工作期间围绕"八八战略"的深入实施而提出的一系列重大决策部署,是"八八战略"的丰富发展;而党的十八大以来,习近平总书记关于浙江的重要指示批示、党中央重大决策部署在浙江贯彻落实的战略要求,则是"八八战略"的深化发展:上述三个方面构成了"八八战略"的完整体系。"八八战略"是习近平新时代中国特色社会主义思想在浙江萌发与实践的集中体现,是浙江全面推进习近平新时代中国特色社会主义思想在省域生动实践的总抓手,是引领浙江共同富裕和现代化的总纲领。

根据中共浙江省第十五次党代会精神,"八八战略"的主要精神可以概括为"5 大战略指引"和"11 方面重要遵循"①。

"5 大战略指引",集中体现了习近平总书记赋予浙江的重大使命、擘画的重大战略。具体包括:一要以加强党的全面领导和全面从严治党守好"红色根脉"。"红色根脉"是党在浙江百年奋斗最鲜明的底色,习近平新时代中国特色社会主义思想在浙江的萌发与实践赋予其新内涵和新时代标识。"红色根脉"蕴含着党的初心使命,蕴含着以伟大自我革命引领伟大社会革命的基因密码,是浙江的精神之源、使命之源、力量之源。二要忠实践行"八八战略"。"八八战略"是习近平总书记留给浙江取之不尽、用之不竭的宝贵财富,忠实践行"八八战略"是浙江不断进步发展壮大的制胜法宝。三要奋力打造"重要窗口"。"重要窗口"是习近平总书记赋予浙江省的全新定位,核心任务是打造新时代中国特色社会主义制度优越性的省域范例,生动展示中国共产党为什么能、马克思主义为什么行、中国特色社会主义为什么好。四要在高质量发展中推进共同富裕和现代化。习近平总书记、党中央赋予浙江高质量发展建设共同富裕示范区光荣使命,要求浙江在推进以人为核心的现代化、实现全体人民全面发展和社会全面进步的伟大变革中发挥先

---

① 参阅袁家军.忠实践行"八八战略"坚决做到"两个维护"在高质量发展中奋力推进中国特色社会主义共同富裕先行和省域现代化先行[N].浙江日报,2022-06-27.

行和示范作用。五要干在实处、走在前列、勇立潮头。这是习近平总书记对浙江工作一以贯之的要求，明确了具有浙江辨识度的工作作风、工作标准、工作状态。

"11方面重要遵循"聚焦共同富裕和现代化先行宏伟目标，明确了新时代浙江发展的基本要求和战略举措。

1.牢牢把握实施创新驱动发展战略的要求。坚持创新在现代化建设全局中的核心地位；加快建设世界重要人才中心和创新高地；深入实施人才强省战略；推进创新型省份和科技强省建设，在科技创新塑造发展新优势上走在前列；坚持"腾笼换鸟、凤凰涅槃"，加快新旧动能转换，跑出高质量发展的加速度。

2.牢牢把握为全国改革探路的要求。深刻把握全面深化改革的关键地位和重要作用，深入推进重要领域和关键环节改革，加快取得更多实质性、突破性、系统性成果；加强改革系统集成，激活高质量发展新动力；以数字化改革助力政府职能转变；加快建设数字中国；坚持"两个毫不动摇"，推动民营经济新飞跃。

3.牢牢把握立足浙江发展浙江、跳出浙江发展浙江的要求。深入贯彻新发展理念、构建新发展格局，充分发挥浙江独具的共建"一带一路"、长江经济带发展、长三角一体化发展等叠加优势，发挥好自由贸易试验区作用，以更大力度推进全方位高水平开放。

4.牢牢把握率先突破发展不平衡不充分问题的要求。着力解决发展不平衡不充分问题和人民群众急难愁盼问题，推动人的全面发展、全体人民共同富裕取得更为明显的实质性进展；念好"山海经"；深入实施山海协作工程；建设海洋经济强省；继续唱好杭州、宁波的"双城记"；深化"千村示范、万村整治"工程和美丽乡村、美丽城镇建设；加快推进农业农村现代化。

5.牢牢把握推进全过程人民民主建设的要求。把人民当家作主具体地、现实地体现到党治国理政的政策措施上来、体现到党和国家机关各个方面各个层级的工作上来、体现到实现人民对美好生活向往的工作上来;把人民群众的民主要求全面纳入法治轨道,使公民的政治参与既能够在具体的制度上得到保障,又能够在有序的轨道上逐步扩大;有事好商量,众人的事由众人商量。

6.牢牢把握让法治这一手真正硬起来的要求。坚持依法治国、依法执政、依法行政共同推进,法治国家、法治政府、法治社会一体建设;建设法治浙江;坚持立法决策与改革、发展、稳定的重大决策相结合;全面建设法治政府;努力让人民群众在每一个司法案件中感受到公平正义;全面提高法治化水平。

7.牢牢把握促进人民精神生活共同富裕的要求。我国现代化是物质文明和精神文明相协调的现代化;增强文化自觉、坚定文化自信;强化社会主义核心价值观引领;共同富裕是人民群众物质生活和精神生活都富裕;大力实施文化建设"八项工程";在建设中华民族现代文明上积极探索,传承历史、守正出新,海纳百川、兼收并蓄,实现建设文化强省的目标。

8.牢牢把握办实每件事、赢得万人心的要求。让老百姓过上好日子,是我们一切工作的出发点和落脚点;加强社会建设要从保障和改善民生做起;坚持群众想什么,我们就干什么;建立健全为民办实事的长效机制;以推进基本公共服务均等化为主线,稳扎稳打、持续推进。

9.牢牢把握让绿色成为浙江发展最动人色彩的要求。我们要建设的现代化是人与自然和谐共生的现代化;生态文明建设要先行示范;照着绿水青山就是金山银山的路子走下去,把绿水青山建得更美,把金山银山做得更大。

10.牢牢把握建设"大平安"的要求。坚持总体国家安全观;推动社会治理重心向基层下移;完善共建共治共享的社会治理制度;建设人人有责、人人尽责、人人享有的社会治理共同体;从现代化总布局中谋划推进平安浙江建设;治理体系和治理能力要补齐短板;坚持和发展新时代"枫桥经验"。

11.牢牢把握以伟大自我革命引领伟大社会革命的要求。始终坚持党要管党、全面从严治党;坚持党对一切工作的领导;坚持伟大工程和伟大事业协同推进;牢记全面从严治党永远在路上,全面加强党的建设,把各级党组织锻造得更加坚强有力;巩固八个基础、增强八种本领;有贪必反,有腐必惩,有乱必治;聚焦形式主义、官僚主义问题,开展全面检视、靶向治疗。

"5大战略指引、11方面重要遵循"纲举目张、相互贯通,深刻回答"国之大者"与浙江使命、理论与实践、战略与策略、目标与路径等基本问题,是"八八战略"的深化发展,是进一步推动习近平新时代中国特色社会主义思想在浙江生动实践,指引浙江推进中国特色社会主义共同富裕先行和省域现代化先行的行动指南。

二、"八八战略"引领浙江实现了历史性变化

改革开放初期,浙江工业化从低门槛的家庭工业、轻小工业起步,以民营企业为主,"低、小、散"的特征十分明显,素质性、结构性矛盾十分突出。经济增长主要依靠粗放型增长方式,经济结构不尽合理,创新能力不强,人才科技等高端要素制约明显;经济与社会发展不够协调,城乡和地区发展不够平衡,处理好社会利益关系的难度大。缓解发展中长期积累的素质性、结构性、体制性矛盾和问题,必须与时俱进地创新发展模式。

　　针对如何破解"成长的烦恼"、推进经济结构的战略性调整和发展方式的根本性转变这一时代难题,习近平同志在浙江工作期间经过深入细致的调查研究,作出了"八八战略"的重大决策部署。20多年来,在"八八战略"引领下,浙江一张蓝图绘到底,一任接着一任干,咬定目标、狠抓落实,改变了传统增长方式的路径依赖,推动发生了全方位深层次根本性精彩蝶变,迎来了从破解"成长的烦恼"、率先转型发展到"两个先行"打造"重要窗口"的重大跨越。浙江实现了从经济大省向经济强省、从对内对外开放向深度融入全球、从生态浙江到美丽浙江、从总体小康向高水平全面小康的历史性跃迁,"五位一体"和党的建设各领域全方位整体性提升,形成了一批传统优势巩固放大的成果、一批与时俱进塑造优势的成果、一批浙江首创走向全国的成果。

　　1.经济实力显著增强,迈入"高收入经济体"行列。新世纪以来,浙江经济总量节节攀升,经济实力显著增强。全省GDP总量从2002年的0.8万亿元跃升至2022年的7.77万亿元,年均增长9.2%。按年平均汇率计算,2022年浙江GDP总量约合1.15万亿美元,人均GDP从2002年的0.20万美元提升至1.76万美元。根据世界银行2021年人均国民收入的分组标准,浙江已经迈入高收入经济体行列(人均GDP 1.32万美元以上),成为最接近中等发达经济体水平的省份之一。全员劳动生产率大幅提升,高端要素、创新要素成为支撑经济增长的核心要素。城乡居民收入倍差缩小到1.90∶1、地区居民收入最高最低倍差缩小到1.58∶1,基本公共服务均等化实现度超过98%。①

----

　　①　数据来源于2002年、2022年《浙江省国民经济和社会发展统计公报》,经计算、比较而得,下同。

2.高水平建设现代化经济体系,推动产业结构深度优化、高级化。随着互联网、大数据的广泛应用和深度渗透,高端制造业和现代服务业成为经济增长的新引擎。全省"工业经济"向"服务经济"转型的趋势十分明显。服务业的主导地位得到巩固和加强,三次产业增加值比例从 2002 年的 8.5∶51.2∶40.3 调整为 2022 年的 3.0∶42.7∶54.3,其中数字经济核心产业增加值占 GDP 比重达 10.7％,新旧动能转换成效显著,成为全国数字经济的领跑者,形成了数字经济服务实体经济振兴的新模式、新路径,数字经济发展水平已稳居全国第一梯队,不仅成为浙江经济社会高质量发展的"金名片",更是实现这一发展的重要引擎。

3.深入实施创新驱动发展战略,创新驱动成为经济发展的主要动力。2022 年浙江省科技进步贡献率达 68％,企业技术创新能力已连续 7 年位居全国第三,研究与试验发展(R&D)经费支出超过 2350 亿元,占 GDP 的比重为 3.02％,创新投入强度已超过经济合作与发展组织(OECD)成员国 2.48％ 的平均水平。坚持以稳促调、以调促优,启动新一轮"腾笼换鸟、凤凰涅槃"攻坚行动,数字经济核心产业制造业、高新技术产业、战略性新兴产业增加值分别增长 10.7％、5.9％ 和 10％,明显高于 GDP 增长。工业企业逐步实现从"制造"到"智造"的转型,科技实力正处于从量的积累向质的飞跃、点的突破向系统能力提升的重要时期。

4.全面提升四大都市区和中心城市能级,着力塑造引领未来的新增长极。浙江经济的集聚现象日益突出,极化效应十分明显,城市群和中心城市正在成为高质量的主要空间形式和动力源。以县域经济为主体的空间结构正在向以城市经济为主体的空间结构转型,人口向大城市、区域中心城市集聚的态势十分明显。2022 年全省常住人口6577万人,比2021年的6540万人增加了37万人,城镇化率达73.4%。2010—2022年,浙江常住人口从5442.7万人增长至6577万人,新增常住人口1134万人,增长了20.83%。杭州、宁波等中心城市成为经济和人口主要集聚地,在全省GDP中的份额呈现上升趋势。因此,要唱好杭甬"双城记",培育国家中心城市。

5.立足浙江发展浙江、跳出浙江发展浙江,成为构建新发展格局开路先锋。浙江充分发挥区位优势,切实增强两个市场、两种资源联动效应,全面开放新格局加快形成,国内国际双循环日益畅通。作为开放型经济大省,浙江正在加快建设新发展格局的战略节点、战略枢纽,向开放型经济强省迈进。进出口总额从2002年的3472.4亿元增至2022年的46837亿元,从全国第五位跃居至全国第三位,占全国比重由6.8%上升至11.1%。2022年浙江出口对全国出口增长贡献率达18.5%,居全国首位;浙江进口对全国进口增长贡献率达16.3%,居全国第二位;进出口商品结构不断优化,机电和高新技术产品超过50%。出口商品结构已从传统的轻工、机械基础部件等劳动密集型、资源密集型为主,向技术含量及附加值高的高新技术产品转型。义乌小商品市场交易额连续多年居全国专业市场第一,柯桥中国轻纺城成为全球规模最大、经营品种最多的纺织品集散中心;浙江自贸试验区在全国率先实现赋权扩区,义甬舟开放大通道畅通陆海循环,国家级境外经贸合作区拥有数量位居全国第一,海外仓数量超过全国总量的1/3;宁波舟山港货物吞吐量连续14年居全球第一,集装箱吞吐量跻身世界第三,中欧(义新欧)班列实现常态化运行,开行列数和发运标箱分别比2015年增长53.4倍和72.7倍。在全国率先提出跨境电商贸易模式,跨境电商贸易规模居全国第二。

6.市场主体快速成长,现代公司企业、上市公司、企业集团成为主干。围绕总部经济、重点产业项目瞄准世界500强企业、中国500强企业、全球行业领军企业和知名品牌企业,加快培育浙江的跨国公司,实现产业链、价值链、供应链全球布局,开始真正融入全球经济。市场主体快速成长,从"个少体弱"到"量多质优"。市场主体总量从2002年初的209万户提高至2022年的943万户,平均每7个浙江人中就有1个创业者,居全国首位。中小企业良性梯度发展,拥有一批"小型巨人""配件明星""单打冠军"。按照"个转企、小升规、规改股、股上市"的路径,培育壮大中小企业。2022年入围世界500强企业9家、新增1家,新增境内外上市公司79家、国家单项冠军企业(产品)40家、专精特新"小巨人"企业601家。全省现有境内外上市公司750家,位居全国第二;入围中国民营企业500强107家、新增11家,入围中国民营企业500强数量连续24年居全国首位。一批优秀企业已经成为创新主体和生力军。①

7.加快绿色转型、建设美丽浙江,绿水青山就是金山银山的发展之路越走越精彩。浙江牢固树立和深入践行绿水青山就是金山银山的理念,把生态文明建设作为千年大计,持续打好污染防治攻坚战,不断拓宽"两山"转换通道,生态文明建设成效显著。通过实施"五水共治"(治污水、防洪水、排涝水、保供水、抓节水)和"三改一拆"(改造旧住宅区、旧厂区、城中村和拆除违法建筑),大力推进治水、治气、治土、治废、治城、治乡,浙江的山更绿、水更清、天更蓝、地更净,污染防治主要指标逐年向好。2022年,设区城市空气质

① 王浩.2023年浙江省政府工作报告(全文)[N].浙江发布,2023-01-18.

量优良天数比例平均为 89.3%,省控断面优良水质比例为 97.6%,城乡垃圾回收利用率超过 60%,全省森林覆盖率达 61.3%。特别是近年来,坚持用"五水共治"率先破解"成长的烦恼",致力于解决环境污染的"根子"问题,善于把"生态资本"变成"富民资本",运用市场机制解决"生态病"疑难杂症,破解"免费搭车"流域性治水难题,走出了一条环境保护与经济发展共赢的新路子,已经成为美丽中国建设的先行者和示范者。

8.中等收入群体占比稳步扩大,发展的公平性、普惠性优势凸显。浙江在高水平全面建成小康社会后,接续探索扎实推进共同富裕的有效路径,均衡发展的成效更加显著。中等收入群体占比稳步扩大,社会结构正从"底大、中瘦、上细"的"倒丁字型"结构向"两头小、中间大"的"橄榄型"结构转变。2022 年,浙江全体及城乡居民人均可支配收入分别为 60302 元、71268 元和 37565 元,比上年增长 4.8%、4.1%和 6.6%,明显高于人均 GDP 增长速度。城乡居民人均可支配收入分别连续 22 年和 38 年居全国各省区第一位。2015 年成为全国第一个较高水平完成脱贫攻坚任务的省份,2020 年实现人均可支配收入 8000 元以下农户全面清零。城乡差距方面,城乡居民收入倍差从 2002 年的 2.28 缩小至 2022 年的 1.90,好于全国的 2.45;城乡居民消费倍差从 2002 年的 2.36 缩小至 2022 年的 1.62,好于全国的 1.83。村集体经济年收入 30 万元以上且经营性收入 15 万元以上行政村占比达 85%。地区差距方面,居民收入最高地区与最低地区倍差从 2013 年的 1.76 缩小至 2022 年的 1.58,是全国唯一一个所有设区市人均收入都超过全国平均的省份。全省家庭年可支配收入 10 万至 50 万元群体比例达 74.0%,20 万至 60 万元群体比例达 34.6%,"两头小、中间大"的

"橄榄型"社会结构逐步形成。全体居民恩格尔系数 27.8％，达到了国际公认的生活富裕标准。浙江人类发展指数已接近发达国家水平，全省人均预期寿命达 82.2 岁，高于全国 4.0 岁，主要健康指标均处于全国各省区第一。

20 多年来，在"八八战略"的引领下，浙江还实现了从文化大省向文化强省的全方位整体提升，文化及相关产业增加值占 GDP 比重从 2002 年的 2.9％上升到 2022 年的 6.95％，位列全国第二；文化企业及上市文化企业数位居全国前列，基本公共文化服务标准化率先实现，公共文化事业发展位居全国前列，各种文化资源和服务得到有效下沉。实现了从社会管理向社会治理现代化的全方位整体性提升，2022 年群众安全感满意度为 99.28％，高出全国平均值 1.13 个百分点，命案发生率为全国省份最低之一；是公认的全国法治化程度最高省份之一，基层社会治理走在全国前列；持续深入推进全过程人民民主建设，奋力谱写了"中国之治"的浙江篇章。实现了从加强党的建设向打造新时代党建高地的全方位整体性提升，党的领导全面加强，有力锻造高素质专业化干部队伍，全域推进清廉浙江建设，党风廉政建设和反腐斗争不断向纵深推进。

20 多年来，在"八八战略"的引领下，浙江坚持以问题为导向，以改革破题，不断巩固优势、放大优势、再造优势，形成了一系列具有全国性、浙江味、时代感的标志性成果："绿水青山就是金山银山"理念、"千万工程"、"浦江经验"、"后陈经验"、为民办实事长效机制等，一批萌发在浙江走向全国的首创性成果；民营经济、制造业专精特新、高水平均衡协调、新时代"枫桥经验"、农村基层党建"浙江二十条"等，一批传统优势持续巩固放大的成果；数字经济、跳出浙江发展浙江、机关效能、平安法治、守正创新的干部队伍、美丽浙江、清廉浙江等,一批与时俱进创造新优势的成果。

三、"八八战略"的重大意义

"八八战略"通过梳理浙江改革发展的历史经验,把握浙江经济社会发展的阶段性特征及其面临的挑战,在各个领域都提出了一系列极具前瞻性的发展理念、战略思想和重要论断,不仅为浙江经济社会发展和各项工作走在前列提供了重要遵循,而且也为习近平新时代中国特色社会主义思想的萌发提供了丰富的思想素材。"八八战略"与习近平新时代中国特色社会主义思想在精神要旨上是契合的,在内在逻辑上是相通的,在具体要求上是一致的。其蕴含着内涵丰富、思想深刻的世界观和方法论,贯穿着辩证唯物主义和历史唯物主义的立场观点,在汹涌澎湃的时代浪潮中经受了实践的检验、人民的检验和历史的检验。

1."八八战略"是习近平新时代中国特色社会主义思想的重要组成部分。"八八战略"集中体现了习近平同志从省域层面对如何建设中国特色社会主义、如何推进中国式现代化的深刻思考和探索性实践,其中蕴含的许多重要理论、重要观点和重要思想,为党的十八大以来治国理政方略提供了重要启示和直接借鉴。比如,从再创体制机制新优势到全面深化改革,从"腾笼换鸟、凤凰涅槃"到高质量发展,从"千村示范、万村整治"工程到乡村振兴战略,从山海协作、城乡统筹到实施区域协调发展战略,从"以民生为重"到"以人民为中心",从"法治浙江"到"法治中国",从"平安浙江"到"平安中国",从文化大省到文化强国,从生态省建设到"美丽中国"建设,从"巩固八个基础,增强八种本领"到新时代党的建设,等等。

2."八八战略"是省域发展的全面规划和顶层设计。发展是党执政兴国的第一要务,是解决一切问题的基础和关键。"八八战略"聚焦的主题就是发展,通过深刻把握 21 世纪初浙江经济社会发展的阶段性特征及其面临的形势、挑战和机遇,直面当时制约发展的关键问题,找准浙江改革发展中存在的突出短板,探索回答"浙江怎么了""我们怎么办"的重大抉择问题,从战略层面作出了"形势怎么看""路子往哪走"的"世纪之答",制定推动发挥优势、补齐短板的战略举措,体现了创新、协调、绿色、开放、共享的新发展理念的精神内核。

3. "八八战略"是推进中国式现代化省域先行的行动指南。"八八战略"涵盖经济、政治、文化、社会、生态建设和党的建设各个领域,体现了"五位一体"总体布局和"四个全面"战略布局,回答了发展的目的、动力、方式、路径等一系列理论和实践问题,是浙江在推进中国式现代化建设中先行示范的路线图,概括起来就是省第十五次党代会提出的"5 大战略指引""11 方面重要遵循"。从指向上看,浙江一以贯之深入实施"八八战略"的 20 多年来,最鲜明的标识是"创新"、最澎湃的动能是"改革"、最广阔的格局是"开放",深入实施"八八战略"必须牢牢坚持创新深化、改革攻坚、开放提升三大指向。

4. "八八战略"是干在实处、走在前列的实践依归。"八八战略"深刻体现了以人民为中心的价值立场,体现了求真务实的实践观、接续奋斗的政绩观、探路先行的使命观、统筹兼顾的系统观,体现了"发挥优势、补齐短板、打牢支点"相统一、"主要矛盾、根本问题、工作重点"相统一、"认识机遇、把握机遇、塑造机遇"相统一、"两点论"和"重点论"相统一的工作方法,体现了战略思维、系统思维、历史思维、辩证思维、创新思维、法治思维、底线思维等七种思维方法。"八八战略"指引浙江不断巩固"八个优势",持续推进自主创新、社会和谐、民主法治、民生福祉、全面从严治党"五个方面"建设,系统提升浙江发展的质量、格局、品位。

5."八八战略"是问题导向倒逼理论创新和政策创新的工作方法。"坚持问题导向"是习近平新时代中国特色社会主义思想世界观和方法论的重要内容之一。我国改革发展稳定面临不少躲不开、绕不过的深层次矛盾,解决问题的艰巨程度也明显增加。这就要求我们必须时刻保持清醒头脑和敏锐眼光,敢于正视问题、善于发现问题、长于判断问题、勇于解决问题,瞄着问题去、迎着问题上,在发现问题和解决问题中不断回答中国之问、世界之问、人民之问、时代之问。

◆◆ 导论小结

"八八战略"是习近平同志在浙江工作时,亲自擘画并推动实施的省域经济社会发展战略部署。"八八战略"在各个领域都提出了一系列极具前瞻性的发展理念、战略思想和重要论断,为浙江经济社会发展和各项工作走在前列提供了重要遵循。"5大战略指引、11方面重要遵循"是"八八战略"的深化发展。"八八战略"是习近平新时代中国特色社会主义思想的重要组成部分,是省域发展的全面规划和顶层设计,是推进中国式现代化省域先行的行动指南,也是干在实处、走在前列的实践方法。20多年来,在"八八战略"的引领下,浙江迎来了从破解"成长的烦恼"率先转型发展到"两个先行"、打造"重要窗口"的重大跨越,形成了一批传统优势巩固放大的成果、一批与时俱进塑造优势的成果、一批浙江首创走向全国的成果。

◆◆ **思考题**

1.简述"八八战略"提出的时代背景与主要内容。

2.简述"八八战略"的主要特点与重大意义。

3.为什么说"八八战略"是全面系统开放的理论体系？主要表现在哪里？

◆◆ **拓展阅读**

1.本书编写组."八八战略"的理论逻辑与时代价值[M].杭州:浙江人民出版社,2023.

2.王祖强.强起来:浙江的探索[M].北京:中共中央党校出版社,2021.

3.习近平.干在实处　走在前列:推进浙江省新发展的思考与实践[M].北京:中共中央党校出版社,2006.

4.习近平.之江新语[M].杭州:浙江人民出版社,2007.

5.浙江省"八八战略"研究院."八八战略"与"五大历史使命"[M].杭州:浙江人民出版社,2022.

6.中共浙江省委主题教育领导小组办公室,中共浙江省委党校.循迹溯源学思想实践例证集[M].北京:中共中央党校出版社,2023.

第一章 坚持"两个毫不动摇" 完善社会主义市场经济体制

◆ 本章要点

1. "八八战略"的首要内容是：进一步发挥浙江的体制机制优势，大力推动以公有制为主体的多种所有制经济共同发展，不断完善社会主义市场经济体制。

2. 公有制经济与非公有制经济之间既竞争又合作，共同构成社会主义市场经济的微观基础。两者之间竞争合作和融合转化，巩固、发展了社会主义基本经济制度的综合基础，将共同贯穿于整个社会主义历史发展阶段。

3. 坚持"两个毫不动摇"是一贯的、长期的基本方针；发展民营经济、壮大民营企业是一项长期的历史任务。

4. 浙江改革开放史就是一部民营经济发展史、民营企业成长史；民营经济强则浙江强，民营企业好则浙江好。

5. 数以百万计的民营企业是浙江经济的微观基础和内生动力；浙江民营经济急需深化供给侧结构性改革，激发创业创新的活力。

习近平总书记指出："实行公有制为主体、多种所有制经济共同发展的基本经济制度，是中国共产党确立的一项大政方针，是中国特色社会主义制度的重要组成部分，也是完善社会主义市场经济体制的必然要求。"①"八八战略"的第一条就是:进一步发挥浙江的体制机制优势,大力推动以公有制为主体的多种所有制经济共同发展,不断完善社会主义市场经济体制。公有制经济与非公有制经济之间不是相互排斥、相互抵消的,而是相辅相成、相得益彰的,既竞争又合作,共同构成社会主义市场经济的微观基础。坚持"两个毫不动摇"符合社会主义的首要任务和最终目的。

20多年来,浙江地区生产总值从2002年的0.8万亿元跃升到2022年的7.77万亿元,多种所有制经济共同发展的金字招牌擦得更亮了。在浙江,多种所有制经济经过长期并存和共同发展已经形成了"你中有我、我中有你"的所有制生态。一方面,各种所有制共同发展、相互融合,形成了多种所有制经济既竞争又合作的大好局面;另一方面,原有所有制的界限被打破,形成了多元化的产权结构和新的混合所有制企业。多种所有制经济竞争合作和融合转化,巩固、发展了社会主义基本经济制度的综合基础。

第一节　完善基本经济制度　培育内生增长动力

坚持和完善我国社会主义基本经济制度,毫不动摇巩固和发展公有制经济,毫不动摇鼓励、支持、引导非公有制经济发展,是我国经济长期高速发展的重要法宝,也是促进经济高质量发展、建设现代化经济体系的重要制度保障。

民营经济是浙江经济的"发动机"。习近平同志在浙江工作期间曾指出,要充分利用浙江民间资金充裕的优势,充分调动民

---

① 习近平.毫不动摇坚持我国基本经济制度　推动各种所有制经济健康发展[N].新华社,2016-03-09.

间投资的积极性,扩大民间投资的规模,形成经济增长的内生动力机制。① 利用民间资本,发展民营经济,壮大民营企业,这是一个十分重要的、带有方向性和根本性的问题,是习近平同志亲自为浙江设计的发展战略之一。20 多年来,浙江沿着"八八战略"指引的路子,不断优化民营经济发展环境,完善产权保护制度,激发民间投资活力,推动民营经济实现新飞跃。至 2022 年底,民营经济创造了全省 67.0% 的 GDP、71.7% 的税收、78.3% 的外贸进出口、87.5% 的就业岗位,私营企业 308 万户,占全省企业总数的92.5%,"六七八九"现象充分说明了民营经济在浙江经济体系中的基础性地位。②

一、市场主体从"个小体弱"到"量多质优"

改革开放以来,浙江先试先行、勇立潮头,大胆发展个体私营经济,不断从计划经济向市场经济转轨,民营经济如雨后春笋般异军突起,走出了富有浙江特色的发展道路。进入新世纪,习近平同志始终坚持"两个毫不动摇",提出"腾笼换鸟、凤凰涅槃"的发展思路,鼓励民营经济发展与转型。20 多年来,民营企业数量逐渐增加,企业规模不断壮大,已经成为浙江市场经济的主体。据浙江省市场监督管理局统计,截至 2022 年底,全省共有各类市场主体868.47 万户,同比增长 8.12%。其中,在册企业 313.98 万户,同比增长 11.26%;个体工商户 549 万户,同比增长 6.57%。每万人市场主体拥有量为 1074 户,位居全国榜首;平均每天新设企业1040 家,个体工商户 2040 户。

---

① 习近平.之江新语[M].杭州:浙江人民出版社,2007:14.
② 浙江省统计局、国家统计局浙江调查总队.2022 年浙江省国民经济和社会发展统计公报.2023-03-16.

部分民营企业成长为现代化大公司。全国工商联最新发布的"2022中国民营企业500强"名单显示,浙江共有107家企业入选。浙江在这一名单上的企业数量连续24年位列第一,高于江苏(92家)、山东(73家)、广东(60家)等沿海发达省份。入选的107家企业营业收入总和为7.88万亿元,占全国营业收入总和的18%,其中,营收千亿元以上企业18家,营收300亿元至500亿元企业45家,在规模和效益上同比均有明显的提高。近年来,随着鼓励"个转企"政策的持续推行,公司制企业成为全省创业投资主要选择的类型,2021年浙江私营企业数量高达308万家,占全省内资企业比重接近82%。

小微企业积极参与"大众创业、万众创新",成为推动浙江经济新旧动能转换的"主力军"。2022年全省新增小微企业25.1万家,增速高达38.9%,且科技型小微企业增长势头迅猛,文创、信息、旅游等新兴产业小微企业增幅远高于其他产业。

总体上看,20多年来,浙江民营经济实现了从"规模小、实力弱"向"绩效优、竞争力强"的跃迁。

二、新经济新业态从"培育萌芽"到"主动赋能"

浙江民营企业大多起源于家庭作坊、乡镇企业、个私企业,主要分布于劳动密集型的低端制造业,走的都是要素驱动、投资驱动的粗放型增长路径。这一方面奠定了浙江成为工业大省的基础,另一方面也造成了浙江经济"成长的烦恼"。随着我国经济进入新常态,经济发展的内外压力陡增,浙江通过"腾笼换鸟""机器换人""空间换地""电商换市"等"组合拳",持续推动民营经济新飞跃,促进经济转型升级。

许多民营企业主动对接创新驱动发展战略、"互联网+"战略,改造升级传统产业、加速布局新兴产业,从"被动接纳新技术"向"主动布局新产业"转变。2022 年,浙江健康产业、高端装备制造业、战略性新兴产业增加值分别增长了 9.8％、8.9％和 10.1％,增速远远高于规模以上工业增加值 7.7％的增长幅度。尤其是通过深入实施数字经济"一号工程",数字经济领域民营企业快速成长,除了阿里巴巴、海康威视、蚂蚁金服、大华股份等一批龙头企业已经成长为具有全球影响力的数字经济企业,圆通、申通、中通、韵达等民营快递企业迅猛发展,吉利汽车等企业构建消费信息系统,提升企业服务能力,满足消费者多元化、差异化的需求。目前全省数字经济总量从 2014 年的 10940 亿元增加至 2022 年的 23346 亿元,增长 2.13 倍;占 GDP 比重从 27.25％上升至 41.54％,并分别居全国第四位和第五位,数字经济发展水平已稳居全国第一梯队。

三、创新驱动从"低端集成"到"智能智造"

浙江深化供给侧结构性改革,加快构建以数字经济为核心、以新经济为引领的现代化经济体系的决策部署,浙江民营企业大力进军战略性新兴产业,加快发展现代服务业,产业结构、企业结构和产品结构不断优化,产品的附加值、市场占有率和竞争力不断提升,且第三产业占比已超过第一产业与第二产业之和。2022 年浙江拥有民营高新技术企业 11000 多家,数字经济增加值超 3 万亿元,占 GDP 比重 39.9％,居全省八大万亿产业之首。还有阿里达摩院、之江实验室等基础研究机构,梦想小镇、云栖小镇、乌镇世界互联网大会等数字经济平台,在互联网支付、共享出行、互联网餐饮等数字社会方面,浙江领跑全国。

在大力推进数字经济发展的同时,浙江民营企业通过"机器换人"及智能制造等路径,将传统的成本优势、人力优势转换为技术优势、人才优势，带动传统制造业转型升级，有效地从"劳动密集型生产"转向"机器智能智造"。2022年，浙江装备制造业增加值同比增长13.3%，对规模以上工业的增长率贡献高达64.2%，制造业转型升级颇具成效。如台州玉环在2016年完成以"机器换人"为核心的技术改造，投资达到51.97亿元，占工业性投资的比重高达89.16%，促进了玉环规模以上工业的快速增长。

浙江民营企业大力推进"机器换人"，不仅转变了民营企业的发展模式，也提高了企业劳动生产率，降低了社会生产成本。2017年，浙江全员劳动生产率为22.1万元/人，较同期增长6.4%。以民营上市企业为例，2000年至2016年净利润从12.26亿元增加至800.49亿元，增长了64.29倍；营业收入从176.95亿元增加至8978.02亿元，增长了49.74倍，经营绩效突出、盈利能力强劲，其本质在于民营企业劳动生产率的提升。这一时期，人均利润回报从0.71万元增加至7.74万元，增长了9.90倍，劳动回报显著提高，展现了浙江民营企业转变发展模式的成效。

四、地瓜经济从"小船出海"到"集群共生"

"地瓜经济"是习近平同志在浙江工作期间提出的"跳出浙江发展浙江"开放经济战略的生动阐述。地瓜的藤蔓向四面八方延伸，为的是汲取更多的阳光、雨露和养分，但它的块茎始终是在根基部，藤蔓的延伸扩张最终为的是块茎能长得更加粗壮硕大。"地瓜经济"生动地阐述了"站稳脚跟"与"扩大开放"之间的辩证关系。"地瓜经济"的比喻把各方面的想法自然地统一了起来，大家对浙江经济的发展也有了更直观、更深刻的理解，有利于正确认识"浙江经济"与"浙江人经济"的关系，把在外浙商与浙江经济更加紧密地联结起来，促进在外浙商更好地为发展浙江服务。

浙江是开放型经济发展的重镇,民营企业成为进出口贸易、对外投资的"中坚力量"。但由于民营企业以中小企业为主,缺乏核心技术支撑,在海外投资过程中往往存在抗风险能力弱等问题。浙江民营企业复制产业集群的模式与经验,在"走出去"过程中逐渐从"单打独斗"向"抱团出海"演变,以此畅通信息共享机制、提高风险抵抗能力、强化区位品牌价值。目前浙江已经设立了5家由民营企业牵头的境外经贸合作区,包括泰中罗勇工业园、越南龙江工业园、俄罗斯乌苏里斯克工业园、乌兹别克斯坦鹏盛工业园等4家国家级境外经贸合作区,数量居全国首位。

"抱团出海"促进了开放型经济的快速发展。2022年全省民营企业出口总额为27180亿元,占浙江出口总额的89.7%,成为拉动出口的"核心引擎";全省境外投资1172亿元,其中百强民营企业对外投资总额已达到1033亿元,占据浙江对外投资的绝大部分。随着"一带一路"倡议推进,浙江作为"桥头堡"的地位日益凸显,民营企业的作用不断发挥,2022年浙江民营企业与共建"一带一路"国家的进出口总额达到5401.3亿元,占浙江对共建"一带一路"国家贸易额的85%。

五、新型政商关系既"清"又"亲"更要"扶"

"重商、亲商、扶商"是浙江的好传统。浙江持续深化改革,为民营经济发展营造良好的环境。从"四张清单一张网"到"最多跑一次",再到数字政府建设,稳步推进、层层深入,不断加大简政放权、放管结合、优化服务的"放管服"改革力度,进一步明确政府与市场的边界,大幅度减少政府对资源配置的直接干预,加强市场在资源配置中起到的决定性作用,实现资源配置的帕累托改进;发挥信息技术联通作用,以"互联网+"为纽带,提高办事效率、审批效率,节约搜寻成本、跑堂成本,释放政策红利,完善市场环境;建立健全要素流通市场,减少政府对要素市场的干预,使企业能够自主经营、消费者能够自主选择、商品能够自由流通,真正打造"有效"政府。

通过改革提升效能、优化服务,激发市场活力,浙江民营企业不仅带动了经济增长,更创造了大量就业机会,有效缓解了社会就业压力,缩小了社会贫富差距。2003年至2022年,浙江民营上市企业员工总数从10.54万人增加至185.14万人,占上市企业员工总数的比重从44%提升至82%,维持了经济增长后社会分配的公平正义,有利于经济社会稳定发展。"重民企、亲民企、扶民企"需要持续推进。

总之,浙江改革开放史就是一部民营经济发展史、民营企业成长史。各级党委、政府要毫不动摇支持民营经济发展,以"亲""清"为标尺,不断深化改革,加大扶持力度,破除体制障碍,提供优质服务,营造良好发展环境,推动民营经济发展实现新飞跃,推动供给侧结构性改革,加快浙江经济转型升级。

◆◆【案例1-1】

温州打造"亲清型"新型政商政企关系示范区

温州是我国民营经济的重要发祥地,民营经济是温州最大特色、最大资源和最大优势。2018年10月,温州启动创建全国首个新时代"两个健康"先行区;2019年3月,首创提出"三清单一承诺",即推行"亲清型"新型政商关系"三张清单"、开展反对"挈篮子"承诺,全力打造全国一流营商环境。2023年,温州紧扣《中共中央 国务院关于促进民营经济发展壮大的意见》要求,结合深入实施营商环境优化提升"一号改革工程",对"三清单一承诺"进行迭代更新,细化制定鼓励支持公职人员积极作为、主动参加助企公务活动的"八个允许",明确公职人员与民营企业及其经营者交往的"八个不准"和民营企业与机关单位及公职人员交往的"八个不得"。"三清单一承诺"升级版的最大亮点在于,"正面清单"对公职人员可参加的涉企活动、涉企会议等范围进行了扩充,"负面清单"对涉企交往的"禁区"展开了更加细致的解释。同时,提出引导企业政商交往中遵循的"八个不得",鼓励民营企业廉洁从商、诚信经营。

1.大力弘扬"义利并举"的温商精神,旗帜鲜明倡导构建亲清政商关系。在全国首个通过法定程序立法,将每年11月1日定为"民营企业家节",建立走访慰问有重大贡献知名企业家制度。开展激扬新时代温州人精神大讨论,把具有历史渊源、体现永嘉学派文化精髓的"义利并举"作为新时代温商精神的内核,持续注入追求卓越、守正创新、富于创造、大气包容、美美与共、奋斗奋进的时代内涵。率先探索构建"民营企业家健康成长指标体系",引领广大民营企业家争做爱国敬业、守法经营、创业创新典范。

2.建立机制化规范化政企沟通渠道,搭建亲清政商关系落地平台。建立"政企圆桌会议"等平台,落实企业家参与涉企政策制定,对实施满一年的涉企政策组织后评估,进一步规范涉企政策制定机制。与市长热线12345整合搭建企业维权服务平台,设立"企业维权接待日",实现企业维权"只进一扇门""最多跑一次"。

3.为民营企业家干事创业保驾护航,不断为构建亲清政商关系夯实基础。创新社会治理制度设计,建立企业家紧急事态应对制度,实行重大涉企案件风险报告制度,政府通过依法和适时适度地介入,防止因企业家个人危机处置不当而引发严重的企业危机,乃至危害社会稳定。开展常态化"理旧账"行动,推进政府履约机制建设。探索具备个人破产实质功能和相当程序的个人债务集中清理试点，推动全国首例"个人破产"试点破冰。通过"一企一策"为 21 家重整企业完成信用修复，给"诚而不幸"的企业家一个东山再起的机会。

4.聚焦民营企业痛点难点，持续为构建亲清政商关系营造良好环境。创新实施"融资畅通工程"，首创"小微企业资产授托"新模式，推出"无还本续贷"、企业共有厂房"按份额抵押贷款"、融资担保基金和上市企业稳健发展基金等融资新政，防范和化解金融风险工作成效显著。实施惠企政策"直通车"，实现了政策兑现从企业自主申报到政府主动推送、企业上门办理向上网办理、政策跨年度兑现向当年当季兑现甚至实时兑现"三个转变"。

第二节　正确把握公有制经济与非公有制经济的相互关系

公有制经济和非公有制经济都是社会主义市场经济的重要组成部分，都是我国经济社会发展的重要基础。民营经济的发展为浙江国有企业改革乃至整个宏观领域的改革提供了动力源泉。[①]习近平同志既一以贯之又不断深化，在实践中丰富和创造性发展了党的社会主义初级阶段基本经济制度理论，科学阐明了公有制经济和非公有制经济之间相辅相成、相得益彰的有机统一关系，推动浙江形成了促进公有制经济与非公有制经济共同发展、融合发展的政策体系。

---

① 习近平.干在实处　走在前列：推进浙江省新发展的思考与实践[M].北京：中共中央党校出版社，2006：85.

一、首要任务和最终目的都是解放和发展生产力

坚持"两个毫不动摇"和"两个健康",其根本目的就是解放和发展社会生产力,破解中国经济发展不平衡不充分、大而不强、大而不优的难题,实现从站起来、富起来到强起来的伟大飞跃。改革开放以来,非公有制经济从无到有、从弱到强,完成了从公有制经济必要的、有益的补充到基本经济制度中的重要组成部分的转变。实践证明,公有制经济与非公有制经济的首要任务和最终目的是一致的,主要表现在以下两个方面。

1.非公有制经济发展极大地解放和发展了社会生产力。非公有制经济是内生发展、内源发展的不竭动力,是改造提升传统产业、做大做强实体经济、培育新经济新业态的动力源泉。非公有制企业与逐步走向市场的国有集体企业一起,共同构成了多元化的市场主体和优胜劣汰的竞争格局。在产业集聚区,一部分中小民营企业专业化为大企业配套生产零部件,而国有大企业则主攻关键产品和高新技术产品,形成企业之间、地区之间合理的产业分工和空间布局,从而大大提高了生产社会化程度。根据国家统计局的数据,截止到 2021 年底,民营企业贡献了全国超过 50％的税收、60％的国内生产总值、固定资产投资以及对外直接投资,70％的高新技术企业,80％的城镇就业,90％的新增就业。[1] 据中国个体劳动者协会统计,1978 年,全国个体工商户只有 14 万户,没有私营企业;私营企业在允许登记后的 1989 年,总数也不过 9.05 万户。到 2018 年底,全国实有个体工商户 7137.2 万户、私营企业 3067.4 万户,分别增长了约 475 倍和 338 倍。非公有制企业已经成为我国

---

[1]　恒大研究院.中国民营经济报告:2021[N].金融界,2022-06-16.

社会主义市场经济微观基础的最大主体,能够真正发挥价格和竞争机制作用,提高资源配置效率。

2.非公有制经济发展极大地提高了全社会创业活力和创新动力。人世间的一切幸福都是要靠辛勤的劳动来创造的。非公有制经济发展让企业家、劳动者有更多动力、更大空间去发展经济、创造财富。过去40多年的"经济增长奇迹",最主要的动力是民营企业发展壮大和国有集体企业深化改革。当今世界正在经历百年未有之大变局,数字化、智能化和新能源主导的第三次工业革命深刻影响着产业的部门结构和空间结构,非公有制经济已经在关键领域、核心技术方面占据重要地位,开始涉及国民经济的"控制力、影响力、主导地位、关键技术"等方面,推动着科研成果向产业化、商品化转化,成为推动科技革命和产业革命的有生力量。部分大型民营企业(头部企业)拥有强大的市场实力,成为市场创新和技术创新的主力军。非公有制经济发展,有利于国有经济从一般竞争性行业中退出来,集中力量,突出重点,使更多的国有资本投向重要行业、重点企业,从而提高国有经济的整体素质和竞争实力。

二、既竞争又合作共同构成市场经济的微观基础

在社会主义市场经济体制下,公有制经济与非公有制经济具有不同的功能和优势,各自发挥着不可替代的作用。民营企业在一般竞争性领域能够充满生机活力,国有企业则在自然垄断、公共服务等非竞争性领域能更好地发挥作用。国有经济在国民经济中起着主导作用,对国民经济的发展具有控制协调、决定全局的功能;非公有制经济适应性强、机制灵活,具有增强国家经济实力、催发形成市场关系和竞争关系、促进公有制经济内部关系的改革等特殊优势和功能。经过多年的改革,公有制经济与非公有制经济都已适应我国现阶段生产力发展水平的多样性和多层次性,各种所有制经济取长补短、相互促进、共同发展,使我国基本经济制度发挥出更大的优越性。

1.公有制经济和非公有制经济之间既竞争又合作。习近平总书记指出:"实行公有制为主体、多种所有制经济共同发展的基本经济制度,是中国共产党确立的一项大政方针,是中国特色社会主义制度的重要组成部分,也是完善社会主义市场经济体制的必然要求。"①改革开放以来,我国在社会主义所有制改革和结构调整上取得了巨大成绩:公有制经济比重下降但仍居主体地位,非公有制经济比重大幅度上升,巩固了社会主义初级阶段的综合经济基础。这一特征体现在经济增长上,非公有制经济成为经济增长的生力军,包括在 GDP 中所占的比重和在年增长率中所作的贡献;体现在均衡发展上,非公有制经济受市场约束较强,对行政性干预容易导致的频繁高涨和紧缩具有相当大的淡化作用;体现在市场主体成长上,非公有制经济的发展为实现国有经济战略性调整和改组提供了较为有利的市场环境,使国有经济有可能实行战略性转移,加强重点产业、主导产业和高新技术产业,向重点骨干国有大企业、大集团集中。

2.公有制经济和非公有制经济之间既借鉴又促进。公有制经济与非公有制经济既相互协作又相互竞争,在"混合"中实现融合发展。平等、合法的竞争有利于发挥各自的长处,打破单一所有制的缺陷,增强企业活力,活跃市场经济。经过多年探索,我国走出了一条在市场经济中通过"发展多种所有制经济中搞活国有

---

① 习近平.毫不动摇坚持我国基本经济制度 推动各种所有制经济健康发展[N].新华社,2016-03-09.

经济"①的新路子。非公有制企业特别是民营企业崛起，使传统国有企业迫于企业生存的压力，不得不告别"准行政部门"的隐性身份，通过改革脱胎换骨，向真正的市场主体嬗变。在与量大面广的私营企业这群"狼"的竞争下，国有企业也逐渐变成了市场中的"狼"。究其原因，就是市场化进程中，非公有制经济发展越快，导致的市场竞争越激烈，国有集体企业转型就越快，从而能够抓住发展的机遇。国有经济、集体经济在"混合"中增强了控制力，民营经济在"混合"中开始了新飞跃，外资经济在"混合"中水涨船高，竞争与合作使多种所有制经济的竞争力都有所提高。

三、相得益彰相互促进形成竞争性市场体系

非公有制经济的发展壮大，促进了全国统一大市场和公平竞争环境的形成，促进了营商环境优化和政府职能转变。改革开放40多年的历史，就是一部市场体制构建史、市场主体成长史、市场空间开拓史、市场活力激发史。在市场化进程中，全国各地注重转变观念，改进工作方法，规范自身行为，尊重人民群众的创造精神，少干预多引导，少限制多服务，少宣传多实干，着力转变企业的经营体制，完善民营企业的经营环境，营造公正、透明和法治化的区域发展环境，为经济增长提供更加充分的社会公共产品和更高效的政府服务，将很多管理职能下放给行业协会、同业商会等民间组织，通过建立民间行业性自律组织来弥补"市场缺陷"。对教育、医疗、交通等城乡社会事业建设，政府抓规划，民间来投资和运作，形成了一种政府与民间平等合作、群众广泛参与社会事业建设的局面。

---

① 习近平.干在实处 走在前列：推进浙江省新发展的思考与实践[M].北京：中共中央党校出版社,2006:86.

　　鼓励民营企业发展壮大,要依法平等保护民营企业产权和企业家权益,破除制约民营企业发展的各种壁垒。发挥企业和企业家的主观能动性,建立公平开放透明的市场规则和法治化营商环境,促进正向激励和优胜劣汰,发展更多优质企业,经济工作重心从应对外部压力转向纾解企业经营困难。特别是在宏观经济运行稳中有变、经济下行压力有所加大的背景下,民营经济以中小企业为主体,以制造业为主导产业,以粗放型生产为主要模式,急需通过供给侧结构性改革淘汰落后产能,实现优胜劣汰、兼并重组,发展一批有活力的地区、有竞争力的企业、叫得响的知名品牌。

◆◆◆【案例 1-2】

台州市路桥区"六富"联动唱响共同富裕"致富经"

　　近年来,台州市路桥区紧紧抓住做大蛋糕、分好蛋糕这一主线,通过民营经济创富、集体经济共富、特色产业造富、专业市场兴富、小微金融助富、民生优享齐富等"六富"联动,积极主动解决地区差距、城乡差距、收入差距等问题,在县(区)域探索建立先富帮后富、推动共同富裕的具体路径,争做全省高质量建设共同富裕示范区的先行兵,形成可看、可学、可示范的经验,在全省具有借鉴和启发意义。

　　1.民营经济创富。牢牢抓住做大蛋糕这一主线,持续做大做强民营经济,充分激发市场主体活力,形成了大众创业、全民致富、先富带动后富的持续创富之路。

　　2.集体经济共富。盘活农村特色资源,创新产业兴村、市场兴村等模式,培育壮大集体经济新优势,多渠道促进农民增收致富,实现城乡同富。

　　3.特色产业造富。蓬勃发展的特色产业推动了社会财富的快速积累和居民收入的持续增加,开辟了路桥先富带后富、先富帮后富的具体路径。

4.专业市场兴富。建一个市场、带一批产业、活一方经济、富一方百姓、兴一座城镇，专业市场的发展增加了居民经营性收入，是路桥开启共同富裕之路的金钥匙。

5.小微金融助富。长期深耕普惠金融，通过面向基层布点、创新信贷服务和风控技术，金融"活水"扶持小微企业和农户增收创富，是路桥迈向共同富裕的助推器。

6.民生优享齐富。建立全区统筹的公共服务体系，实现全域基本公共服务全覆盖、高水平、均等化，从支持经济发展向民生改善延伸，促进低收入群体和外来居民共享共富。

第三节　坚持"两个毫不动摇"　促进融合发展共同发展

公有制经济和非公有制经济之间既融合又转化，两者融合发展将共同贯穿于整个社会主义历史发展阶段。在新时代正确把握公有制经济与非公有制经济的相互关系，要善于运用历史唯物主义和辩证唯物主义的基本原理，审视非公有制经济特别是民营经济的本质属性和历史命运，科学阐明非公有制经济在整个社会主义发展阶段中的历史地位。在社会主义条件下，公有制经济与非公有制经济之间矛盾的性质，不表现为阶级利益的根本冲突，而表现为非对抗性形式，在市场经济中既竞争又合作是其相互关系的常态。这是因为，我国非公有制经济是改革开放以来在党的方针政策指引下发展起来的，我们党破除所有制问题上的传统观念束缚，为非公有制经济发展打开了大门。因而，解决矛盾的方式也是非对抗性的,不是一方吃掉另一方,而是相互促进、相互融合、共同发展,共同统一于社会主义基本经济制度之中,共同贯穿于整个社会主义历史发展阶段。

一、坚持"两个毫不动摇"是一贯的、长期的基本方针

发展非公有制经济,归根到底是为了更有力地发展生产力,加强公有制经济,得益的是国家和人民,不会是资本主义。1992年初邓小平同志在南方谈话中,深刻地批评了那种认为非公有制经济多了"就是资本主义的东西多了,就是发展资本主义"的观点,批评"这些人连基本常识都没有"。[①] 非公有制经济是社会主义市场经济的重要组成部分,归根到底是有利于社会主义的。邓小平同志南方谈话发表后,兴起了新一轮创业兴业、发展民营经济的热潮,很多知名大型民营企业都是这个时期起步的。[②]

党的十五大确立了我国社会主义初级阶段的基本经济制度,党的十六大根据社会主义初级阶段的国情和发展社会主义市场经济的要求,提出"毫不动摇巩固和发展公有制经济""毫不动摇地鼓励、支持和引导非公有制经济发展",把私营企业主等社会阶层定性为"中国特色社会主义事业的建设者"。"两个毫不动摇"阐明了公有制经济和非公有制经济的关系,两者不是此消彼长,而是相得益彰,共同推进经济社会发展。非公有制经济的快速发展,对稳定增长、促进创新、增加就业、改善民生等方面具有重要作用,两者应当在生产要素使用、市场竞争等方面保持平等性。这是我党在非公有制经济理论上又一创造性发展。党的十八大提出"毫不动摇鼓励、支持、引导非公有制经济发展,保证各种所有制经济依法平

---

① 邓小平.邓小平文选:第三卷[M].北京:人民出版社,1993:373.
② 习近平.在民营企业座谈会上的讲话[N].新华社,2018-11-01.

等使用生产要素、公平参与市场竞争、同等受到法律保护"。此后，党中央又相继提出"坚持权利平等、机会平等、规则平等""健全以公平为核心原则的产权保护制度""鼓励民营企业依法进入更多领域"等重大举措。党的十九大把"两个毫不动摇"写入新时代坚持和发展中国特色社会主义的基本方略。

这些重要论述反映了党和国家对非公有制经济在整个社会主义经济中的地位和作用的认识达到了新高度。习近平总书记在实践中丰富和创造性地发展了党的社会主义初级阶段基本经济制度理论，科学阐明了公有制经济和非公有制经济之间相辅相成、相得益彰的关系，两者之间不是相互排斥、相互抵消的，而是有机统一的，进而形成了促进公有制经济与非公有制经济共同发展、融合发展的政策体系。

二、民营经济是我国经济制度的内在要素

长期以来，习近平总书记十分重视鼓励、支持、引导非公有制经济发展，通过全面深化改革解决非公有制经济发展中遇到的矛盾和问题，支持民营企业发展。他在浙江工作期间就指出，浙江的活力首先体现于具有先天市场属性的民营经济的发展，民营经济在浙江经济社会发展中厥功至伟，已成为浙江经济的重要支柱；浙江经济是老祖宗经济，自古以来就有工商皆本、义利双行的文化传统；浙江经济是老天爷经济，资源贫乏逼迫人们必须学会无中生有，走出去闯世界；浙江经济是老百姓经济，广大民众有强烈的自我创业欲望和浓厚的商品经济意识。[①] 浙江要走民本经济之路，民营经济强则浙江强，民营企业好则浙江好。数以百万计的民营

---

① 习近平.习近平谈治国理政[M].北京:外文出版社,2014:435.

企业是市场经济的微观基础和内生动力。要充分利用民间资金比较充裕的优势,充分调动民间投资的积极性,扩大民间投资的规模,形成经济增长的内生机制。在 2018 年 11 月召开的民营企业座谈会上,习近平总书记高度评价了改革开放 40 年来民营经济为我国发展作出的重大贡献,明确强调:"民营经济是我国经济制度的内在要素,民营企业和民营企业家是我们自己人"。① 大量事实表明,非公有制经济与公有制经济一样,都是社会主义市场经济的重要组成部分,两者优势互补、共同发展,共同构成社会主义基本经济制度的内在要素。这也是改革开放 40 多年的重要经验。

三、发展民营经济、壮大民营企业是一项长期历史任务

受传统社会主义模式的影响,一些人对公有制经济与非公有制经济这一对矛盾的性质的认识陷入了误区,误认为社会主义就要搞单一的公有制,发展个体私营经济就是搞资本主义,从而把公有制经济与非公有制经济之间的非对抗性关系理解为势不两立、水火不相容的对抗性关系。加上部分民营企业在经营发展上存在一些问题和不足,诸如环保不达标、税收社保缴纳不规范、盲目扩张、产品同质化、创新不足等,一段时间以来,社会上有的人发表了一些否定、怀疑民营经济的言论,如"民营经济离场论""新公私合营论""企业党建控制论"等完全错误的、不符合党的大政方针的言论,并在某些公共社交平台一再提出,引发公众猜测、怀疑和恐慌。针对这个问题,习近平总书记多次强调坚持基本经济制度,坚持"两个毫不动摇",要促进和引导非公有制经济的健康发展和非公有制经济人士的健康成长。② "两个毫不动摇"和"两个健康"重要

---

① 习近平.在民营企业座谈会上的讲话[N].新华社,2018-11-01.
② 习近平.在民营企业座谈会上的讲话[N].新华社,2018-11-01.

论述为新时代正确把握公有制经济与非公有制经济的相互关系指明了方向,提供了根本遵循。

历届浙江省委始终高度重视民营经济的发展,把民营经济视作浙江经济的主力军、浙江形象的金名片,视作浙江的最大特色、最大资源和最大优势。[①] 通过着力构建新型亲清政商关系,让民营企业享受平等待遇,营造更加公平、更加有效、更加安全的市场环境。在"八八战略"的指引下,浙江民营经济"金名片"更为亮丽。2002 年,浙江个体私营经济创造了全省 49.8% 的生产总值、30% 的投资、20% 的出口和 9.8% 的就业。2022 年,浙江民营经济创造了浙江 67% 的生产总值、71.7% 的税收、78.3% 的外贸进出口、56.4% 的投资和 92.2% 的就业岗位。

四、多种所有制经济在"混合、融合"中实现共同发展

公有制经济和非公有制经济之间的所有制界限并非固定不变,中小企业中的公有产权可以通过改制转化为非公有产权,国有企业、集体企业在改制过程中也可以广泛吸收个私资本、外资参与,形成多元化的产权结构,两者在企业内部相互融合形成新的所有制形式,即混合所有制。混合所有制使资本愈来愈具有社会资本的性质,是从私有制向社会所有制过渡过程中的一种理想的企业资本组织形式。在国有企业改革中,不搞"一刀切",可以灵活运用合并重组、完善法人治理结构、引进战略投资者、转让拍卖、解散清算等方式。对经营状况好、核心竞争力强的企业,可以继续实行国有控股,重点是规范法人治理结构,积极培育大企业大集团;对竞争优势不明显和经营困难、风险较大的企业,可以通过产权转

---

① 车俊.民营经济始终是浙江经济的主力军[N].新华社,2018-11-18.

让、兼并拍卖等形式进行整体改制,大幅度降低国有股权比重甚至全部退出。积极稳妥发展混合所有制经济,2022年省属国有企业混改户数比例超过75%,形成民营经济和国有经济比翼齐飞、相互融合、相得益彰、共同发展的局面。

国有、集体经济在"混合"中增强了控制力,民营经济在"混合"中开始了第二次飞跃,外资经济在"混合"中水涨船高,竞合使三者各自的竞争力都有所提高。非公有制企业特别是民营企业的崛起,传统的国有企业迫于生存的压力,不得不告别"准行政部门"的隐性身份,通过改革脱胎换骨,向真正的市场主体嬗变。在面广量大的私营企业的竞争压力下,国有企业也逐渐变成富有活力的市场主体;同时,国有经济布局应实行"战略性调整",尽可能从一般竞争性领域中退出。究其原因,就是在市场化发展进程中,非公有制经济发展越快,导致市场竞争越激烈,国有企业转型就越快,从而快速抓住了发展机遇。浙江市场主体的活力竞相迸发,2022年末,在册市场主体943万户,与2012年相比净增599万户,增长了1.7倍。浙江省共有境内上市公司657家,累计融资17887亿元。其中,拥有主板上市公司444家,占全国主板总数的13.9%,位居全国第二;拥有创业板上市公司156家,占全国创业板总数的12.7%,位居全国第三;拥有科创板上市公司43家,占全国科创板总数的8.6%,位居全国第五。全员劳动生产率从2002年的2.8万元/人提升至2022年的19.9万元/人。

总之,公有制经济长期以来为国家建设、国防安全、人民生活改善作出了突出贡献,是全体人民的宝贵财富;非公有制经济在稳定增长、促进创新、增加就业、改善民生等方面发挥了重要作用,是稳定经济的重要基础,是国家税收的重要来源,是技术创新的重要主体，是金融发展的重要依托，是经济持续健康发展的重要力量。

◆◆◆【案例 1-3】

杭州市滨江区培育高新产业　壮大市场主体

杭州高新区（滨江）是习近平总书记长期关注创新发展的一个重要"观测点"。早在 2003 年 4 月 28 日，时任中共浙江省委书记习近平在高新区（滨江）考察时指出："高新区（滨江）要发展功能明显、特色突出的高新技术产业，不断发挥领跑作用，打造硅谷天堂。"①2015 年 5 月 26 日，习近平总书记视察高新区（滨江）时殷殷嘱托："企业持续发展之机、市场制胜之道在于创新，各类企业都要把创新牢牢抓住，争当创新驱动发展先行军。"②高新区（滨江）遵照习近平总书记"把创新牢牢抓住"的嘱托，深入贯彻落实新发展理念，以创新发展作为扛起高新使命、厚植特色优势的主线和总抓手，始终坚持"发展高科技、实现产业化、建设科技新城"的初心和使命，持续实施"产业引领、创新驱动、产城融合、民生优先"四大战略，建设"创新滨江、数字滨江、国际滨江"，走出了一条依靠科技创新和产业创新推进高质量发展之路。2022 全年地区生产总值（GDP）2184.8 亿元，人均地区生产总值 414179 元（按年平均汇率折算为 61578 美元），三次产业结构调整为 0.02：38.86：61.12。数字经济核心产业增加值 1723.0 亿元，占 GDP 的 78.9%，列全省第一。拥有包括海康威视、大华股份、华三通信、浙江中控等一批

---

① 中共杭州市高新区（滨江）宣传部.以创新发展为主体高水平全面建成小康社会的滨江样本（内部）.2020-08-30.

② 中共中央文献研究室.习近平关于科技创新论述摘编[M].北京：中央文献出版社，2016：101.

行业领军企业在内的境内上市公司 43 家。

1. 从无到有打造"硅谷天堂"。杭州高新区凭借高新技术产业的前瞻布局,依托浙江大学等一流高校的科研基础,走出了一条产学研协同的科技创新之路,"从无到有"培育出东方通信、浙大中控、恒生电子、信雅达等一批知名信息技术企业,成为中国通信设备制造和信息软件业的开拓者。1996 年 12 月,杭州市经国务院批准设立滨江区,城市空间由钱塘江北岸向南岸拓展。杭州高新区随之跨江发展,开始进入"江北孵化、江南产业化"阶段,成为杭州从"西湖时代"迈向"钱塘江时代"的桥头堡、先行军。高新区(滨江)从钱塘江北岸文教区起步,依托"孵化器＋风险投资"的科技孵化模式,培育出了一大批世界知名的数字企业,成为中国信息产业"互联网＋""物联网＋"新时代的奠基者,铸就了"硅谷天堂"的华丽篇章。

2. 从小到大建设"科技新城"。高新区(滨江)主动选择发展低能耗、高产出、轻资产并以研发为主导的高端产业,通过产业的集群化发展带动城市片区的开发建设,避免土地资源高消耗和城市空间单调乏味的工业园形象。经过艰辛努力,高新区(滨江)培育了 69 家上市公司,涌现出了阿里巴巴、华三通信、海康威视、浙江中控等一批行业领军企业,诞生了连连支付、聚光科技、英飞特、创业软件、安恒信息等一批细分领域优势企业,培育了支付宝、阿里云、网易云音乐等一批"独角兽"企业,壮大了网易、吉利、正泰、康恩贝、贝因美等一批集团企业。在经历了企业、产业、城区等"从小到大"的发展过程后,高新区(滨江)成功打造了"产业业态、城市形态、人才生态"融合发展的"科技新城"。

3. 从弱到强建设"全国一流高新区"。高新区(滨江)在培育壮大一批国内外知名高新技术企业的基础上,由强"企业"转向强"产业",坚持集群化发展导向,拓展上下游、做强产业链,先后成为既是国家软件产业基地又是国家集成电路设计产业基地的五个国家高新区之一、国内十大动漫产业基地中唯一的国家级新区、国家新型工业化(物联网)示范基地等。近年来,高新区(滨江)抢抓数字变革新机遇,着力打造"数字经济最强区"和"新制造业引领区",构建了一条从关键控制芯片设计到传感器和终端设备制造、物联网系统集成、网络通信设备、信息软件开发以及电子商务运用,再到网络运营服务、云计算、大数据应用、网络安全的数字经济核心产业链体系,成为浙江省最具国际竞争力的数字经济核心产业集聚区。2019 年、2021 年在科技部对全国 169 个国家高新区的综合排名中,高新区(滨江)两次都位列第三,仅次于北京中关村和深圳高新区,稳居第一方阵,正朝着"世界一流高科技园区"迈进。

第四节　完善社会主义市场经济体制 激发市场主体活力

完善市场经济体制、激发市场主体活力,是我国新时期推动经济高质量发展的重大举措。数以百万计的民营企业是浙江经济的微观基础和内生动力。坚持"两个毫不动摇",促进多种所有制经济相互融合、共同发展,就要研究解决民营企业、中小企业发展中遇到的困难,推动民营经济转型升级。2023 年以来,浙江把营商环境优化提升"一号改革工程"作为改革攻坚的"牛鼻子",把推动民营经济高质量发展作为营商环境优化提升"一号改革工程"的头等大事。

一、优化营商环境、激发市场主体活力

营商环境是执政理念、治理水平、行政效能和整体形象的综合体现,直接关系一个地方的发展和综合竞争力的提升。浙江提出实施三个"一号工程",其中,营商环境优化提升"一号改革工程"具有引领性、突破性、关键性,具有牵一发而动全身的战略地位。要按勇立潮头之标准,全面推动营商环境再优化再提升,紧扣市场化、法治化、国际化。

民营企业是推动浙江经济社会发展的"主力军",民营经济是浙江经济的典型特征。但是,浙江民营经济以中小企业为主体,以制造业为主导产业,以粗放型生产为主要模式,当前面临较为严峻的要素瓶颈、资源约束等问题,急需以体制改革释放政策红利、以创新驱动转变发展模式、以提高开放助推企业"出海",推动转变发展模式、实现转型升级。具体而言,要处理好以下三对关系。

一是处理好供给侧结构性改革与需求侧管理的关系。浙江民营经济转型发展需要把握好供给侧结构性改革,淘汰落后产能、打造新型动能,培育推动浙江经济发展的新增长点。与此同时,也需要强化需求侧管理,扩大经济增长的有效需求。发挥好浙江作为"一带一路"桥头堡的区位优势、政策优势,鼓励民营企业"走出去",加快优势产能输出,实现新旧产能的"腾笼换鸟"。

二是处理好外部环境与内部因素的关系。浙江省第十四次党代会明确指出,未来五年要以"最多跑一次"改革撬动各重点领域改革,为民营经济发展提供良好的外部环境。在此基础上,浙江民营经济发展更需要依靠主观能动性,发挥企业主体作用,鼓励企业加大研发投入来进行自主创新,实现企业自我转型升级,以此加快民营经济的提速增效。

三是处理好政府与市场的关系。民营企业来源于市场、成长于市场，通过市场竞争筛选优质民营企业，形成了浙江民营经济的发展路径，所以在浙江民营经济的发展过程中，需要充分明确民营企业市场主体地位，发挥市场的自动调节机制来促进民营企业发展。深化"最多跑一次"改革，以此释放制度红利、激活企业活力，实现浙江民营经济发展的提速增效。

二、推动民营经济大发展大提升[①]

民营经济是浙江经济的显著特征和突出优势。浙江民营经济已经从无到有、从小到大、从弱到强，成为改革开放的重要参与者和推动者，成为工业化、城市化、市场化和国际化的生力军，成为扩大就业和城乡居民收入增长的最大来源，成为浙江由资源小省发展为经济大省的主体力量，在经济社会发展中发挥了不可替代的重要作用。浙江始终坚持"两个毫不动摇"方针，全面实施"八八战略"和"创业富民、创新强省"总战略，着力推进民营经济转型发展、创新发展、开放发展、集约发展、和谐发展，全面增强民营经济的综合实力和国际竞争力。推动浙江民营经济大发展大提升的主要举措有以下几点。

1.着力结构优化和产业升级，推动民营经济转型发展。民营经济是浙江经济的主体，加快民营经济结构调整，是推进浙江经济转型升级的关键所在。对民营经济自身来说，解决发展中的突出矛盾和问题，应对国际金融危机带来的压力和挑战，根本在于加快结构调整，推进转型升级。优化民营经济产业结构，要更加注重运用高新技术、先进适用技术、现代信息技术改造提升传统

---

① 赵洪祝.推动民营经济大发展大提升[J].今日浙江,2012(03):8-9.

产业,加快推进制造业高端化,提升传统产业竞争力,鼓励民营经济进入高新技术产业、战略性新兴产业和现代服务业等领域,推动战略性新兴产业与传统优势产业融合互动,加快培育产业竞争新优势。

2.着力增强内生动力和提高素质,推动民营经济创新发展。科技进步和自主创新,是破解资源要素和环境制约,推动经济转型发展的核心动力。鼓励各类科研机构、大专院校的实验室和检测中心向民营企业开放,推动民营企业、科研机构和大专院校共同建立研究和技术开发机构,推进"产、学、研"一体化。加快构建公共创新平台,建设具有区域特色的民营企业技术创新数据库和公共科技服务系统。深入实施品牌战略、标准化战略和知识产权战略,积极培育和发展区域品牌,推动企业由无牌、贴牌向有牌,由有牌向名牌转变。鼓励和引导民营企业探索创新商业模式,着力培育一批以区域特色产业集群、专业市场为依托的电子商务平台。

3.着力促进"走出去"与"引进来"互动融合,推动民营经济开放发展。要引导鼓励民营企业充分利用国内外两个市场和两种资源,在全球化背景下优化配置生产要素,不断拓宽民营企业的生存和发展空间。加快民营经济"走出去"步伐,加强新兴市场的拓展,调整外贸结构,转变外贸发展方式,保持民营企业出口的稳定增长。要抓住国际产业分工调整的新机遇,鼓励优势民营企业开展海外并购,重点加强品牌收购、研发中心、营销网络和经贸合作区建设。

4.着力做好节约集约和绿色发展,推动民营经济集约发展。推动民营经济集聚集约发展,是破解资源要素制约、实现可持续发展的必由之路。块状经济是浙江省民营经济发展的主要形态,是集聚集约发展的重要方式。要加快块状经济向现代产业集群转变,按照高水平开发、高强度投入、高密度产出的要求规划建设好各类园区,使之成为现代产业集群建设的核心区。要大力培育龙头骨干企业,加强专业化配套协作,构建公共服务平台,全面提升集群品牌竞争力。资源节约、生态环保是民营经济大发展大提升的内在要求。

5.着力提升质量诚信和强化社会责任,推动民营经济和谐发展。注重质量、诚实守信是企业的立身之本,也是企业最基本的社会责任。民营企业要把追求经济效益和实现社会效益结合起来,坚持质量立业、诚实经营、公平竞争,走敬业、诚信、守法的发展道路。要建立健全质量管理体系,加强质量基础工作,完善全员、全过程、全方位的质量管理。要完善企业质量档案和产品质量信用信息记录,建立质量失信"黑名单"并向社会公开。民营企业要积极开展和谐劳动关系创建活动,自觉维护劳动者权益,落实企业最低工资标准,健全职工工资正常增长机制和集体协商机制,切实承担对员工、消费者、社区和环境的社会责任。民营企业还要有履行社会责任的更高追求,以强国富民为己任,坚持勤劳致富和依法经营,积极投身改革开放和现代化建设。

三、促进民营经济发展继续走在全国前列

我们党在坚持基本经济制度上的观点是明确的、一贯的,而且是不断深化的,从来没有动摇。2016年3月在全国政协民建、工商联界委员联组会上,习近平总书记指出,非公有制经济在稳定增长、促进创新、增加就业、改善民生等方面发挥了重要作用,是稳定经济的重要基础,是国家税收的重要来源,是技术创新的重

要主体,是金融发展的重要依托,是经济持续健康发展的重要力量。同时,要依法治企、合规经营,增强政策含金量和可操作性,确保各项政策百分之百落到实处。针对政策执行落实不到位的现象,如"玻璃门""弹簧门""旋转门"和市场的冰山、融资的高山、转型的火山等突出问题,明确提出要重点解决这些问题。① 这对于浙江更好地制定服务民营企业的相关政策、扫除民营经济发展障碍具有重要指导意义。②

1. 在推动民营经济创业创新、转型升级上继续走在前列。在经济新常态下,浙江民营经济要率先贯彻新发展理念、走转型升级之路。贯彻落实创新发展理念,做好做足科技创新的文章,支持建立面向民营企业的共性技术服务平台,办好科技大市场,全面提升民营企业的整体创新水平。贯彻落实协调发展理念,做好做足挖掘潜力的文章,支持民营企业深度参与"一带一路"建设、长江经济带发展等国家战略,开展跨地区兼并重组,引导民营企业发展文化创意产业,推进重点产业"军民融合"发展。贯彻落实绿色发展理念,做好做足生态环保的文章,鼓励民营企业大力推进清洁生产和绿色制造,应用节能新技术新产品,加快发展循环经济,继续淘汰落后产能,坚决整治小作坊。贯彻落实开放发展理念,做好做足拓展市场的文章,发扬虎口夺食、猛虎扑食的精神,充分利用互联网平台,以国际化引领产业链价值链全球布局,以产品创新引领消费潮流,不断提高国内外市场份额,谱写"跳出浙江发展浙江"和"回归浙江发展浙江"有机统一的新篇章。

---

① 习近平.毫不动摇坚持我国基本经济制度 推动各种所有制经济健康发展[N].新华社,2016-03-09.

② 夏宝龙.在促进民营经济发展上继续走在前列[J].中国中小企业,2016(06):60-61.

2.在营造民营经济发展良好环境和氛围上继续走在前列。近年来,浙江省委、省政府在行政审批制度、商事登记制度、地方金融体制以及要素市场化配置等方面推出了许多重大改革举措,为民营经济发展营造了良好的政策环境和社会氛围。坚决放开市场准入,对法律法规没有明确禁止的行业和领域,要鼓励和支持民间资本进入;对可以采用市场化运作的基础性公共项目,向民间资本全面开放;凡是允许外资进入的领域,均向民间资本开放。切实减轻企业负担,按照供给侧结构性改革的要求,切实抓好"降成本"工作,实打实地把企业制度性交易成本、用电用气成本、物流成本、财务成本、人工成本、税费负担降下来。着力营造良好氛围,继续发扬"店小二"精神,加快公共服务体系建设,为民营企业提供全方位、全过程支持和保姆式、专家型服务,让每一位民营企业家都能安心投资、顺心办事、舒心创业。

3.在推动促进民营经济转型升级上继续走在前列。传统制造业在浙江民营经济中占有很高的比重。加快传统制造业改造提升,是浙江加快建设制造强省的使命要求,是供给侧结构性改革和"两化深度融合"浙江实践的重大举措,是推进经济转型升级和"两个高水平"建设的必然选择,也是实现民营经济新飞跃的必由之路。传统产业不是落后产业,也不是夕阳产业,只有落后的产品,没有落后的产业。改造提升民营经济,就是要努力打造浙江制造的产业新优势、企业新优势、产品新优势和创新新优势,形成一批超千亿级的传统产业集群、百亿级的龙头企业、细分市场的"隐形冠军"和国际驰名品牌。把握好推进传统制造业改造提升的方式和路径,促进民营企业迈向全球价值链中高端,培育若干世界级先进制造业集群,让鸡毛飞上天,让更多的麻雀变成凤凰。

4.在打破制约民营经济发展的资源要素瓶颈上继续走在前列。要加快传统块状经济向现代产业集群转变,按照高水平开发、高强度投入、高密度产出的要求规划建设好各类园区,使之成为现代产业集群建设的核心区。构建公共服务平台,大力培育龙头骨干企业,加强专业化配套协作,全面提升集群品牌竞争力。资源节约、生态环保是民营经济大发展大提升的内在要求。大力推进清洁生产和绿色制造,鼓励应用节能新技术新产品,加快发展循环经济。推进绿色企业创建行动,继续深化结构减排、科技减排等措施,有序推进重点行业污染整治,加快解决行业性、结构性的突出环境问题。坚持"停劣上优""腾笼换鸟""以亩产论英雄",鼓励和支持民营企业加快形成节约能源资源和保护生态环境的产业结构和增长模式。

5.在打造民营经济最佳发展环境上继续走在前列。消除体制性障碍,鼓励民营经济进入混合所有制国有企业改革,放宽民营资本进入领域。要引导民营企业把追求经济效益和实现社会效益结合起来,构建"守信为荣、失信为耻"的社会舆论氛围。严格保护民营企业的知识产权,保护创新的种子,建立更为完备的知识产权侵权仲裁和惩戒机制,严厉打击和有效遏制知识产权侵权和违法犯罪行为。

总之,在新时代,浙江民营经济要背靠大国经济和国内统一大市场,依托自主创新,促进技术进步和产业升级,走全国布局或跨国经营的路子,打响"浙商"品牌,逐步实现从生产加工型企业向大规模品牌生产集团与商贸集团的转变,发展成为国内领先或具有国际水准的企业。

◆◆【案例 1-4】

德清县以数字化改革引领　全面深化农村产权制度改革

2022 年,德清县全面落实中央和省委改革部署,坚持以改革破难题、促发展、惠民生,建立改革落实闭环机制,构建"一库一单一指数"改革项目管理模式,推动全面深化改革、数字化改革、共同富裕示范区重大改革一体融合,取得了一批实战实效成果。农村宅基地制度改革与农村集体经营性建设用地入市两项国家级试点持续深化,数字乡村建设走在全国前列,成功承办全国数字乡村建设现场推进会,数字乡村集成改革获全省改革突破奖银奖。2022 年 7 月 1 日,中央新闻联播《走进县城看发展》专题报道德清"将改革进行到底"的生动实践。

1.高标准推进国家农村宅基地制度改革。2022 年共争取省级以上试点 90 项,其中国家级试点 9 项。以改革试点为契机,在全省率先探索、先行探路,谋划建设"宅富通——农房激活一件事"应用,实现宅基地与农房全流程数字化管理,盘活闲置农房 6817 幢、土地 2468 亩,改革经验获农业农村部肯定。

2.健全完善"农地入市"政策体系。在全国破法中首创"单一"宅基地使用权抵押,首批 12 户代表获得 750 万元授信,实现了农民"按揭建房",并成功办理了全国首笔"农村版"公积金贷款。深化农村集体经营性建设用地入市国家级试点建设,编制完成了全省首个入市专项规划。2022 年完成农村集体经营性建设用地入市 31 宗,面积 172.7 亩,入市成交总额 2.2 亿元,集体收益 1.5 亿元。

3.持续深化全国数字乡村试点建设。聚焦乡村振兴,谋划实施数字乡村集成改革,系统重塑农村发展模式,获全省改革突破奖银奖。德清"农村版"公积金贷款获省人民政府发文推广,被《人民日报》刊登报道。

◆◆ 本章小结

坚持"两个毫不动摇"是党中央一贯的、长期的基本方针;发展民营经济、壮大民营企业是一项长期的历史任务。利用民间资本,发展民营经济,壮大民营企业,这是一个十分重要的,具有方向性、根本性的问题。进一步发挥浙江的体制机制优势,大力推动以公有制为主体的多种所有制经济共同发展,不断完善社会主义市场经济体制,是"八八战略"的重要内容,是习近平同志亲自为浙江设计的发展战略之一。多种所有制经济经过长期并存和共同发展已经形成了"你中有我、我中有你"的"所有制"生态,一方面,出现了多种所有制经济既竞争又合作的大好局面,另一方面,逐步打破原有的所有制界限,形成了多元化的产权结构和新的混合所有制企业。两者竞争合作和融合转化,巩固、发展了社会主义基本经济制度的综合基础,将共同贯穿于整个社会主义历史发展阶段。

◆◆ 思考题

1.如何正确看待公有制经济与非公有制经济的相互关系?

2.为什么发展壮大民营经济是一项长期的历史任务?

3.浙江民营经济的发展有哪些经验启示?

◆◆ 拓展阅读

1.中共中央.中共中央关于全面深化改革若干重大问题的决定[M].北京:人民出版社,2013.

2.中共中央宣传部.习近平新时代中国特色社会主义思想学习纲要[M].北京:人民出版社,2023.

3.中共中央宣传部,国家发展和改革委员会.习近平经济思想学习纲要[M].北京:人民出版社,2022.

4.习近平.习近平谈治国理政[M].北京:外文出版社,2014.

5.中央财经领导小组办公室.邓小平经济理论学习纲要[M].北京:人民出版社,1997.

6.中共中央,国务院.中共中央 国务院关于促进民营经济发展壮大的意见[M].北京:人民出版社,2023.

7.库恩.科学革命的结构[M].金吾伦,胡新和,译.北京:北京大学出版社,2003.

第二章　发挥浙江的区位优势　服务和融入新发展格局

◆◆ **本章要点**

1. "八八战略"指出,进一步发挥浙江的区位优势,主动接轨上海、积极参与长江三角洲地区合作与交流,不断提高对内对外开放水平。

2. 构建新发展格局,要坚持扩大内需这个战略基点,使生产、分配、流通、消费更多依托国内市场,形成国民经济良性循环。

3. 浙江已经成为开放型经济大省,在服务新发展格局中具有独特优势。加快打造"一带一路"重要枢纽,高标准建设自由贸易试验区,推动形成全方位全要素、高能级高效率的双循环,重塑国际合作和竞争新优势。

4. 浙江要坚持开放强省导向,"跳出浙江发展浙江",实施"地瓜经济"提能升级"一号开放工程",深化国际产业链供应链合作。

"八八战略"指出,进一步发挥浙江的区位优势,主动接轨上海、积极参与长江三角洲地区合作与交流,不断提高对内对外开放水平。改革开放以来,特别是 21 世纪初加入世贸组织后,我国融入国际大循环,市场和资源"两头在外",形成"世界工厂"发展模式,对我国快速提升经济实力、改善人民生活发挥了重要作用。20多年来,浙江积极融入长三角地区发展建设,加快外贸强省建设,积极拓展国际国内市场,培育外贸竞争新优势,优化外贸结构,促进品质升级、品牌升级,推动一系列开放平台能级再提升。

近年来,市场和资源"两头在外"的"世界工厂"发展模式,遇到国际单边主义、贸易保护主义的严重冲击,国际大循环动能明显减弱,国内市场主导国民经济循环特征更加明显。党的十九届五中全会提出,要加快构建以国内大循环为主体、国内国际双循环相互促进的新发展格局,这为浙江开放型经济的转型升级指明了方向。转型,就是要从传统的外向型经济向全面的开放型经济转变。升级,就是要充分利用国内国际两个市场、两种资源,在融入国际产业分工过程中提高浙江经济的国际竞争力。

第一节　全面推动外向型经济向开放型经济转型

习近平总书记强调,[①]贯彻新发展理念、构建新发展格局明确了我国经济现代化的路径选择;加快建设高效规范、公平竞争、充分开放的全国统一大市场;深入推进高水平制度型开放;加强国内大循环在双循环中的主导作用,塑造我国参与国际合作和竞争新优势。明确要求浙江,充分发挥浙江独具的共建"一带一路"、长江经济带发展、长三角一体化发展等叠加优势,发挥好自由贸易试验区作用,以更大力度推进全方位高水平开放。

要以企业为主体,以市场为导向,高水平建设开放型世界经济。推动新型基础设施互联互通和"城市大脑"、移动支付等走向"一带一路",扩大双向贸易和投资。近年来,从长三角到长江经济

---

① 参阅习近平.论把握新发阶段、贯彻新发展理念、构建新发展格局[M].北京:中央文献出版社,2021:10-16.

带再到全球市场,从"跳出浙江发展浙江"到"一带一路"倡议,浙江不断向全球发展,在世界舞台上扮演着越来越重要的角色。作为我国新一轮对外开放的重大举措,"一带一路"倡议是发展新常态下的大手笔,既统筹内与外,又兼顾现实与未来。浙江应抓住新的历史机遇,深入融入长三角一体化,全面推动外向型经济向开放型经济转型,从而在更宽广的舞台上赢得更大发展。浙江外贸进出口总值从2002年的3472.4亿元增至2022年的46826.2亿元,年均增长13.1%,浙江成为全国最主要的外贸大省之一。进出口规模从2002年的全国第五位先后超过北京、上海跃升至2022年的全国第三位。利用外资实现新提升,实际使用外资从2002年的47亿美元增至2022年的193亿美元,年均增长5.2%,占全国的比重从7.6%提升至10.2%。① 2022年,浙江网络零售额、跨境电商交易规模分别以27042亿元、4223亿元稳居全国第二位;淘宝镇和淘宝村数均居全国第一位。浙江要坚持开放强省导向,"跳出浙江发展浙江",充分发挥"浙江人经济"优势,推动浙商高质量参与全球产业链重构,加快新型贸易中心建设,推动外贸提质增效,打造高质量外资集聚地,构建对外开放新格局。要以企业为主体,以市场为导向,高质量参与"一带一路"建设。推动新型基础设施互联互通和"城市大脑"、移动支付等走向"一带一路",扩大双向贸易和投资。

一、新一轮高水平对外开放的重要战略举措

构建以国内大循环为主体、国内国际双循环相互促进的新发展格局,是根据我国发展阶段、环境、条件变化,特别是基于我国比较优势变化,审时度势作出的重大决策。构建新发展格局是事关

---

① 浙江省统计局、国家统计局浙江调查总队.2022年浙江省国民经济和社会发展统计公报.

全局的系统性、深层次变革，是立足当前、着眼长远的战略谋划。它的提出源于习近平总书记对世界形势的观察和思考，是对现实问题的回答和时代声音的回应。我国是新发展格局的倡导者和推动者，但构建新发展格局不是我们一家的事。构建新发展格局不应仅仅着眼于我国自身发展，而是要以我国发展为契机，让更多国家搭上我国发展快车，帮助他们实现发展目标。我们要在发展自身利益的同时，更多地考虑和照顾其他国家利益。

从被动融入到主动塑造，构建新发展格局是对欧美区域贸易投资战略的积极回应。当前，区域性合作机制在全球范围内不断涌现，实现了发达国家之间的抱团取暖，中国往往被挡在这类区域安排的高墙之外。美国主导的新贸易投资规则试图重塑全球贸易投资规则。为了化解在全球经济较量中被"边缘化"的风险，中国适时提出构建新发展格局的战略决策。这不仅符合中方和"一带一路"沿线国家和地区的利益诉求，也向世界发出中国声音和展现东方智慧。国际贸易和投资规则的重构，需要构建新发展格局。

从资本净流入到净流出，构建新发展格局为中国资本输出开拓了广阔的外部空间。构建新发展格局为中国实现资本双向国际流动提供了全新的战略构想，通过资本双向国际流动消化国内的过剩产能和外汇储备。对外直接投资描述的是生产要素（资本）在各国之间的流动，这在一定程度上打破了地域、民族、国家的界限，使得市场扩展秩序得以继续深化。在构建新发展格局的大背景下，中国将加大对周边国家直接投资的力度。

二、构建大循环双循环相互促进的新发展格局

构建新发展格局是开放的国内国际双循环，不是封闭的国内单循环。构建新发展格局不能只讲前半句，片面强调"以国内大循环为主体";也不能只讲后半句,片面强调"国内国际双循环"。构建新发展格局,要坚持扩大内需这个战略基点,使生产、分配、流通、消费更多依托国内市场,形成国民经济良性循环。构建新发展格局的关键在于经济循环的畅通无阻,最本质的特征是实现高水平的自立自强。

1.稳步推进制度型开放,打造市场化法治化国际化一流营商环境。制度型开放是我国推动高水平对外开放的重要标志。制度型开放通过主动对标高标准国际经贸规则,以放宽市场准入、合理缩减负面清单等举措,打通内外循环堵点,营造更加公平、透明、高效的营商环境,形成与国际投资、贸易通行规则相衔接的基本制度体系和监管模式,最终实现贸易投资高度便利化自由化。相对于政策型开放,制度型开放最大的特点是透明、稳定和可预期,对增强国内外市场主体在中国市场长期发展的信心尤为重要。随着我国对外开放由商品要素流动型开放向制度型开放深化,应全面推进规则衔接与机制对接,促进国内国际市场更好地联通接轨,增强对全球先进资源要素的吸引力,使我国在国际竞争合作中取得新优势。对浙江而言,应进一步深化自由贸易试验区改革创新,持续创新油气全产业链开放发展政策,打造以油气为核心的大宗商品资源配置基地,并做好"数字＋自贸区"大文章,推动数字贸易先行先试,积极探索形成更多具有针对性、可操作性的制度创新成果,打造制度型开放高地。

2.主动适应国际经贸规则重构走向,在服务业开放上先行先试。当今世界正经历百年未有之大变局,国际经贸规则正在快速重塑。在WTO成立前后的一段时期,发达国家和发展中国家具有相对一致的国际贸易政策目标,发达国家通过主动承担降税等义务引领全球贸易自由化进程,发展中国家通过"特殊和差别待遇"获得发展机遇,贸易自由化是当时全球的贸易政策主线。但随着新兴经济体的快速崛起,发达国家与发展中国家之间的贸易摩擦不断加大。其主要原因在于发达国家更加关注产业政策、竞争中立等所谓的"公平议题",从提倡"自由贸易"转变为"对等贸易"。发展中国家则更加关注贸易自由化议题,期待通过融入世界经济体系,实现自身产业结构的升级。两者具有不同的利益诉求,导致当前新的国际经贸规则加速酝酿和重构。

3.鼓励和支持民营企业参与国际分工和资源配置,提升企业核心竞争力。作为新时期承载高水平对外开放的重要载体和畅通国内国际双循环的重要支点,民营跨国公司是浙江省连接全球的重要渠道,对推动新一轮对外开放意义重大。习近平同志在浙江工作期间就曾指出,浙江土地面积少、自然资源相对贫乏,要有效解决发展中的资源要素问题,在新一轮竞争中占据主动,不能仅仅局限在十万一千八百平方公里区域面积上做文章,必须"跳出浙江发展浙江"。① 浙江的企业走出去,主动参与国际市场的竞争,并非资金外流、企业外迁,这是在更大的范围配置资源、在更大的空间实现更大发展的需要。

三、加快打造国内国际双循环战略枢纽

浙江要突出开放强省工作导向,以国内国际双循环枢纽建设为统领构建全面开放新格局,围绕大湾区大花园大通道大都市区总体部署,加快建设现代物流枢纽、国际科创产业合作高地、新型贸易中心、新兴金融中心、国际人文交流基地,高水平打造国内国

---

① 习近平.之江新语[M].杭州:浙江人民出版社,2007:72.

际双循环战略枢纽,增强国际经济合作和竞争新优势。2022 年,浙江"一带一路"沿线进出口额达到 17259.3 亿元,占全省比重达 36.9%,占全国"一带一路"进出口份额达 12.5%。在"一带一路"沿线国家(含港澳台地区)备案境外企业 568 家,备案额为 79 亿美元,占全省比重达 60.2%。在此基础上,浙江与"一带一路"沿线国家的合作不断向健康、绿色、数字、创新等新领域延伸,率先推动光伏、水电、风电、垃圾发电等清洁能源和绿色技术"走出去"。

要紧紧围绕构建新发展格局和全省高水平建设大湾区大花园大通道大都市区总体部署,充分发挥浙江综合优势,加快形成以"一区、一港、一网、一站、一园、一桥"为框架的新发展格局建设总体格局。①

建好"一区",即自贸试验区。以高水平建设中国(浙江)自由贸易试验区和积极探索建设自由贸易港为龙头,加快推进义甬舟开放大通道建设,提升大都市区国际化和各类平台开放水平,打造对外开放新高地。浙江自贸区自挂牌以来,累计跨境人民币结算额突破千亿元大关,标志着自贸区建设大宗商品跨境贸易人民币国际化示范区迈出可喜步伐;已初步探索形成了 83 项制度创新成果,其中"不同税号保税燃料油混兑""外锚地加油""一船多供""一库多供""跨港区供油"等 34 项都为中国首创。2018 年,舟山船用保税燃料油供应量达 359.29 万吨,占全国总量 30% 以上,结算量达 566 万吨,占全国 50% 以上,超过上海跃升为国内第一加油港,同时首次跻身全球十大船用保税燃料油供应

---

① 中共浙江省委,浙江省人民政府.浙江省打造新发展格局战略枢纽行动计划[N].浙江在线,2021-11-14.

港口之列。

筑好"一港",即国际枢纽港。以宁波舟山国际枢纽港为核心,加快推进海港、空港、陆港、信息港"四港"融合发展,加强与"一带一路"沿线国家和地区互联互通,打造辐射全球的国际现代物流体系。2022年,宁波舟山港货物吞吐量12.6亿吨,连续14年居全球第一,集装箱吞吐量3335万标箱,连续5年居全球第三,继上海港、新加坡港之后,跻身"3000万俱乐部"港口。2013年到2022年,宁波舟山港与"一带一路"沿线国家和地区的集装箱航线从40多条增加到120多条,航班数达到4700余班次。

联好"一网",即数字贸易网。以电子世界贸易平台(eWTP)为引领,发挥跨境电子商务和"互联网+"优势,强化国际贸易创新,拓展国际新金融服务,打造"数字丝绸之路"门户枢纽。2018年,浙江省跨境电子商务进出口再创历史新高,进出口货值275.6亿元,增长44.3%。2019年4月10日,亚马逊全球开店"杭州跨境电商园"投入使用,这是亚马逊在全球范围内的第一个跨境电商园区,将向杭州及周边地区卖家提供品牌运营、人才培训、跨境物流等服务,引入欧洲增值税咨询、品牌注册、卖家运营优化等第三方服务商,提供一站式跨境电商出口服务。杭州跨境电子商务综合试验区成立4年间,85条制度创新清单落地且在全国复制推广,外贸有实绩企业数量从8000家增长至12000多家,34所在杭高校开设跨境电子商务方向课程。

布好"一站",即境外服务站。以先行建设捷克站为支点,谋划布局一批境外系列服务站,充分发挥系列服务站对班列、贸易、制造、物流、信息等方面的综合支撑作用,打造具有浙江特色、服务"一带一路"建设的节点网络。2018年9月4日,"一带一路"捷克站物流园正式开仓运营。这标志着"一带一路"捷克站建设取得实质性成果,使浙江跨境电商企业在欧洲有了物流集散中心,也为欧洲企业把产品销往中国提供了平台。2018 年 12 月 26 日,由浙江省商务厅牵头推动的浙江省"一带一路"国际物流联盟在杭州正式成立,将加大对"义新欧"中欧班列的品牌宣传。在被称为"世界超市"的义乌,2021 年"义新欧"中欧班列开行了 1528 列,共发运122286 个标箱,分别同比增长 65% 和 68.7%。宝马、沃尔沃、吉利等越来越多的汽车企业通过中欧班列进行整车和零部件的进出口货运。总面积约 3500 平方米的浙捷创业创新示范园于 2021 年已经投入使用。

造好"一园",即国际合作园。以境外经贸合作区为载体,以重大合作项目为支点,加快推进国际产业合作。以省内国际产业合作园为平台,大力集聚国际高端产业和创新要素,打造新发展格局国际科创产业合作高地。2018 年,浙江新增 7 家省级境外经贸合作区。至此,浙江省已有省级以上境外经贸合作区 12 家。"走出去"的脚步从东南亚的泰国、柬埔寨、越南、文莱,到中亚的乌兹别克斯坦,欧洲的俄罗斯、捷克、塞尔维亚,乃至美洲的美国和墨西哥。浙江在"一带一路"沿线国家的产业投资门类日趋多元化,新批省级境外经贸合作区既包括石油炼化、纺织等专业型产业园区,又包括农业产业型园区和商贸物流型园区,更有针对科技研发的园区。境外经贸合作区改变了企业"单打独斗"的投资模式,代之以"抱团"发展,增强了企业融入东道主市场和风险抵御的能力,提升了企业在国际市场的话语权。

架好"一桥",即民心连通桥。以加强文化、教育、医疗、旅游、国际友城、高端智库等交流合作为桥梁纽带,发挥全球浙商优势,深化民间交往,促进与"一带一路"沿线国家和地区民心相通,打造国际人文交流基地。2018 年,第二届"一带一路"国际青年论坛在浙江大学举办,来自十多个国家的青年领袖,围绕"一带一路与青年机遇:中东欧视角"分享想法。2019 年,第一届"一带一路"税收征管合作论坛在浙江乌镇举办,来自 34 个国家和地区的税务部门代表在浙江乌镇共同签署《"一带一路"税收征管合作机制谅解备忘录》,标志着"一带一路"税收征管合作机制的正式建立。

◆◆【案例 2-1】

舟山市推进自贸区特色化发展　打造"双循环"海上战略枢纽

2022 年舟山市完成外贸进出口总额 3381.8 亿元,比上年增长 43.6%,高于全省 30.5 个百分点,位列全省第一,为全省外贸稳增长贡献了舟山力量。全国最大的浙石化炼化一体化项目全面投产,原油加工能力达 4000 万吨,跃居全球第五加油港,人民币国际化示范区建设入选系列国家战略落地创新案例。

1. 推进自贸区特色化差异化发展。"一中心三基地一示范区"建设有序开展,油气储存能力 3700 余万吨,国储能力占全国的 1/4;鱼山绿色石化基地入选国家先进制造业集群,全年产值 2314 亿元;保税油加注量达到 602 万吨,同比增长 9.1%;跨境人民币结算量近 4000 亿元,年均结算量为挂牌前的 10 倍;全国第一大油气贸易港集聚油气企业 1.3 万家,年油品贸易额达 7761 亿元。

2. 探索大宗商品资源配置新高地。构建"一岛一功能"海岛特色发展体系,实施"一岛一功能"首发工程,谋划布局七大类大宗商品储运加工贸易交易全产业链,进口粮食中转量约占全国的 18%,远洋渔业产量占全国的 22%,争创大宗商品特色自由贸易港形成初步方案。加快江海联运服务中心建设。全年舟山港域完成货物吞吐量6.2亿吨,江海联运量达到2.8亿吨,约占长江干线总量的20%;粮食、铁矿石、油品分别占同类货种进江总量的65%、44%、41%;全国首创江海直达船队总运力增至11万载重吨,有效保障了国家战略物资运输安全。

3.打造"双循环"海上战略枢纽。截至2022年底累计口岸开放面积达1457.3平方公里,口岸监管点达59个,形成了全国数量最多的开放口岸。建成全国首个船舶进出境通关无纸化口岸,船舶进出境通关无纸化效率全国领先。建设舟山数字口岸综合服务和监管平台,国际贸易"单一窗口"船舶通关"一单多报"经验成为全国样板。

第二节　主动融入和服务新发展格局

2021年1月11日,习近平总书记在省部级主要领导干部学习贯彻党的十九届五中全会精神专题研讨班上明确指出:"我在浙江考察时发现,在疫情冲击下全球产业链供应链发生局部断裂,直接影响到我国国内经济循环。……我感觉到,现在的形势已经很不一样了,大进大出的环境条件已经变化,必须根据新的形势提出引领发展的新思路。所以,去年4月,我就提出要建立以国内大循环为主体、国内国际双循环相互促进的新发展格局。"①浙江是开放型经济大省,在服务新发展格局中具有独特优势。

---

① 习近平.习近平谈治国理政:第四卷[M].北京:外文出版社,2022:174.

一、形成并巩固了开放型经济大省地位

20多年来,浙江着力推动对内对外开放,高质量参与共建"一带一路",服务和支撑"双循环"新发展格局,增强浙江发展动能,对外开放取得跨越式发展,形成了一批具有中国气派和浙江辨识度的对内对外开放标志性成果,开放经济对经济增长的贡献更加突出。进出口总额从2002年的3472.4亿元增至2022年的46826.2亿元,从全国第五位跃居全国第三位,占全国比重由6.8%上升至11.1%。2022年浙江出口对全国出口增长贡献率达18.5%,居全国首位;进口对全国进口增长贡献率达16.3%,居全国第二位。连续4年获得国务院稳外贸督查激励。实际使用外资规模居全国第五位,非金融类对外直接投资额从2002年的0.5亿美元增至2022年的142.6亿美元,跃居全国第二位。浙江已经成为开放型经济大省,目前正在向开放型经济强省迈进。

1.进出口商品结构持续优化。在保持贸易规模的同时,出口结构逐步向合理化调整,逐步由数量型向效益型转变,由劳动密集型、资源密集型向技术含量及附加值高的产品转移,已从以传统的轻工、机械基础部件产品为主向机械、电子、运输工具等成套设备转型。2022年,浙江省出口机电产品1.01万亿元,较2014年增长46.13%,占出口总值的43.9%。出口高新技术产品1605.4亿元,较2014年增长68.63%,占出口总值的7.0%。同时,高新技术产品进口增长明显,固体废物进口明显下降。

2.国际市场布局开拓发展。对欧盟、美国及主要新兴市场的出口保持增长,对"一带一路"沿线国家和地区的出口比重攀升。2022年,全省对欧盟、东盟分别出口5012.8亿元、2521.3亿元,增长7.5%、24.7%,分别占全省出口总值的21.7%、10.9%;对"一

带一路"沿线国家和地区出口 7961.1 亿元,较 2015 年增长 43.7%,高出全省外贸出口增速 7.8 个百分点。此外,对美国进出口 4266.9 亿元,比 2015 年增长 24.7%。

3.境外直接投资呈现出新特点。以技术为导向的跨国并购活跃发展,从金额来看,浙江省跨国并购 99% 都由民营企业完成,80% 以上投向欧、美、日等发达国家,70% 以上集中在汽车及零部件、机电装备、生物医药、化工等先进制造业领域。投资国际营销网络成为拓市场、打品牌的主渠道。近年来,全省每年平均经备案、核准设立的境外营销网络项目达到 600 个,对外直接投资备案额年均上百亿美元。"一带一路"和国际产能合作成为投资热点。2013 年至 2018 年,浙江省与"一带一路"沿线国家和地区的贸易总额 6800 多亿美元,在"一带一路"沿线国家和地区累计投资额 285.2 亿美元,建成的十余个境外经贸合作区带动东道国就业超 6 万人。

二、国内国际双循环战略枢纽作用更加凸显

"一带一路"枢纽影响力显著提升,对"一带一路"沿线国家和地区的进出口总额占全国比重由 2002 年的 8.1% 提高到 2022 年的 12.5%。浙江自贸试验区在全国率先实现赋权扩区,义甬舟开放大通道畅通陆海循环,国家级境外经贸合作区拥有数量位居全国第一,海外仓数量超过全国总量的 1/3;宁波舟山港货物吞吐量连续 14 年居全球第一,集装箱吞吐量跻身世界第三,中欧(义新欧)班列实现常态化运行,开行列数和发运标箱分别比 2015 年增长 53.4 倍和 72.7 倍。在全国率先提出跨境电商贸易模式,跨境电商规模居全国第二位。有力保障国家战略物资供应安全,原油国储能力占全国的 1/4,承担长江经济带近一半的铁矿石进口量,粮食中转物流量约占全国比重的 18%。

1. 着力提升企业全球化地位。围绕总部经济、重点产业项目瞄准世界 500 强企业、中国 500 强企业、全球行业领军企业和知名品牌企业,加快培育浙江的跨国公司。积极推动大企业到境外建立生产基地、研发设计机构、展销中心,加大对境外产业的投资整合力度,实现产业链价值链全球布局;与此同时,加强风险防控,真正融入全球经济。2022 年,全省经备案核准的境外企业和机构共934 家,比上年增长 16.5%;对外直接投资备案额(中方投资额)130 亿美元,增长 45.0%。

2. 着力提高城市国际化水平。加强国际合作交流,积极引进跨国公司地区总部和功能性机构,吸引一批国际组织落户浙江。大力提升核心城市国际化高端服务配套水平,加强国际社区、国际学校、国际医院等设施建设,培育具有全球知名度的国际城市。2023 年 9 月,世界知识产权组织(WIPO)发布了《2023 年全球创新指数》报告。报告显示,杭州在全球科技集群中保持第 14 位排名,连续两年进入世界前 15。近年来,杭州在该指数中的排名连续攀升,从 2017 年的第 85 位升至 2022 年的第 14 位,并在 2023 年巩固该排名。

3. 着力接轨人才全球化趋势。对内加强教育和提高教育质量,不仅在义务教育和高等教育方面对标国际一流水平,更要使个人心理和能力素质适应全球化的变化,增强适应国际市场竞争能力的教育和培训,服从国家总体战略定位的调整,缩小收入差距并适应全球化发展。对外建好一批海外高层次人才创业园,推动高端人才往来签证便利化,营造吸引海外高层次人才的一流服务环境,吸引更多的海外高层次人才来浙江创新创业。

4.着力深化对外人文交流合作。积极打造若干具有国际影响力的文化会展品牌。筹划和办好亚运会赛事、世界互联网大会等重大活动。加强国际友城建设工作。举办高层次的大型对外文化活动,全面提升文化国际影响力,打响浙江文化品牌。

三、重塑国际合作和竞争新优势

新发展阶段浙江对外开放的主要任务是,加快打造国内国际双循环战略枢纽,高标准建设自由贸易试验区,推动形成全方位全要素、高能级高效率的双循环,重塑国际合作和竞争新优势。要坚定不移地对外开放,构建"以外贸为优势、以投资为抓手、以人民幸福为目标"接轨全球的高水平开放发展新格局。以高质量建设开放型经济强省为目标,加快"引进来"和"走出去"的脚步,提升本土型跨国公司在全球产业链、价值链、供应链的地位,培育形成以技术、标准、品牌、质量、服务为核心的外贸竞争优势,在要素有序流动、资源高效配置、市场深度融合的基础上,加速融入全球产业分工和市场体系,提升国民收入水平和幸福感。

1.培育形成以技术、标准、品牌、质量、服务为核心的外贸竞争优势。在全球分工体系的基础上吸收外部先进的生产要素,提高浙江在全球价值链中的地位和作用,提高全要素生产率,提升在国际市场上的议价能力,实现从外贸大省向外贸强省转变。

2.推进贸易和投资便利化,提升双向投资水平。大力培育本土跨国公司,加快"引进来"和"走出去"的脚步,积极有效地引进境外资金、先进技术和管理经验,支持企业加快投资及海外布局,融入全球产业链、价值链、供应链,加快培育一批具有较强竞争力的跨国公司,不断提高全球资源和市场配置能力。健全完善企业"走出去"的风险评估机制、预警机制和风险应对机制,加强对境外国家和地区的安全形势研判和风险预警。

3.高标准建设浙江自贸试验区。坚持改革创新、先行先试,将中国(浙江)自由贸易试验区建设成为油气全产业链开放发展先行地、东部地区重要海上开放门户示范区、国际大宗商品贸易自由化先导区和具有国际影响力的资源配置基地。

4.高水平建设"一带一路"枢纽和经贸合作中心。要以企业为主体、贸易投资合作为重点、市场化运作为路径,推进与"一带一路"沿线国家和地区多领域务实合作,将浙江建设成为与沿线国家和地区交流合作的战略枢纽、经贸合作中心和重要引擎。

◆◆◆【案例 2-2】

构建新发展格局重大战略决策在北仑的生动实践

北仑向海而生、因港而兴,是浙江省开放时间最早、开放程度最高、国家级功能区最集中的区域之一。2021 年 1 月 11 日,习近平总书记在省部级主要领导干部学习贯彻党的十九届五中全会精神专题研讨班上的讲话指出:"我在浙江考察时发现,在疫情冲击下全球产业链供应链发生局部断裂,直接影响到我国国内经济循环。……我感觉到,现在的形势已经很不一样了,大进大出的环境条件已经变化,必须根据新的形势提出引领发展的新思路。所以,去年 4 月,我就提出要构建以国内大循环为主体、国内国际双循环相互促进的新发展格局。"①习近平总书记上述重要讲话中提及的"在浙江考察时",指的正是新冠疫情期间,也就是 2020 年 3 月 29 日,习近平总书记到浙江考察,先后来到宁波舟山港穿山港区码头、北仑大碶高端汽配模具园区,深入了解抗疫情况,调研港口和

---

① 习近平.习近平谈治国理政:第四卷[M].北京:外文出版社,2022:174.

企业复工复产中出现的问题。

1.北仑是畅通国内大循环和国内国际双循环的战略枢纽。构建新发展格局的关键在于经济循环的畅通无阻。宁波舟山港是我国最大的铁矿石中转基地、原油转运基地,承担了长江经济带50%的铁矿石和90%的油品中转。2022年,宁波舟山港年货物吞吐量12.5亿吨,连续14年位居全球第一;集装箱吞吐量3335万标准箱,位居全球第三,其中北仑港区两项数据分别占90%和43%。铁矿石、原油、煤炭2类、化工原料、成品油、建筑材料等大宗商品的进口确保了国内经济社会平稳运行和人民生产生活稳定。

2.北仑是国家高水平对外开放战略的重要承载地。构建新发展格局是开放的国内国际双循环,不是封闭的国内单循环。这表明高水平的开放格局是国内国际双循环必不可少的有机组成部分。北仑是全省开放时间最早、开放程度最高、国家级功能区最集中的区域之一,是浙江自贸试验区宁波片区的主要承载地。目前,北仑拥有5个国家级开发区和自贸片区,是引领浙江全省对外开放的新高地。2022年北仑区域线上商品销售额1.96万亿元、规模全省第一,外贸进出口规模全省第二,中东欧进口额全省第一,跨境电商进口额全国第一。

3.北仑是保障国内产业链供应链安全畅通的重要支点。构建新发展格局最本质的特征是实现高水平的自立自强。而实现国内主导的产业结构升级与技术创新,解决各类"卡脖子"和瓶颈问题,关键是要保持产业链供应链稳定畅通。北仑民营经济发达、制造业企业众多、块状经济特征明显,北仑区委、区政府通过实施强链、延链、补链工程,聚焦化工新材料、新能源汽车、高端装备等优势产业,打造了一大批分工协作、高效链接的现代产业集群。2020年3

月 29 日,习近平总书记在考察时指出,宁波舟山港率先恢复生产,对推动我国企业复工复产、恢复物流体系、恢复全球产业链具有重要意义。[①]

第三节　深入推进长三角高质量一体化发展

发挥浙江的区位优势,需要主动接轨上海、积极参与长江三角洲地区合作与交流。大力建设科技创新共同体和数字长三角、绿色美丽长三角,全面深化重点领域、重点区域合作,高水平建设长三角生态绿色一体化发展示范区、嘉善县域高质量发展示范点和上海虹桥国际开放枢纽南向拓展带。2022 年,长三角生态绿色一体化发展示范区新探索形成 39 项制度创新成果。与沪苏皖技术交易额达 858 亿元,同比增长达 115.4%。杭州、嘉兴联合上海、南京、合肥获批首个跨区域科创金融改革试验区。全国异地就医直接结算金额达 61.07 亿元,增幅达 76.8%。长三角期现一体化油气交易市场基本建成,实现浙油仓单在上期所挂牌交易。长三角跨省市交通基础设施建设顺利推进,苏台高速全面开工,沪甬通道、沪舟甬跨海通道已纳入国家公路网规划,临金高速千秋关至於潜枢纽段建成通车。

一、深化合作领域拓展,推进一体化发展

浙江发起创建数字长三角共建联盟,启动全国一体化算力网络长三角国家枢纽节点建设,深化长三角工业互联网一体化发展

[①]　学习贯彻习近平新时代中国特色社会主义经济思想　做好"十四五"规划编制和发展改革工作系列丛书编写组.加快构建现代综合交通运输体系[M].北京:中国计划出版社,2020:27.

示范区。协同布局"核心＋基地＋网络"的国家实验室体系。启动首批人工智能、集成电路等 15 个联合攻关项目。启动数字安防等第二批 4 条长三角重点产业链研究。推动长三角居民服务"一卡通"协同立法。推进教育合作,获批建设国际合作教育样板区,筹建长三角国际研究生院。加快建设长三角(湖州)产业合作区、衢饶合作示范区、新安江—千岛湖生态补偿试验区等省际交界合作区。

加快建设长三角国家算力枢纽节点,联合编制长三角工业互联网领域标准规范和应用指南,持续建好联合国全球地理信息知识与创新中心。共同打造"全长三角造"机器人,支持建设绍兴集成电路、中新嘉善智能传感等"万亩千亿"产业新平台。开展长三角区域数据标准化体系建设研究,加快培育一体化数字要素市场,推动建设长三角新型智慧城市群。加快共同富裕、碳达峰碳中和、数字化改革等领域一体化制度创新改革。深化强村富民乡村集成改革等改革试点,高规格举办县域高质量发展现场会。聚力打造水乡客厅、祥符荡创新中心、"三高四铁"项目、阿里巴巴长三角智能计算基地项目等一批"双示范"标志性成果。

二、加快制度创新,建设一体化发展示范区

在前两批制度成果的基础上,新探索形成 39 项制度创新成果,三年累计 112 项,其中 38 条经验向全国复制推广。持续推进 108 个重点项目,沪苏嘉城际、水乡客厅等重大工程开工建设。不断扩大示范区开发者联盟朋友圈,集聚 53 家高能级开发主体,为示范区建设持续赋能。聚焦先行启动区整体规划建设,形成协同工作机制,推进"一厅三片"建设,水乡客厅、青浦西岑科创中心、吴江高铁科创新城、嘉善祥符荡创新中心等项目陆续推进。全面形

成一体化示范区嘉善片区"1＋1＋N"规划体系。

以长三角港口一体化为依托,稳步推进以油气为核心的大宗商品资源配置基地建设。2022年油品储备能力达到4961万吨,炼油能力7500万吨/年,油气贸易额达到12866亿元,保税燃料油直供量达到602.5万吨,舟山港跻身全球第五大船舶加油港。相继上线保税商品登记系统、油品数字化监管平台等,"中国舟山保税燃料油价格指数体系"正式形成。全面建成长三角期现一体化油气交易市场,期现联动一体化取得实质性进展,产能预售模式不断完善,顺利主办召开长三角自由贸易试验区联盟第二次工作会议。

三、聚焦关键问题,推动长江经济带发展

坚持不懈共抓大保护,切实抓好国家警示片曝光问题整改工作,开展历年警示片问题"回头看"专项行动,确保警示片问题改彻底、不反弹。针对近年来多次被披露的雨水管网排污、危废液露天堆存、违规侵占林地等问题,分别组织实施"举一反三"专项行动,确保系统彻底解决重点领域生态环境问题。综合施策推进"4＋1"工程。多措并举推动新试点,持续深化生态产品价值实现机制试点,推动全省两山合作社扩面提升。争取打造一批国家级试点示范,积极争取国家碳达峰试点城市(园区),支持嘉兴市争创全国水生态修复试点,台州市争创全国生态环境与健康管理试点等。

2022年共排查省长江经济带"举一反三"突出问题64个,已全部完成整改。2022年警示片肯定全省域生活垃圾填埋场综合治理等4个典型案例,新曝光9个警示片问题均已制订整改方案。4个案例被国家长江办工作简报刊发推广。深入推进污染治理"4＋1"工程。全省新建改造城镇污水管网1165公里,累计建成10座地埋式污水处理厂,数量居全国首位,累计完成 29 座生活垃圾填埋场综合治理。开展全省 52 个化工园区复评,完成 23 个工业园区"污水零直排区"建设。畜禽粪污资源化利用和无害化处理率达92%。船舶水污染物转运率、处置率均超 95%。完成尾矿库闭库2 座、回采销库 4 座、销号 3 座。

◆◆【案例 2-3】

嘉兴市打造山海联动、长三角一体化发展新平台

2021 年嘉兴港货物、集装箱、外贸货物吞吐量等均列浙江省第二,在"全球百大集装箱港口"榜单中排名晋升至 83 位,全球排名实现"三年四连升"。平湖市打造的山海协作高质量发展升级版入选全省高质量发展建设共同富裕示范区最佳实践案例(第一批)。

1.四大建设有序推进。全面融入大湾区经济建设,积极布局发展新能源、新材料等沿海大工业,海宁经济开发区入选第二批浙江省高能级战略平台培育名单。"轨道上的嘉兴"加快建设,成功开行首趟海铁联运铁路集装箱班列。积极融入杭州都市圈,嘉湖、杭嘉一体化发展先行区建设取得实质性突破。

2.海洋经济稳步发展。79 个项目被列入省市海洋经济发展2022 年重点建设清单,完成年度投资 283.35 亿元。海宁泛半导体产业平台入选第四批省"万亩千亿"新产业平台,中国化工新材料(嘉兴)园区位列全国化工园区第九名,氢能运行车辆数量和加氢站建设数量位居全省首位。

3.山海协作不断深化。依托国家级、省级高能级平台,推进 15个"飞地"共建,为山区 26 县产业发展构建新空间,4 个"产业飞地"开工建设,总投资 83.5 亿元,10 个"消薄飞地"年度累计兑现收益2.49 亿元。

第四节　大力发展更高水平开放型经济

实施地瓜经济提能升级"一号开放工程",深化国际产业链供应链合作。加强外贸主体培育,推动省外浙企和海外工厂贸易回归,建设国际贸易总部。持续推进市场采购贸易质量提升行动。建设全球投资避风港,要求浙江"引进来"和"走出去"相互促进,在更深层次改革、更高水平开放方面走在前列。浙江民营经济发达,民间资本丰富,一大批浙江企业家勇于走出浙江,带动了民间资本跨省域流动,有力地促进了这些地区的经济发展。要发挥出长三角一体化对我国中西部的带动作用,同时加快浙江省产业升级和转型的步伐,在更高级的产业资本、金融资本领域,要瞄准定位于长三角区域重要的民营资本积聚和扩散的枢纽区,成为长三角金融中心的有力支撑和金融腹地的重要组成部分。

一、培育提升地方性资本市场

培育地方性资本市场,整合省内民营资本资源,建设有浙江特色和优势的金融产业。浙江每年有大量资本流向省外,有大量浙江企业家到外省创业投资,投资区域比较分散,行业集中于建筑房地产、资源开采、商贸业等,产业扩张和升级的趋势还不是很明显。要改变这种分散的产业扩散和资本流动的局面,既要继续鼓励产业扩散,同时要引导资本回归和资本集中。在金融市场较为发达、金融机构和相关配套服务机构体系较为完善的中心城市发展区域性资本市场。加快培育地方性产权交易市场,促进资本的流动和集中。着力发展直接性金融投资机构,培育专业化的法人财团投资机构,引导分散的民营资本组合成风险投资,打造浙江民营资本和扩散的基地。

民营经济要发挥自身体制机制灵活的优势,整合长三角的企业、产业和金融资本资源,促进产业资本与金融资本、商业资本的融合。长三角一体化带来了区域产业整合的机遇,对产业资本、金融资本的跨区域整合提出了新的要求。浙江拥有民营企业家和民营资本的规模优势,要弥补资源匮乏的劣势,就要在更广泛的层面、更高的层次上运用产业资本、金融资本来整合资源。鼓励民营资本参与国有资本重组,用灵活的机制盘活人才和技术资源,实现浙江制造业的跨区域扩张和升级。要充分借助上海作为中国金融中心的制高点,充分发挥浙江民营资本的活力,吸引和集中更大规模的金融资本资源。鼓励一大批民营企业集团进入资本市场,通过资本运作,配置和盘活市场客户资源、技术研发资源,促进浙江产业升级和转型。

二、鼓励民营资本扩大开放与合作

浙江要立足于长三角的整体优势,鼓励民营资本扩大开放与合作。浙江省要实现转型和升级,不仅要利用好国内资源,还要利用好国外资源。在民营资本实力不断壮大的同时,浙江引进外资的规模和质量与长三角其他省市相比明显落后。浙江要加大开放力度,引进外资要跨越低水平。要瞄准行业的领导企业,以民引外,通过民营资本集团与国际资本的合作,在高起点引进浙江亟待升级的技术和产业。不仅要"引进来",浙江民资集团还要积极参与国际资本市场,通过战略合作获得国际资本的引导,直接进入国际资本市场,借助国际资本来配置国外的优质资源。要积极实施"走出去"战略,鼓励劳动密集型企业通过在海外设立商业窗口或境外企业,绕过贸易壁垒、开拓海外市场,减轻生产要素成本上涨和税负的压力,鼓励资源进口大户利用当前金融危机、资产价格全面低趋的时机,寻找海外资源的所有权,全面提升企业的竞争力和在国际产业转移中的地位。

三、打造区域金融中心和发展特色金融产业

打造区域金融中心和发展特色金融产业,提升浙江在以上海国际金融中心为主的长三角金融业中的地位。国际金融中心与"世界工厂"共生融合的历史经验表明,制造业的发展将促成金融业的发展,全球制造中心的国家和地区就有可能成为全球金融中心。发达的制造业将有利于提升浙江在长三角金融业中的地位,并形成自己的特色和优势。浙江要按照"一区域一特色"的金融产业空间布局思路,着力打造两大金融核心区域、若干金融特色城市、一批金融特色小镇等三个层面的"大金融"产业构架,形成多层次的金融产业空间支撑体系。

1.立足区域优势,打造杭州、宁波区域金融中心。培育长三角南翼的金融中心,打通与国际资本的联系,向新兴的工业城市辐射,利用金融资本的纽带向先进制造业区域输送资金、技术、信息和服务等高级要素,推动制造业的升级和现代服务业的成长。杭州的目标是建设有特色优势的国内一流财富管理中心和互联网金融中心,而宁波的目标则是建设宁波保险创新综合示范区和港口金融、航运金融区域中心。

2.打造区域金融特色城市。深化推进温州金融综合改革,扩大"温州指数"的影响力,打造民间金融改革创新"温州样板"。深化丽水农村金融体系建设,打造林权抵押贷款"丽水标准",推进台州小微企业金融服务发展,拓展和提升信用信息共享平台,创新小微企业金融服务机制和模式。

　　3.打造一批金融特色小镇。按照"政府引导＋市场运作"模式,引入社会资本,成立专业的开发公司,进行市场化运作。加强政府配套政策支持,建立"主导产业＋基金"的创业创新机制,引进、入驻一批国内外高端金融研发和管理团队,促进高端要素集聚,形成专业性功能型金融集聚地。

　　4.重点优选、扶持特色金融产业,完善现代金融产业体系。大力发展本地总部型金融企业和新兴金融服务业,争取一定数量的浙江概念基金在全国发行,形成以商业银行和资本市场为主导,保险、信托、基金和创业投资等其他金融服务业协调发展的现代金融产业体系。

　　总之,浙江省既有条件也有必要把金融产业做大做强,浙江是全国重要的金融改革试点省份,包括温州的金融改革示范区、义乌的贸易金融改革、台州的小微金融改革以及丽水的农村金融改革,需要浙江发挥更大作用。

◆◆【案例2-4】

绍兴市"内聚外联",构建全域深度开放发展格局

　　2022年,绍兴市牢牢把握长三角一体化发展、高质量共建"一带一路"发展、唱好杭州宁波"双城记"、义甬舟开放大通道建设等重大战略叠加机遇,一体推进"内聚外联",加快构建全域深度开放发展格局。

　　1.扎实推进长三角一体化发展战略。接轨上海虹桥国际开放枢纽,构建跨区域产业链。获批杭绍临空经济一体化发展示范区绍兴片区,绍兴科创大走廊成功纳入省级战略布局,联合杭甬成立环杭州湾创新联盟。绍兴轨道交通1号线、绍兴风情旅游新干线实现"连甬进杭"。

2.更高层次开放型经济亮点纷呈。建立外贸企业培育库,全市有出口实绩企业达 11566 家。全市市场采购贸易方式出口 303.39 亿元,拉动外贸增长 5.8％。袍江、柯桥、杭州湾上虞 3 家国家级经济技术开发区近三年在商务部排名中平均提升 80 位,全部挺进全国前 80 强行列。

3.打造"一带一路"重要枢纽成效明显。强化义甬舟大通道中部节点支撑,谋划推进"义甬舟嵊新临港经济区"建设,创建成为全省首批义甬舟开放大通道综合性战略平台,推进多式联运发展,首个铁路口岸——萧甬铁路(义新欧班列)海关监管点及海铁联运项目正式启用。

◆◆ **本章小结**

构建新发展格局畅通大循环双循环,为浙江开放型经济的转型升级指明了方向。浙江急需培育形成以技术、标准、品牌、质量、服务为核心的竞争优势,完成向开放型经济强省的飞跃。积极推进高水平制度型开放,加快贸易领域规则、规制、管理和标准国际化,提升国际标准制定话语权。近年来,从长三角到长江经济带,再到全球市场,从"跳出浙江发展浙江"到"一带一路"倡议,浙江不断迈向全球发展,在世界舞台上扮演着越来越重要的角色。浙江发起创建数字长三角共建联盟,启动全国一体化算力网络长三角国家枢纽节点建设,深化长三角工业互联网一体化发展示范区。实施地瓜经济提能升级"一号开放工程",深化国际产业链供应链合作。加强外贸主体培育,推动省外浙企和海外工厂贸易回归,建设国际贸易总部。浙江要瞄准定位于长三角区域重要的民营资本积聚和扩散的枢纽区,成为长三角金融中心的有力支撑和金融腹地的重要组成部分。

◆◆ 思考题

1.浙江有什么区位优势？怎样发挥浙江的区位优势？

2.浙江应该如何主动服务新发展格局畅通国内大循环、国内国际双循环？

3.什么是地瓜经济？怎样实施地瓜经济提能升级"一号开放工程"？

◆◆ 拓展阅读

1.中共中央.中共中央关于全面深化改革若干重大问题的决定[M].北京:人民出版社,2013.

2.中共中央,国务院.中共中央国务院关于促进民营经济发展壮大的意见[M].北京:人民出版社,2023.

3.中共中央宣传部,国家发展和改革委员会.习近平经济思想学习纲要[M].北京:人民出版社,2022.

4.习近平.习近平谈治国理政:第二卷[M].北京:外文出版社,2017.

5.习近平.习近平谈治国理政:第三卷[M].北京:外文出版社,2020.

6.习近平.之江新语[M].杭州:浙江人民出版社,2007.

7.习近平.干在实处　走在前列:推进浙江省新发展的思考与实践[M].北京:中共中央党校出版社,2006.

第三章 培育壮大现代产业集群
建设现代化产业体系

◆◆ **本章要点**

1. "八八战略"指出,进一步发挥浙江的块状特色产业优势,加快先进制造业基地建设,走新型工业化道路。

2. 浙江工业从家庭作坊、乡镇企业起步,以"轻、小、集、加"为特征,已形成了空间布局合理、产业特色明显、创新能力突出、经营机制灵活、多种经济成分竞相发展的新格局。

3. 浙江坚持以"八八战略"为总纲,深入实施数字经济"一号工程",以供给侧结构性改革为主线和总抓手,坚持创新驱动、加快转型升级,积极破解"成长的烦恼",打破了传统"低、小、散、乱"路径锁定的困境,高质量发展的主题和路线图日益清晰。

4. 围绕建设"先进制造业基地",浙江坚持"腾笼换鸟、凤凰涅槃",不断推进"创新型省份"建设,强化"数字浙江"引领,先进制造业基地建设不断开创新局面,走出了一条具有浙江特色的新型工业化道路。

"八八战略"指出,进一步发挥浙江的块状特色产业优势,加快先进制造业基地建设,走新型工业化道路。浙江把发展经济着力点放在实体经济上,坚持"腾笼换鸟、凤凰涅槃",突出数字化引领、撬动、赋能作用,推动数字经济和实体经济深度融合,加快建设全球先进制造业基地,提高经济发展的质量和效益。近年来,浙江又深入实施创新驱动"一号工程"和数字经济"一号工程"升级版①,创建国家制造业创新中心等高能级平台,持续推进全球先进制造业基地建设,大力建设国家数字经济创新发展试验区,加快打造数字变革策源地,形成了一批具有国际竞争力的数字产业集群。

浙江已经成为现代化产业体系建设最具成效的省份之一。产业结构持续向高端演进,三次产业增加值比例从 2002 年的 8.5∶51.2∶40.3 调整为 2022 年的 3.0∶42.7∶54.3;农业现代化指数水平居全国第三;2022 年高新技术产业增加值占规上工业比重比 2002 年提升 42.2 个百分点,战略性新兴产业增加值占比提升 10.3 个百分点,专精特新"小巨人"和单项冠军企业数量连续 3 年位居全国第一;2022 年数字经济增加值占 GDP 比重居全国省区第一,产业数字化指数连续多年保持全国第一。发展效率、效益不断提升,2022 年规上工业全员劳动生产率是 2002 年的 5.1 倍。

第一节　坚持"腾笼换鸟",高水平建设现代化产业体系

现代化产业体系是中国式现代化的重要支撑。20 多年来,浙江坚持以"八八战略"为总纲,以供给侧结构性改革为主线和总抓手,坚持创新驱动、加快转型升级,积极破解"成长的烦恼",打破了传统"低、小、散、乱"路径锁定的困境,经济发展方式从数量扩张型向质量效益型转变取得突破性进展,主要经济质量效益指标好于

---

① 中共浙江省委.关于制定浙江省国民经济和社会发展第十四个五年规划和二〇三五年远景目标的建议[N].浙江日报,2020-11-23.

预期、高于全国、领跑东部。浙江坚定不移推动传统产业改造提升,推进"亩均论英雄",迭代实施"腾笼换鸟、凤凰涅槃"攻坚行动,积极推动高能级创新平台建设,截至 2023 年 7 月拥有单项冠军企业 189 家、国家专精特新"小巨人"企业 1432 家,均居全国第一。

一、产业结构深度优化高级化

浙江通过实施"腾笼换鸟""四换三名""两化融合",创新驱动和建设特色小镇等供给侧结构性改革的先行探索,在"腾笼换鸟"中实现了"凤凰涅槃",高质量发展的主题和路线图日益清晰,在探索高质量发展的道路上已经"找到了跑道、见到了曙光",绘出一道漂亮的新旧动能转换增长曲线。

经济总量节节攀升,经济实力显著增强,劳动生产率大幅提升,呈现出新旧动能加速转换的高质量发展新趋势。2022 年浙江经济总量 77715 亿元,同比增长 3.1%,人均 GDP 为 11.85 万元,约 1.76 万美元。根据世界银行 2021 年人均国民收入的分组标准,人均 GDP 在 1.32 万美元之上属于高收入经济体,由此判断,浙江巩固了"高收入经济体"地位。全员劳动生产率大幅提升,高端要素、创新要素成为支撑经济增长的核心要素。2022 年浙江三次产业占比为 3.0∶42.7∶54.3,意味着浙江开始迈入服务型社会。

聚焦工业经济和数字经济"两条主跑道",浙江全力建设全球先进制造业基地,走出了一条符合浙江实际、富有浙江特点的新型工业化道路。2022 年,全省规上工业增加值 21900 亿元,比全国、东部地区分别高 0.6 个、1.2 个百分点,20 年来年均增长 11.7%[①];

---

① 为了对比分析,文中多次用到 2002 年规上企业相关数据,但是规上企业范围在 2011 年进行了调整,因此会对 2022 年与 2002 年数据对比造成一定影响。

规上工业企业营业收入 107956 亿元,居全国第四,20 年来年均增长 12.8%[①];规上工业利润总额 5864 亿元,居全国第三,20 年来年均增长 12.0%;规上工业全员劳动生产率 29.6 万元/人,是 2002 年的 5.1 倍。2022 年,高新技术产业增加值 14291 亿元,占规上工业比重 65.3%,比 2005 年提升 42.2 个百分点;装备制造业增加值 9744 亿元,占规上工业比重 44.5%,比 2005 年提升 12.9 个百分点;战略性新兴产业增加值 7331 亿元,占规上工业比重 33.5%,比 2012 年提升 10.3 个百分点。

二、数字经济领跑全国

随着互联网、大数据的广泛应用和深度渗透,高端制造业和现代服务业成为经济增长的新引擎。全省"工业经济"向"服务经济"转型的趋势十分明显。服务业的主导地位得到巩固和加强,这符合产业结构高级化的演进趋势。新旧动能转换成效显著,成为全国数字经济的领跑者,形成了数字经济服务实体经济振兴的新模式、新路径,数字经济发展水平已稳居全国第一梯队。

2022 年,数字经济增加值突破 4 万亿元,是 2016 年的 2 倍以上,占 GDP 比重居全国省区第一;数字经济核心产业增加值 8976.6 亿元,是 2016 年的 2.2 倍,占 GDP 比重达 11.6%,较 2016 年提升 3.2 个百分点;数字经济核心产业营业收入首次突破 3 万亿元,同比增长 9.9%;全国电子信息百强企业 17 家,居全国第三。产业数字化指数连续 4 年居全国第一;累计打造细分行业产业大脑 96 个、未来工厂 52 家、智能工厂(数字化车间)601 家。

统筹推进产业大脑服务业分区和发改大脑"双屏"建设,在全

---

① 2002 年规上销售收入 9729.33 亿元,因在浙江省统计年鉴上未找到当年营业收入,故用销售收入替代。

省开展服务业领域产业大脑和特色应用场景征集工作,挖掘了一批优秀应用,如:小商品数字自贸应用在 6 月全省数字化改革推进会上作汇报演示,获评最佳应用;桐乡"时尚产业智慧物流应用"作为首批"一地创新、全省推广"项目纳入子场景应用。2022 年,全省数字生活新服务指数全国领先,网络销售额全国第二,直播交易规模全国第一。2022 年 2 月中国财政科学研究院发布报告显示,2019 年以来,浙江省数字生活新服务指数累计增长 60.1%,位列全国第一,总指数 146.4,仅次于上海 150.3,位列全国第二;杭州市总指数位列全国设区市(直辖市除外)首位。

三、现代公司制企业成为市场主体的主干

市场主体快速成长,现代公司制企业已经成为市场主体的主干。中小企业良性梯度发展,拥有一批"小型巨人""配件明星""单打冠军"。按照"个转企、小升规、规改股、股上市"的路径,培育壮大中小企业。2022 年入围世界 500 强企业 9 家、新增 1 家,入围中国民营企业 500 强 107 家、新增 11 家,新增境内外上市公司 79 家、国家单项冠军企业(产品)40 家、专精特新"小巨人"企业 601 家。全省现有境内外上市公司 825 家,位居全国第二;入围中国民营企业 500 强 107 家、新增 11 家,入围中国民营企业 500 强数量连续 24 年居全国首位。浙江还围绕总部经济、重点产业项目,对标世界 500 强企业、中国 500 强企业、全球行业领军企业和知名品牌企业,加快培育浙江本土跨国公司,实现产业链、价值链、供应链全球布局,开始真正融入全球经济。

为了提高产业竞争力,近年来,浙江大力培育专精特新企业,构建"小升规+专精特新+领军企业"培育体系。深入实施"小升规""雏鹰行动",实现"小升规"5179 家,共认定隐形冠军企业 62

家。积极推动高能级创新平台建设,省级石墨烯制造业创新中心升级为国家级创新中心,与国家实验室双双实现零的突破。加快推动关键核心技术攻关,构建形成以企业为主体、以市场为导向、产学研相结合的开放型区域创新体系。全省 80% 以上的重大攻关项目由企业牵头或参与,涌现出全球神经元规模最大的类脑计算机、"冰光纤"、高端射频芯片等一批硬核科技成果。

◆◆◆【案例 3-1】

长兴县深化新一轮"腾笼换鸟、凤凰涅槃"攻坚行动

2022 年,长兴县围绕省委、省政府系列重大决策部署,深入实施新一轮制造业"腾笼换鸟、凤凰涅槃"攻坚行动,全力助推"415X"产业集群建设,扎实推进稳企业强主体、畅循环稳工业攻坚行动,构建了制造业高质量发展新体系。2022 年,该县完成规上工业产值 1875.7 亿元,同比增长 18.5%;完成规上工业增加值 321.6 亿元,同比增长 7.4%,均排名全市第一;规上工业企业亩均税收达39.9 万元,同比增长 19.3%,制造业规模质效不断提升。同时,长兴县加快传统制造业改造提升 2.0 版,创新开展工业全域治理,取得明显成效,获得省、市各级领导肯定,并入选 2022 年度经信系统"最佳实践"。

1. 聚焦"稳进提质",新旧动能加快转换。围绕省"415X"产业集群和市八大新兴产业链,加快建设"1+4+2"现代产业体系,全力以赴打造先进制造业集群。大力推进智能汽车及关键零部件标志性产业链产值倍增行动,开展吉利汽车产业融合推进会等活动,推动吉利汽车产业链配套本土化,加快打造产业集群。智能汽车产业链完成产值 300.9 亿元,同比增长 187.9%,成为工业经济增长主引擎。培育壮大新兴产业,提档升级传统产业,加速新旧动能

转换。全年"1+4"新兴产业完成产值863.7亿元,同比增长46.8%,占比46%。

2.聚焦专精特新,企业梯队加速培育。统筹"雄鹰"、专精特新等企业培育行动,持续加快企业梯队建设,推动优质企业逐级提升。完善"专精特新"企业培育库,邀请第三方专业机构入企"一对一"诊断。成功获评国家级"专精特新"小巨人16家,省专精特新中小企业51家,创新型中小企业150家,排名全省前列。鼓励企业向军工、航天等细分领域发展,全年完成国防科工产值15.09亿元,同比增长12.8%。全省军地一体化数智服务平台现场会在长兴召开,3家企业获评军民融合中央引导资金项目。获评省民参军技术创新中心1家,省军民融合示范企业1家。

3.聚焦"腾笼换鸟",全域治理有序推进。深入推进新一轮制造业"腾笼换鸟、凤凰涅槃"攻坚行动,全面推进工业全域治理。根据各乡镇(园区)工业全域治理三年规划,对标对表推进低效企业关停腾退、"腾笼换鸟"、低效用地连片开发、老旧园区改造更新。全年完成关停腾退企业109家,腾出用地面积3043亩;老旧园区改造49家,新改建面积67万平方米。相关做法由朱伟县长在全省新一轮制造业"腾笼换鸟、凤凰涅槃"攻坚行动现场会暨"415X"产业集群推进会上作交流发言。同时,全面推进传统产业改造提升2.0版。

第二节 从"数字浙江"到数字经济"一号工程"

作为数字经济发展的先行省,早在2003年,浙江就提出建设"数字浙江"。习近平同志在浙江工作期间,制定并领导加快推进创新型省份和科技强省建设,打造"百亿信息化建设"工程。2003年1月16日,在省十届人大一次会议上,既是省委书记又是代省长的习近平在政府工作报告中指出,数字浙江是全面推进浙江省国民经济和社会信息化、以信息化带动工业化的基础性工程,全面阐述了"数字浙江"的构想,浙江由此进入数字化建设的"新赛道"。① 2020年3月,习近平总书记到浙江考察,再次为浙江数字经济的发展把脉定向,强调要抓住产业数字化、数字产业化赋予的机遇,加快5G网络、数据中心等新型基础设施建设,抓紧布局数字经济、生命健康、新材料等战略性新兴产业、未来产业,大力推进科技创新,着力壮大新增长点、形成发展新动能。②

经过多年努力,浙江数字经济发展取得亮眼成绩。2021年,浙江数字经济增加值3.6万亿元,占GDP的48.6％,比2014年提高21.3个百分点。2022年,数字经济核心产业增加值达到8977亿元,占GDP的比重从2014年的7.1％提高到11.6％,产业数字化指数连续3年位居全国第一。浙江通过数字化改革,不断提升基本公共服务均等化、普惠化、便捷化水平,有力推动治理体系和治理能力现代化。

浙江深入实施数字经济"一号工程"升级版,坚定不移推进新一轮制造业"腾笼换鸟、凤凰涅槃"攻坚行动,着力培育"415X"先进制造业集群,全力建设全球先进制造业基地,积极推进新型工业化,助力制造业高质量发展;大力发展现代服务业,持续推动产业

---

① 《干在实处 勇立潮头:习近平浙江足迹》编写组.干在实处 勇立潮头:习近平浙江足迹[M].杭州:浙江人民出版社;北京:人民出版社,2022:74.

② 学习贯彻习近平新时代中国特色社会主义经济思想 做好"十四五"规划编制和发展改革工作系列丛书编写组.加快构建现代综合交通运输体系[M].北京:中国计划出版社,2020:39.

结构调整升级;以现代绿色低碳工业体系建设为目标,有序推动实施工业领域碳达峰行动,形成了经济稳步增长、质量效益逐步提高、结构持续优化的良好态势,交出了一份亮丽的高分报表。

一、推进数字产业加速发展

推进新一代信息技术产业高质量发展,集成电路、数字安防、软件等产业发展和金融、教育、通信等领域信创试点工作取得显著进展。2022年,数字经济核心产业增加值8977亿元,同比增长6.3%。数字经济核心产业制造业完成增加值3532亿元,增长10.7%,增速比规上工业高6.5个百分点,拉动规上工业增加值增长1.7个百分点。数字科创能力显著增强,累计取得138项进口替代成果;数字经济领域有效发明专利数达11.24万件,占全省的36.8%。

1.加速推进产业数字化转型,产业数字化发展指数连续3年居全国第一。创新打造"产业大脑+未来工厂",累计打造细分行业产业大脑96个、未来工厂52家、智能工厂(数字化车间)601家。推进百亿以上产业集群工业互联网平台改造、规上工业企业数字化改造、细分行业中小企业数字化改造"三个全覆盖",推广衢州江山木业"轻量化智改"模式。积极部署开展财政支持中小企业数字化转型试点服务工作,12个平台入选国家第一批中央财政支持中小企业数字化转型试点服务平台,数量及奖补资金居全国第一。

2.率先探索数据基础制度先行先试,产业数据价值化改革取得突破。构建形成"1+11+N"产业数据仓体系,汇聚产业数据17.2亿条;开展工业产品主数据系列标准(CPMS)第一批应用试点,发布"中国产品主数据标准生态系统公共服务平台"。推进公共数据供给侧结构性改革,起草《浙江省公共数据授权运营管理暂行办法(试行)》,探索公共数据授权运营,省市县三级公共数据共享需求满足率达99.85%。探索数据交易流通机制,依托中国(温州)数安港综合试点,设立浙江省大数据联合计算中心、大数据交易中心温州基地等机构,加快探索建设数据安全与合规体系、数据产品市场化交易机制,已招引企业28家,累计大数据交易营收超7000万元。

3.持续加快新型基础设施建设,积极推动5G和千兆光网建设。2022年,全省建成5G基站17.2万个,每万人拥有5G基站超26个,居各省区前列,实现行政村5G网络"村村通";开展5G专用频段保护专项工作,营造维护5G发展安全有序电磁环境;宁波入选2022年度全国建设信息基础设施和推进产业数字化成效明显市;温州、嘉兴、湖州、台州上榜2022年"千兆城市"名单。圆满完成世界互联网大会工业互联网论坛、"互联网之光"博览会、"直通乌镇"全球互联网大赛、数字经济产业合作大会等承办任务。完成重大活动无线电安全保障任务,获评"北京2022年冬奥会和冬残奥会无线电安全保障工作先进集体"。金华入选全省唯一的国家IPv6试点城市。

4.组织实施山区26县数字产业倍增、"智造攀登"等计划。"一县一业"推进数字产业链山海协作,新增"科创飞地"32家。积极推广"有样学样轻量化智改"模式,累计创建未来工厂(试点)1家、智能工厂(数字化车间)21家。加快推动城乡数字经济融合发展,联动推进未来社区、未来乡村建设,开展数字生活新服务行动,促进全社会共享数字经济发展红利。加快推进乡村信息基础设施建设,重点推进偏远地区行政村、集镇等区域的网络覆盖,十大海岛建成5G基站3295个,累计建成岛上光缆6万公里。

二、大数据从"局部应用"到"全面渗透"

数字经济是继工业经济之后出现的又一种新型经济形态。新技术替换旧技术，新的产业也不断覆盖与改造旧的产业，从而不断涌现新的经济形态，这是产业经济乃至人类文明的进化历程。近年来的科技发展成果，主要集中在以人工智能、区块链、云计算、大数据等为代表的数字技术领域，不断催生数字经济新业态。

1.从"数字化"迈入基于大数据的"智能化"。浙江在大数据、云计算、人工智能、车联网、工业互联网等数字技术方面具有显著的竞争优势，以阿里巴巴、海康威视等为主的龙头企业拥有较强的数字资源配置能力，数字经济创新创业生态系统已初步形成，这些都为浙江迈入基于大数据的"智能化"阶段提供了良好的基础。同时随着长三角产业布局逐步向"一盘棋"方向优化，浙江与沪苏皖之间产业专业化分工水平将进一步提高，这为浙江破解同质化竞争、提升数字经济的全球竞争能级提供了条件。

2.先进制造业与现代服务业融合并进。浙江是制造业大省，先进制造业与现代服务业的融合能够增强制造业的核心竞争力，有助于现代产业体系的培育。制造服务化是制造业保持先进和高质量发展的重要手段，发展现代服务业和城市服务业也是消纳转移就业人口，推动制造业机器替人、减人增效的必然途径。未来将涌现越来越多类似于智能工厂、柔性化制造、共享化生产平台等制造业与服务业融合的新业态、新模式，两者的匹配程度日益提高，形成智能化的服务型制造体系。

3.从数字政府升级为"整体智治"的现代政府。政府数字化转型是经济数字化转型的先导力量。浙江以"最多跑一次"改革深化为撬动，不断提高政府数字化治理的能力，数字政府建设日趋完善。其中"整体"即"整体政府"理念,通过跨部门的数据共享、流程再造和业务协同,实现政府服务方式从"碎片化"转变为"一体化",使群众和企业办事从"找部门"转变为"找政府";"智治"即基于数字化的智慧治理。发挥数据在推进政府治理体系和治理能力现代化中的重要作用,更好地运用云计算、大数据、物联网、人工智能等数字技术,加快形成即时感知、科学决策、主动服务、高效运行、智能监管的新型治理形态。

三、全面推动实体经济向数字化转型

数字经济在保障自身发展的同时,也为传统产业提供了一条优化升级的发展路子。数字技术在各行业部门的不断渗透,有效地在产品当中注入高科技属性,提升了产品的附加值,使得数字核心产业强势崛起,效益明显提高。

1. 深化数字技术在产品设计、制造、营销等领域的应用。传统企业在数字技术的不断突破创新下,推动产业数字化、智能化转型升级,传统制造业增加值逐年提高,盈利能力显著增强,上网、上云逐渐成为企业的最优选择,数字技术赋能实体企业发展呈现新气象。此外,在核心产业 R&D 经费支出均逐年增长以及积极的人才引进政策背景下,以马云为代表的具有创新精神的企业家,以阿里系、浙商系、浙大系、海归系为主体的新时期创新创业队伍,依托国家级、省级信息产业基地和省级以上科技孵化器等科研条件,形成了高效的创业生态,使浙江成为创新创业的新热土。

2. 推动三区三中心建设,建设国家级数字经济示范省。全面推动浙江经济数字化转型,建设国家级数字经济示范省是浙江实施数字经济"一号工程"的重要出发点。数字产业化和产业数字化是贯穿于"一号工程"的主线及导向,三区三中心建设则是具体目

标和发展定位。推动数字经济三区建设，就是要将浙江建设成全国数字产业化发展引领区，打造一批世界级一流企业产业集群；要将浙江打造成全国产业数字化转型示范区，探索实体经济转型模式；要将浙江构建为全国数字经济体制机制创新先导区，保障数字经济发展的最优环境。

这里的三中心建设是指要将浙江建设成数字科技创新中心、新型贸易中心和新兴金融中心。聚焦国际数字技术前沿、高端领域，突破一批占据制高点的自主可控的核心技术，加快重量级的新兴科研机构建设；借助 eWTP 的全球化布局，逐步形成一套跨境贸易发展的制度规则，将浙江建设成为新型贸易中心；新兴金融中心是要依托现有设施基础，构建各金融产业协同发展的新型金融生态，推广移动支付在社会各领域的普及和应用。无论是三区建设还是三中心建设，目的都是将资源集中起来，加快国家级数字经济示范省建设，促进省内数字经济的高质量发展。

◆◆ 【案例 3-2】

宁波市鄞州区"争当全省数字经济创新提质'排头兵'"

鄞州区深入贯彻落实浙江省数字经济"一号工程"升级版，大力实施数字经济战略，推动数字经济集聚发展，突出产业效益。2022 年数字经济核心产业营收达到 859.8 亿元，先后入选省级两化深度融合国家示范区域、省数字经济创新发展试验区、省新智造区域试点和省首批中小企业数字化改造试点区。

1. 以数字经济核心产业为突破口，打造现代产业体系。稳步提升数字经济占比。在微电子创新产业园、鄞州科技信息孵化园等集聚区基础上，加快打造甬江软件园，建设体量约 12 万立方米，主要面向人工智能、未来网络、半导体设计、区块链、量子计算和元宇宙等数字未来产业。

2. 以"产业大脑＋未来工厂"为抓手,促进产业数字化赋能。实施未来工厂战略,深入执行《鄞州区未来工厂实施方案》,目前累计已培育 38 家市级以上示范、试点项目,国家级智能制造试点示范工厂 1 家、省级未来工厂试点 1 家、智能工厂/数字化车间 4 家、市级未来工厂 1 家、数字化车间 31 家,其中 2022 年新增 13 个项目(企业)。

3. 以基础设施和资源保障为支撑,提供优质产业环境。提供一流数字基础设施。全区累计建成 5G 通信基站 3108 个,宽带接入能力、互联网城域出口带宽等数字综合基础设施居全市首位。

第三节　培育世界级先进产业集群

浙江坚持"腾笼换鸟、凤凰涅槃",加快建设全球先进制造业基地,培育世界级产业集群。浙江正谋划打造绿色石化、节能与新能源汽车、数字安防、现代纺织四大世界级产业集群。杭州数字安防、宁波磁性材料和绿色石化、乐清电气入选国家先进制造业集群;鄞州电梯、北仑模具、东阳磁性材料、永嘉泵阀、吴兴智能物流、上虞氟化工入选国家细分行业中小企业特色产业集群。2022 年,石化产值达到 1.5 万亿元,宁波、舟山达到 1.2 亿吨的炼油能力,成为全球最大的石化基地之一。目前,浙江省汽车产能已经超过705 万辆,安防与现代纺织业占据了全球 30％以上的市场份额,具备打造世界级产业集群的条件。

浙江工业从家庭作坊、乡镇企业起步,以"轻、小、集、加"为特征,已形成了空间布局合理、产业特色明显、创新能力突出、经营机制灵活、多种经济成分竞相发展的新格局。浙江始终把制造业发展作为制造强省的根本之策,聚焦制造强省,大力推动制造业从数量扩张向质量提升的战略转变,把"传统产业改造提升,新兴产业培育发展"作为首要任务,大力培育新一代信息技术、生物技术、新材料、高端装备、新能源及智能汽车、绿色环保、航空航天、海洋装备等产业,加快形成一批战略性新兴产业集群。

一、"民营企业+集群"撑起浙江工业半壁江山

浙江经济以民营企业为主体,从家庭工业和小商贩起步,形成"一村一品、一地一业"的传统特色产业集群,譬如温州柳市的低压电器、绍兴柯桥的轻纺、金华永康的小五金等。浙江块状经济的发展离不开市场和政府的双重作用:一方面以市场为主导、以地域为载体,民营企业自发集聚,形成区域性的产业集群;另一方面得益于政府的有效介入,培育传统特色产业集群,打造专业市场。尤其是 2008 年之后,浙江省大力推进传统块状经济向现代产业集群转型升级,块状经济不断向技术密集、资本密集、人才密集的高端产业集群升级。

民营企业集群形成了富有特色的块状经济,推动浙江经济可持续发展。在 31 个统计类制造业中,除石油加工、炼焦及核燃料加工业、烟草制品业和武器弹药制造业等 3 个产业外,均存在块状经济,说明浙江块状经济不仅分布于传统制造业,也集聚于先进制造业当中。块状经济转型升级得益于浙江做强做大民营企业,以龙头企业带动产业集群迈向现代化、高端化。2022 年中国民营企业 500 强中,浙江上榜 107 家,连续 24 年稳居全国榜首,浙江实力雄厚的民营企业为块状经济向现代产业集群转型奠定了基础。

二、"创新驱动＋生产"提升产业集群技术优势

浙江块状经济起源于农村工业、乡镇企业,分布于传统制造业,实现地理空间产业集聚。但块状经济在长期发展中也积累了要素性瓶颈、结构性矛盾,导致块状经济创新能力不强、产业层次较低、科技含量不高等问题。浙江着力推进块状经济向现代产业集群转型升级,增强工业综合实力和国际竞争力,提升产业集群技术优势,转换浙江块状经济发展动力机制,从要素驱动、投资驱动转向创新驱动、效率驱动。

浙江省加大科技投资力度,加强科技创新体系建设,完善市场体制,健全科技成果转化机制。2021 年,研发经费支出高达 2350亿元,新增发明专利授权量 28742 件,新增高新技术企业 2010 家,科技型中小微企业高达 8856 家,较改革开放初期,各项技术指标呈现几何式增长。不仅如此,块状经济不断向现代产业集群转型升级,传统制造业产业集聚逐步向科技型产业生态演进,组建之江实验室、筹建西湖大学等众多科创平台,为现代产业集群高质量发展提供强有力的技术支撑。

创新驱动发展战略深化实施,"浙江制造"不断向"浙江创造"转型,标准强省、质量强省、品牌强省深入人心,新产业、新业态、新模式蓬勃发展。一方面,以科技创新为核心提高产品质量、重视企业品牌,建设块状经济的区域品牌,譬如永康五金、温州皮鞋、嵊州领带、义乌小商品等百余个特色鲜明的全国性生产基地落户浙江,扩大浙江块状经济影响辐射空间。另一方面,改造传统产业、改进生产流程,从单一产业集聚的块状经济向产业链布局的现代产业集群转型。譬如乐清强化创新驱动发展战略实施,产业集聚从单一的低压电器延伸到高压电器,从元件电器延伸到成套电器,构建

起输、变、配电全方位服务的电器制造体系，产品更加多元化、结构更加高端化、集群更加现代化。

三、"智能制造＋工业"优化块状经济产业结构

科技快速发展将颠覆传统生产方式，智能生产等先进工艺得到广泛应用，形成现代产业集群协作紧密的产业链优势。浙江块状经济沿袭传统增长路径，充分利用廉价劳动力等资源，大力发展纺织、五金等低端制造业，导致块状经济产业结构层次较低。科学技术的发展促使机器人等载体应用于生产环节，减少要素投入、提高生产效率，培育现代产业体系，打造现代产业集群。浙江打出转型升级组合拳，其中"四换三名"为浙江创新发展提供了路径选择。"腾笼换鸟""机器换人""空间换地""电商换市"等举措及培育名企、名品、名家等目标，高度契合浙江培育现代产业集群的目标与任务。

得益于"四换三名"工程，浙江产业结构更加高端化、智能化、绿色化、低碳化，信息经济一马当先，占据全国鳌头；高新产业突破要素资源瓶颈，快速发展；传统产业以科技进步为载体，深度调整。尤其是"机器换人"，已经成为浙江工业转型升级的重要抓手，强有力地推动块状经济向现代产业集群转型升级。早在2012年，浙江省做出"全面推进机器换人"的决策部署，机器人相关产业快速发展并广泛应用于工业产业。2021年，浙江省在役工业机器人总量达到13.4万台，占全国的15%左右。机器人的广泛应用也催生了"机器人＋"的新模式、新业态。譬如宁波余姚以喷雾器制造为块状经济，随着人口红利逐步消失，企业开始采用机器人替代传统人工劳作进行标准化生产。传统企业借助"机器换人"实现自动化、智能化生产，为企业带来了实实在在的收益，也为块状经济向现代产业集群转型提供了路径。

四、"互联网＋市场"拓宽现代产业集群腹地

块状经济与专业市场紧密相连,可以说浙江块状经济的起步源于专业生产和专业市场,随后才逐步建立起专业市场、商贸市场和城市空间的工业化、市场化、城市化互动发展路径,而专业市场是推动浙江块状经济走向全国的"桥头堡"。浙江经济高质量发展要求浙江优化产业结构和转变发展方式,这对块状经济或者专业市场亦提出了新要求。"互联网＋"作为新的经济形态,将互联网技术渗透到各行各业,促进产业转型升级。浙江块状经济拥有雄厚的资本条件及丰富的商品资源,不断通过"互联网＋"改造升级传统专业市场,打造现代产业集群,拓宽市场腹地范围。

浙江是"互联网＋"高地,拥有阿里巴巴等众多互联网"独角兽"企业,有效拓宽了浙江专业市场的辐射范围。"互联网＋"将浙江专业市场与国际市场相对接,跨境电商已经成为浙江专业市场外向型发展的新增长极。"互联网＋专业市场"迅速发展,扩大了浙江现代产业集群的腹地市场,尤其是"电商换市"为"互联网＋"战略的实施助力。譬如新昌茶叶市场,通过线上与线下、品牌与网络的融合发展,通过网上平台扩大商品知名度,增加网售茶叶的附加价值,解决了以往茶叶销售存在淡季的问题。其中,"义乌购""中国塑料城""网上轻纺城"等重点专业市场的网络交易额已经接近亿元,再一次引领我国专业市场发展,成为"互联网＋专业市场"的风向标。

五、"大数据＋共享"打造公共服务支撑体系

浙江大力发展以数字经济为核心的新经济,打造数据强省、云上浙江,力争在互联网、物联网、大数据、人工智能等领域成为领跑

者。浙江始终围绕"八八战略"指引的路子走下去，"腾笼换鸟、凤凰涅槃"，大力发展以信息经济为主导的新经济。浙江不仅是"互联网＋"的高地，亦是大数据的重镇。浙江省推进数据强省、云上浙江建设，打造"数字中国"建设的浙江样本，杭州国家信息经济示范区、人工智能小镇等大数据平台不断建立，勾勒出浙江以数字经济为核心的现代产业集群发展蓝图。

浙江以大数据为核心，驱动产业集群跨越式发展，推进企业产品研发、试验、生产、销售等各类信息数据化，并且鼓励行业协会、专业市场、龙头企业等主体建立大数据中心，共享信息。不仅如此，浙江推进大数据发展也破解了传统产业高污染、高能耗等问题，培育现代产业集群节能减排的生态优势。以大数据为驱动的产业往往属于高端产业，包括金融、设计等现代服务业，块状经济向现代产业集群、特色小镇等转型升级更加侧重生态保护，先生态、再生活、后生产，走"三生融合"的绿色发展路径。

浙江以大数据为核心，深化行政体制改革，搭建公共服务平台，释放块状经济转型升级的制度红利，培育现代产业集群的公共服务平台支撑优势。浙江经济发展得益于体制机制创新，民营企业快速发展，激发市场活力，从资源小省转向经济强省。2017年，浙江省深化推进"最多跑一次"改革，以大数据打破政府部门之间的信息孤岛，解决企业办事周期长等问题，为企业转型升级提供更大空间。同时，浙江充分利用大数据优势、信息技术优势，以互联网为纽带，发展共享平台，打破需求与供给之间的信息不对称，大力发展小微金融，着力解决融资难等问题，将金融服务送至企业"最后一公里"。

◆◆◆【案例 3-3】

绍兴市上虞区培育特色产业集群　凝聚产业蝶变的新动能

绍兴市上虞区大力培育新材料、高端装备等先进制造业。2022 年,新材料产值规模已超千亿元;氟精细化工产业集群入选工信部年度中小企业特色产业集群(全省仅 4 个,绍兴唯一);先进高分子新材料产业集群入选省"新星"产业集群培育名单;精细化工、集成电路专用设备及核心材料被推荐参评全省先进制造业集群核心区、协同区。新增单项冠军产品 1 项,累计达 6 项(家);新增雄鹰企业 1 家,累计 5 家;新增国家级专精特新"小巨人"企业 14 家,累计 20 家:数量均居全市第一。

1. 新兴产业谋篇布局,"2+5+X"产业体系加快健全。对标省"415X"、市"4151"计划,全面实施制造强区"1215"专项行动,构建"2+5+X"产业体系,启动"青春之城"建设主战略,实施青春产业蝶变提档工程。完成半导体装备及材料、新能源装备及材料等专项规划,出台半导体装备及材料专项政策,产业龙头企业晶盛机电 2022 年产值达 173.35 亿元,同比增长 77.45%,税收超 10 亿元。

2. 智能化绿色化转型升级,"电机产业大脑+未来工厂"获全省最佳实践。成功列入全省第二批中小企业数字化改造试点县(市、区)创新培育名单。电机产业大脑 3.0 版在世界互联网大会成功发布。电机大脑已覆盖 29 个省份、20 多个行业,服务企业 2287 家,接入未来工厂 6 家,帮助企业提升 50% 以上的生产效率,降低 25% 以上的生产运营成本,减少 80% 以上的故障停机时间。

3. 充分释放创新动能,勇夺全省"科技创新鼎"。全社会 R&D 经费投入达 36.93 亿元,占 GDP 比重 3.25%,居全市第二。新增国内首台套 2 个、省内首台套 3 个、首批次 1 个、首版次 1 个;规上工业新产品产值 1033.9 亿元,增速 22.7%,体量增速全市"双第一";实现高新技术产业增加值 378.18 亿元,同比增长 12%,高出全省平均 6.1 个百分点,体量全市第一、增速第二。入选国家"引才计划"人才 24 名,居全省县(市、区)第三;"鲲鹏计划"人才引育数连续突破,总数居全市第一。

第四节　打造世界先进制造业基地

浙江围绕建设"先进制造业基地",一张蓝图绘到底、一任接着一任干,坚持"腾笼换鸟、凤凰涅槃",不断推进"创新型省份"建设,强化"数字浙江"引领,践行"绿水青山就是金山银山"理念,加快"跳出浙江发展浙江",着力改善"软环境",先进制造业基地建设不断开创新局面,走出了一条浙江特色新型工业化道路。

一、扎实推进先进制造业基地结构优化

要破解浙江发展的瓶颈,必须切实转变经济发展方式,实施"腾笼换鸟";浙江只有"凤凰涅槃",才能"浴火重生"。浙江坚定不移推动传统产业改造提升,迭代升级"腾笼换鸟"攻坚行动。2022年,全省共整治提升 11119 家高耗低效企业,腾出用地 7.2 万亩、用能 349.7 万吨标煤。2022 年全省规上工业亩均税收达 34.8 万元,规上制造业全员劳动生产率①28.1 万元/人,制造业投资增长17%,规上制造业研发费用占营收比重 3.1%,获批建设全国唯一的传统制造业改造升级示范区。

截至 2022 年底,全省累计提取"腾笼换鸟"专项经费 84.8 亿

---

① 全员劳动生产率为地区生产总值(现价)与全部就业人员年平均人数的比率。

元,支出73.3亿元;共出让工业用地13万亩,占出让总面积的56.1%。积极落实产业结构调整要求,淘汰落后攻坚目标超进度完成。2022年,整合或撤销乡镇工业园401个和村级工业集聚点515个。启用"三区三线"划定成果,推动"四个一批"产业平台空间整合。实施亩均效益领跑者行动,亩均效益参评企业数量超15万家。推进建设"万亩千亿"新产业平台,全省培育的"万亩千亿"新产业平台累计达27家。招大引强成效明显。全省制造业实际使用外资49亿美元,同比增长9.8%;共签约总投资10亿元以上省外内资制造业项目200个,签约1亿美元以上外资制造业项目60个。

二、扎实推进先进制造业基地创新发展

浙江积极推动高能级创新平台建设,省级石墨烯制造业创新中心升级为国家级创新中心,与国家实验室双双实现零的突破。加快推动关键核心技术攻关,聚焦"315"战略领域,发布"尖兵""领雁"研发攻关计划榜单375项,近3年累计取得436项进口替代成果。构建形成以企业为主体、市场为导向、产学研相结合的开放型区域创新体系,全省80%以上的重大攻关项目由企业牵头或参与,涌现出全球神经元规模最大的类脑计算机、"冰光纤"、高端射频芯片等一批硬核科技成果。

数字浙江是全面推进浙江省国民经济和社会信息化、以信息化带动工业化的基础性工程。浙江以数字浙江建设为引领,大力实施数字经济"一号工程",坚定推进数字化改革,建设以"产业大脑＋未来工厂"为核心的数字经济系统,建设国家信息经济示范区和国家数字经济示范省,大力推动制造业数字化、智能化转型。2022年,数字经济核心产业增加值为8977亿元,同比增速6.3%,占GDP比重为11.6%。数字新基建全面铺开,建成并开通5G基站 15.4 万个,推进长三角数据中心集群枢纽节点、国家(杭州)新型互联网交换中心等建设。

三、扎实推进先进制造业基地绿色发展

浙江省以"五水共治""碳达峰碳中和"为突破口,打出转型升级"倒逼拳",积极构建绿色、低碳、循环发展的经济体系,大力发展绿色制造,提升资源利用效率和清洁生产水平。组织实施《浙江省工业领域碳达峰实施方案》,推进工业节能降碳技术改造和绿色制造体系建设,推进排污权和碳排放权市场化交易。截至 2022 年底,全省高耗能产业占比降至 32.8%。

要着力改善制造业发展"软环境",加强信用建设、法治建设和机关效能建设,再创环境新优势。浙江以"最多跑一次"改革为牵引,持续加大各领域改革攻坚力度,不断推进政府数字化转型,打造品质优异的制度环境、政策环境、服务环境、营商环境,开创"三个先":从"最多跑一次"到数字化改革,领全国之先;从民营企业发展促进条例到数字经济促进条例,领全国之先;从"政策直达"到"一指减负",领全国之先,近 5 年累计为企业减负 1.6 万亿元,百元营业收入成本持续低于全国平均水平。

四、实施产业基础再造和产业链提升工程

2022 年,浙江成功组织产业链供应链韧性与稳定国际论坛,习近平总书记致贺信,刘鹤副总理视频宣读贺信,15 国领导人和部长级官员以视频方式与会,300 多名与会政要、国际组织、跨国企业负责人以线上线下方式参加论坛。推动工业经济治理模式转变,迭代实施"链长+链主"协同机制,确定"链主"企业 21 家,"链主"伙伴企业 146 家。组织"十链百场万企"系列对接活动,开展产业链对接交流 136 场,参与企业 1.7 万家。组织实施 2022 年省产业链

协同创新项目计划 61 项。印发数字安防、网络通信产业链标准体系指南。建设推广"产业一链通"重大应用,多跨集成 15 个部门、25 个应用,系统重塑 30 项核心业务,相关工作得到工信部肯定并在全国推广。杭州市入选全国首批产业链供应链生态体系建设试点。

◆◆【案例 3-4】

乐清市深化"亩均论英雄"改革　打造世界先进制造业基地

2021 年,乐清市在深化"亩均论英雄"改革、"稳企业强主体"中工作成效明显,其中,乐清电气产业集群入选国家先进制造业集群,乐清入选国家级自然资源节约集约示范县市,乐清装备制造基地被评为五星级国家级装备制造示范基地(全省仅 2 个)。主要有以下突出成效。

1. 亩均绩效水平高。规上亩均税收 55.29 万元,亩均工业增加值 316.48 万元,均居全省各县市第一。共 13 家企业和园区被列入省级亩均效益领跑者名单。实行全数字化流程评价,评价 2.89 万家企业居全省前列,曾先后 9 次在全省做典型发言,省内外 28 个县(市、区)来该市考察交流。

2. 优质企业培育多。2022 年,上市企业共 15 家,国家级单项冠军企业(产品)3 家,国家专精特新"小巨人"企业 25 家,"雄鹰行动"培育企业 5 家,省隐形冠军企业 11 家,省专精特新中小企业 192 家,均居全省前列。

3. 要素供给保障强。创新推行工业用地数字化配置应用机制,"1+10"专项差别化配置政策体系作为全省实践优秀工作案例代表向工信部等部委推荐;共为 2224 家优质企业提供无抵押贷款 61.3 亿元,"亩贷"利率比企业贷款平均利率低 0.25 个百分点。共对 222 家企业发放纾困帮扶资金 657.48 万元，完成 1850.88 万元款项清欠，化解率 100%。

◆◆ **本章小结**

浙江经济以民营企业为主体，从家庭工业和小商贩起步，形成"一村一品、一地一业"的传统特色产业集群，"民营企业＋集群"撑起了浙江工业半壁江山。浙江要突破发展瓶颈，必须切实转变经济发展方式，实施"腾笼换鸟"；浙江只有"凤凰涅槃"，才能"浴火重生"。近年来，浙江通过实施"腾笼换鸟"、"四换三名"、"两化融合"、创新驱动和建设特色小镇等供给侧结构性改革的先行探索，大力培育专精特新企业，构建"小升规＋专精特新＋领军企业"培育体系，在"腾笼换鸟"中实现了"凤凰涅槃"，高质量发展的主题和路线图日益清晰，在探索高质量发展的道路上已经"找到了跑道、见到了曙光"，绘出一道漂亮的新旧动能转换增长曲线。

◆◆ **思考题**

1.什么是产业集群？浙江产业集群有什么特色、特点？

2.什么是世界先进产业集群？如何培育？

3.什么是"亩均论英雄"改革？如何深化？

◆◆ **拓展阅读**

1.中共中央,国务院.中共中央 国务院关于促进民营经济发展壮大的意见[M].北京:人民出版社,2023.

2.中共中央宣传部,国家发展和改革委员会.习近平经济思想学习纲要[M].北京:人民出版社,2022.

3.习近平.习近平谈治国理政:第三卷[M].北京:外文出版社,2020.

4.习近平.干在实处 走在前列:推进浙江省新发展的思考与实践[M].北京:中共中央党校出版社,2006.

5.倪红福,王海成.企业在全球价值链中的位置及其结构变化[J].经济研究,2022,57(2):107-124.

6.王永钦,董雯.机器人的兴起如何影响中国劳动力市场?——来自制造业上市公司的证据[J].经济研究,2020,55(10):159-175.

7.祝坤福,余心玎,魏尚进等.全球价值链中跨国公司活动测度及其增加值溯源[J].经济研究,2022,57(3):136-154.

第四章　深入实施乡村振兴战略
扎实推进城乡共同富裕

◆◆ 本章要点

1. "八八战略"指出,进一步发挥浙江的城乡协调发展优势,统筹城乡经济社会发展,加快推进城乡一体化。

2. 农村改革一直以来是浙江"三农"发展走在全国前列的重要动力和活力源泉,破解了一系列制约农业农村农民发展的体制机制障碍,在全国率先高水平全面建成小康社会中发挥了重要作用。促进农业农村现代化,重点是建立健全城乡"人、地、钱"等要素的平等交换、双向流动的政策体系,促进要素更多向乡村流动,为农业农村发展持续注入新活力。

3. 全体人民共同富裕是中国式现代化的本质特征。浙江是全国城乡和地区差距最小、发展比较均衡协调的省份,在推进共同富裕上具备良好基础。缩小城乡差距、地区差距、收入差距是推进共同富裕的主攻方向,要健全城乡融合发展体制机制,完善城乡之间、地区之间要素平等交换、双向流动的政策体系。

"八八战略"指出,进一步发挥浙江的城乡协调发展优势,统筹城乡经济社会发展,加快推进城乡一体化。全面建设社会主义现代化国家,最艰巨最繁重的任务仍然在农村。浙江城乡区域协调发展水平走在全国前列。2002年,浙江城乡居民人均可支配收入倍差 2.28,浙江城乡居民消费倍差 2.36。通过实施"千村示范、万村整治"工程、"山海协作"工程、推动欠发达地区跨越式发展等举措,推进城乡区域协调发展,浙江成为全国城乡区域发展水平差距最小的省份之一。2022 年浙江全体居民人均可支配收入迈入"6"时代,达 60302 元,居全国省区首位,其中城乡居民人均可支配收入倍差缩小至 1.90;各设区市人均可支配收入最高与最低倍差缩小至 1.58,是全国唯一一个所有设区市人均可支配收入都超过全国平均水平的省份。基本养老保险覆盖城乡,最低生活保障城乡同一标准。

20 多年来,浙江坚持以习近平总书记"三农"思想为指导,以"八八战略"为总纲,大力发展高效生态农业,深入推进美丽乡村建设,全面深化农村改革,农业供给侧结构性改革成效明显,形成了城乡发展加快融合的良好局面。在新时代,浙江要按照"产业兴旺、生态宜居、乡风文明、治理有效、生活富裕"的总要求,深入推进城乡融合发展和乡村特色发展,扎实推进城乡共同富裕和农业农村现代化,让农村加快成为安居乐业的美丽家园。

第一节　深入践行"千万工程"　打造现代版 "富春山居图"

"千村示范、万村整治"工程(以下简称"千万工程")是习近平同志在浙江工作时亲自谋划、亲自部署、亲自推动的一项重大决策,全面实施 20 多年来,深刻改变了浙江农村的面貌。2003 年 6月,时任浙江省委书记习近平在广泛深入调查研究的基础上,立足浙江省情、农情和发展阶段特征,准确把握经济社会发展规律和必然趋势,审时度势,高瞻远瞩,作出了实施"千万工程"的战略决策,提出从全省近 4 万个村庄中选择 1 万个左右的行政村进行全面整治,把其中 1000 个左右的中心村建成全面小康示范村。浙江"千万工程"旨在通过人居环境整治,解决城乡之间、农村内部经济社会发展不平衡不充分问题,这集中体现了习近平总书记关于农业农村现代化工作的重要论述精神。

一、以"千万工程"为龙头推动新农村建设

"千万工程"作为一项基础性工程,旨在改善农村生产生活条件、提高农民生活质量、促进农民生活方式转变和文明素质提高,进而改善农村落后的状况,推动农村全面建设小康社会。21 世纪初,浙江省农村人居环境整治面临巨大挑战。群众揶揄,走在浙江农村,要走过许多垃圾村才能找到一个干净的村。统筹城乡发展,群众最迫切的呼声是改变农村人居环境。据浙江省农业农村厅摸排,浙江仅有 4000 个村庄人居环境较好,剩余的 3 万多个村庄环境状况普遍较差,这一情形被总结为"五个滞后":村庄建设规划滞后、村庄环境建设滞后、村庄基础设施和服务设施建设滞后、农民的文化观念和行为方式转变滞后、政府指导服务滞后。2003 年 9 月 24 日,习近平同志在全省"千万工程"工作座谈会上强调,各地在编制县域村庄布局规划时,要充分考虑乡村特色,体现山区、丘陵、平原、城郊、水乡、海岛的特点,贯彻以人为本、人与自然相和谐的规划理念,使人居环境与自然环境有机地融为一体,体现区域的经济特色和文化特色,保护好古村落、古建筑、特色民居和历史文化遗迹,使传统文明与现代文明达到完美的结合。

20 多年来,"千万工程"造就了浙江万千美丽乡村,造福了万千

农民群众。2018 年 9 月 26 日,"千万工程"荣获联合国"地球卫士奖"。2020 年 5 月,浙江成为中国首个生态省。"千万工程"经过20 多年的实践与迭代升级,其内涵和意义已不断深化和升华,"千万工程"不仅改善了农村的人居环境,而且深刻地改变了农村的发展理念、产业结构、公共服务、治理方式以及城乡关系。因此,"千万工程"不仅是农村人居环境整治与改善的乡村建设工程,也是惠民工程、民心工程和共富工程,是乡村振兴发展和城乡融合发展的基础性、枢纽性工程。

二、迭代升级"千万工程",改善乡村人居环境

浙江迭代升级"千万工程",从改善农村人居环境到美丽乡村建设,再到建设宜居宜业共富乡村,形成农民受益广泛、村点覆盖全面、运行机制完善的人居环境建设格局。以农民反映最强烈的"脏乱差"为突破口,全面推进农村环境"三大革命"。全面推行农村生活垃圾分类投放、分类收集、分类运输、分类处理和定时上门、定人收集、定车清运、定位处置"四分四定",全省生活垃圾分类处理行政村覆盖率达到 100%。全面推行"有水、有电、有人管,无味、无尘、无垢、无积水"的"三有四无"规范化农村公厕建设,农村无害化卫生厕所实现行政村全覆盖。全面推行农村生活污水应纳尽纳、应集尽集、应治尽治、达标排放,农村人居环境质量居全国前列,成为首个通过国家生态省验收的省份。

改革开放 40 多年来,浙江从一个陆域资源并不充裕的省份发展成为经济大省,这背后有浙江干部群众干在实处、勇立潮头、敢想敢闯敢干的精神因素,也有干部群众利用各种机会和条件寻求物质富足的因素。然而,在这个过程中,无形中会对环境、自然形成破坏。这也就是习近平同志在浙江工作期间遇到的"浙江先成

长先烦恼"的问题,表现为人与自然难以协调,生活环境污水横流、垃圾遍地,生活方式陈旧。发展建设相互比拼,大拆大建、砍树挖山,这种粗放的发展方式既破坏了资源,又牺牲了环境。

这些发展中的问题在每个村庄都有不同程度的存在。然而对其整治却需要因地制宜、分类推进,不宜匆忙上马和一刀切。"千万工程"充分考虑不同类型乡村在区域生态系统、经济系统、社会系统中发挥的差异化功能,充分考虑不同地域近郊村和远郊村在地理空间上的差异,把握好建设力度、推进速度与财力承受度、农民接受度的关系,分区域、分类型、分重点推进乡村建设,打造各具特色、各有千秋、各具优势的宜居宜业和美乡村。

三、坚持生态账与发展账一起算,优化农村生产生活空间格局

关停"小散乱"企业,大力创建生态品牌、挖掘人文景观。培育"美丽乡村+"农业、文化、旅游等新业态,推动田园变公园、村庄变景区、农房变客房、村民变股东,持续打通以整治人居环境促动共富乡村建设、乡村振兴的理念转化通道。休闲农业、农村电商、文化创意等新业态不断涌现,带动农民收入持续较快增长,全省农村居民人均可支配收入由 2003 年的 5431 元提高到 2022 年的 37565元,村级集体经济年经营性收入 50 万元以上的行政村占比达51.2%。实施"十万农创客培育工程",累计培育农创客超 4.7 万名,打造出"衢州农播"、丽水"农三师"等一批人才培养品牌。实践证明,全力推进农业面源污染治理,开展"无废乡村"建设,是近年来浙江农村实施生态修复,把"生态优势"变成"民生福利"的关键一招。

实施现代化乡村空间治理,优化绿色生产生活空间格局。在实施"千万工程"的过程中,浙江立足山区、平原、丘陵、沿海、岛屿等不同地形地貌,区分发达地区和欠发达地区、城郊村庄和纯农业村庄,结合地方发展水平、财政承受能力、农民接受程度开展工作,尽力而为、量力而行,标准有高有低、不搞整齐划一。把编制村庄布局和建设规划放在首要位置,推进与国土空间规划相衔接、"多规合一"的实用性村庄规划编制,按照"缩减自然村、拆除空心村、改造城中村、搬迁高山村、保护文化村、培育中心村",到分类明确集聚提升村、特色保护村、撤并搬迁村、城郊融合村,确定 200 个省级中心镇、4000 个中心村和 1.6 万个保留一般村,形成以"中心城市—县城—中心镇—中心村——般村"为骨架的城乡空间布局体系。修编村庄设计和农房通用图集,建设一批具有乡土气息、江南味道、浙江特质的"浙派民居"。

四、破解制约乡村发展的关键问题,探索中国式乡村现代化的新路径

乡村发展的路径是什么、发展理念是什么,是乡村能否振兴的关键问题。"千万工程"抓住乡村发展路径所在,聚焦新发展理念,引领乡村全面振兴。从最初的村庄环境整治到农村全面发展,从物质文明的满足到精神文明的塑形铸魂,从"只要金山银山"到"绿水青山就是金山银山",其背后是发展理念的变革、发展方式的转变、发展思路的转换。通过持续推进乡村绿色发展、循环发展、低碳发展,同步推进乡村物质文明建设和生态文明建设,即"富口袋"的同时也要"富脑袋",进而打造宜居宜业的乡村生产生活生态空间。浙江乡村振兴要自觉贯彻习近平总书记对"千万工程"系列指示批示精神,以习近平总书记关于"三农"工作重要论述为理论指引,探索中国式乡村现代化的新路径。

"千万工程"蕴含着深厚的民本思想,实施初始就把增进人民福祉、促进人的全面发展作为所有工作的出发点和落脚点。紧密围绕农民群众的期盼诉求，群众要什么，我们干什么；干得好不好，群众说了算，把群众满意度作为工作成效的最高评判标准。从最初人居环境改善起步，到"千村精品、万村美丽"的宜居宜业，再到"千村未来、万村共富"迭代升级。在迭代升级的过程中，"千万工程"的内涵随着时代发展和群众需要不断得到充实，党委和政府一任接着一任干，一年接着一年干，一件事接着一件事干，但最为核心的奋斗目标——人民对美好生活的向往不变，最终走出一条"千村向未来、万村奔共富、城乡促融合、全域创和美"的农业农村现代化之路。

◆◆【案例 4-1】

杭州市萧山区梅林村是"千万工程"的重要源起地

"千万工程"孕育于 2002 年下半年，这年 12 月 15 日，习近平同志在杭州萧山区考察，除了走访企业，还专程到瓜沥镇（党山镇）梅林村调研。作为经济相对发达地区，萧山新农村建设起步早，1997 年就提出"开展小康型村庄试点建设，打造 33 个'样板式新农村'"，设置了"布局优化、道路硬化、路灯亮化、卫生洁化、河道净化、环境美化"六个具体指标。习近平同志对这次考察调研深有感触，提出要"建设一批标准化、规范化、全面发展的，在全省乃至全国都叫得响的小康示范村镇"[①]；他对当时萧山新农村建设设置的"六个化"指标非常赞同，这也成为后续全省村庄整治的目标，萧山梅林村也因此成为"千万工程"重要源起地。

---

① 本报记者.习近平在萧山考察调研时强调 艰苦奋斗 加快发展 努力率先基本实现现代化[N].浙江日报,2002-12-16.

2003 年 5 月至 6 月,奉化滕头村、东阳花园村等村庄先后留下了习近平同志的足迹,经过多次调研与酝酿,这年 6 月 5 日,世界环境日当天,在习近平同志倡导和主持下,浙江全省启动"千村示范、万村整治"工程,即后来的"千万工程"。

"千万工程"是读懂浙江农村发展的一把钥匙。20 年来,在"八八战略"指引下,"千万工程"持续深化,历经"千村示范、万村整治","千村精品、万村美丽",再到"千村未来、万村共富"的跃升蝶变,浙江农村面貌焕然一新,农业现代化水平持续提升,农民生活品质明显改善,"绿水青山就是金山银山"的生态文明思想深入人心。

第二节　深化乡村集成改革　促进城乡融合发展

农村改革一直以来是浙江"三农"发展走在全国前列的重要动力和活力源泉。多年来,浙江通过持续深化农村基本经营制度、土地制度、户籍制度、产权制度、金融制度等改革,激活了主体、激活了要素、激活了市场,破解了一系列制约农业农村农民发展的体制机制障碍,在全国率先高水平全面建成小康社会中发挥了重要作用。长期以单项、局部改革为特点的农村改革虽然取得显著效果,但也面临边际效益递减的窘境,特别是改革条块分割、碎片化、不协调、不配套,甚至相互掣肘等问题突出,制约着改革效能的发挥。面对新发展目标和要求,针对已有农村改革的不足和问题,浙江通过实践形成了一批改革特色鲜明、要素配置合理、活力竞相迸发、城乡高度融合的样板,为全省乃至全国实施乡村振兴战略探索了新路子、积累了新经验。

一、乡村集成改革的整体思路

实施新时代乡村集成改革，是浙江省委、省政府为建设农业农村现代化先行省而作出的一项重大决策部署，顺应形势，引领方向，意义重大。新时代呼唤新担当，新时代需要新作为。要围绕高质量发展建设共同富裕示范区，突出制度重塑、机制优化、整体智治，着力打造农村改革"金字招牌"。

乡村集成改革要致力于凝聚改革合力、强化系统集成，坚持在原始创新基础上集成创新，加强项目集成、政策集成、要素集成、力量集成，协同推进相关支持政策、财政奖补措施、重点项目安排等，有机融合农业农村改革各领域相关链条，从全局上加强各项改革的衔接配套，力求形成系统集成、前后呼应、整体推进、统筹实施的改革新格局。

二、乡村集成改革的主要做法

通过乡村集成改革，打造一批改革特色鲜明、要素配置合理、活力竞相迸发、城乡高度融合的样板。浙江每年确定 11 个以上县（市、区）作为省级试点，分批推进。试点县（市、区）农业农村现代化水平显著提升，城乡生产要素流动更加畅通，城乡融合发展体制机制率先建立，乡村振兴政策体系率先构建，农村居民人均可支配收入、农林牧渔业增加值和村级集体经济收入增幅均高于全省平均水平，农民群众获得感、幸福感、安全感明显增强。

1.农村集体经营性建设用地入市制度。一是率先探索农村集体经营性建设用地入市制度体系，起草农村集体经营性建设用地入市政策意见。二是合规推进集体经营性建设用地就地入市或异地调整入市，允许村集体在农民自愿的前提下，依法把有偿收回的闲置宅基地、废弃的集体公益性建设用地转变为集体经营性建设用地入市,优先用于农村一二三产业融合发展。三是推进集体经营性建设用地使用权和地上建筑物所有权房地一体、分割转让。深化农村集体资产股份合作制改革,探索农村非土地集体经营性资产股权向入乡发展的管理、技术专业人员开放。

2.农业转移人口市民化改革。一是健全新型居住证制度,深化构建"浙里新市民"应用场景,构建除杭州市区外全省统一、互认共享的积分体系,探索建立以"居住证＋积分"为核心的优质公共服务梯度供给制度,推进居住证积分互认换算。二是推动农业转移人口共享优质公共服务,扩大公办学校和政府购买学位学校的学位供给,持续保障农业转移人口随迁子女义务教育在流入地就读比例。严格落实农业转移人口同等享受基本公共卫生服务项目,加强基本医疗保险跨省异地就医费用直接结算和医保关系转移接续。三是加强农业转移人口社会保障,全面落实企业为农民工缴纳职工养老、医疗、工伤、失业、生育等社会保险费用的责任,将符合条件的农业转移人口纳入最低生活保障覆盖范围。落实农业转移人口同等享受灵活创业就业政策,优化职业技能培训服务,深入推进"金蓝领"职业技能提升行动。

3.资金集成模式创新。一是提取土地出让金收益建立乡村振兴专项资金模式,在土地出让金净收益部分中提取10%的比例建立乡村振兴专项资金。二是坚持"集中财力办大事",把原本分散在各镇(街道)、用于各领域的资金进行统一分配、集中使用,聚力推动各镇(街道)农业农村公共基础设施、农村公共服务体系和农村公益性事业建设。三是通过土地综合整治、土地指标盘活等措施,有力挖掘乡村可用土地指标盘活和土地出让潜力,增加专项资金池体量。四是出台乡村振兴专项资金使用管理暂行办法,积极探索财政支农体制机制改革新路径,配套建立健全专项资金绩效管理制度,形成一整套资金管理流程办法和监督体系。

4.城市基础设施向乡村延伸改革。一是创新城乡基础设施一体化投入和管护机制,研究制定乡村基础设施管护责任清单,将乡村道路、水利、渡口、农贸市场、污水垃圾处理等公益性和准公益性设施作为管护对象。推动产权所有者由直接提供管护服务向购买服务转变,引入专业化企业参与,通过统一管护机构、统一经费保障、统一标准制定,逐步将城市基础设施管护资源和模式向乡村延伸。二是高水平推进"四好农村路"建设,推动城市供水管网向乡村延伸,推动城市天然气管网向乡镇和中心村延伸,持续完善现代化农村配电网,推进5G网络向行政村覆盖。

三、乡村集成改革的主要成效

浙江农村居民人均可支配收入连续38年位居全国省区第一,城乡收入差距持续缩小。2022年,浙江农民收入增速继续保持"三个快于"的良好态势,全省农村居民人均可支配收入37565元,连续38年位居全国省区第一。全省村级集体经济收入30万元以上且经营性收入15万元以上行政村占比85%以上。

1.城乡面貌整治提升工作成效显著,差距逐步缩小。持续深入实施"千村示范、万村整治"、美丽县城、小城镇环境综合整治、美丽城镇、新时代美丽乡村等一系列城乡风貌提升行动。全省农村生活垃圾分类覆盖面达100%,无害化处理率达100%,生活垃圾回收利用率达60%,资源化利用率达100%。创建美丽城镇409个,新增省级美丽宜居示范村335个,景区镇(乡)、景区村的比例分别提升22.1、7.1个百分点,创建共同富裕新时代美丽乡村示范带11条,城乡形象差距逐步缩小,尤其是农村人居环境品质走在全国前列。

2.城乡基础设施和公共服务一体化进程加快。打造新型城乡教育共同体,全年新增融合型、共建型城乡教育共同体结对学校(校区)1643所,实现乡村学校教共体全覆盖,"破解'乡村弱',全面组建城乡教育共同体"获2020年度全国基础教育工作优秀案例。建设医联体及县域医共体,制定数字医共体建设指南,有序推进数字医共体"住院服务一体办"试点工作。2022年全省72个县(市、区)200家县级医院、1160家乡镇卫生院整合为162家医共体。优化城乡道路交通体系,农村公路总里程增长0.9个百分点,城乡公交一体化率由66%提升至68%,3个"1小时交通圈"人口覆盖率达86.6%。

3.农村权益价值实现机制持续优化。扎实推进农村承包土地改革,岱山县皇坟村试点全面完成,共签订承包合同277份、签订率100%,乐清市、常山县获批新一轮全国土地延包试点。推动农村集体产权流转,促进农村产权交易规范化,所有涉农县(市、区)均建成农村产权交易平台,农村产权累计交易金额超350亿元。指导各地积极开展闲置宅基地和闲置农房的盘活利用,全省累计盘活闲置宅基地8.04万宗,盘活价值41.69亿元,农房抵押贷款余额175.1亿元。

◆◆◆【案例4-2】

淳安县"大下姜"乡村振兴联合体抱团发展、帮带共富

淳安县枫树岭镇下姜村是习近平同志在浙江工作期间的基层联系点。在习近平同志的关心关爱下,下姜村实现了从"脏乱差"到"绿富美"的蜕变,成功入选全国乡村振兴的典型案例。为了贯彻落实习近平总书记指示精神以及省委"跳出下姜、发展下姜"的思路,破解乡村共同富裕与现代化发展面临的矛盾困境,更好地发

挥下姜村的引领示范作用,淳安县以下姜村为核心,吸纳周边2个乡镇共25个行政村,创新组建了"大下姜"乡村振兴联合体。"大下姜"乡村振兴联合体,是以"大党建"为统领,把周边分散乡村和个体农户组织起来,抱团发展、帮带共富的新型集体经济组织。"大下姜"是应乡村振兴和共同富裕而生的一种新型利益共同体,是一种变革型经济组织。2022年,"大下姜"地区集体经济总收入达到2624.33万元,其中经营性收入977.8万元,比2018年分别增长了84.2%和143.2%;农村居民人均可支配收入提高到34320元,达到全县平均水平的1.4倍,实现了"一个村带富一片村、一个村带美一片村"的跨越。

1.以"大党建"为统领,突破原有乡村行政区域分隔来整合资源,将政治优势、组织优势转化为发展优势。"大下姜"联合体通过组织变革推动系统功能重塑,创新建立"大党委＋理事会"的组织结构,化解单个乡镇力量薄弱、区域统筹谋划不够、上下联动机制不完善、政策聚合度不高等矛盾,将政治优势转化为发展优势,在更大范围、更广领域、更高层次统筹推进乡村共同富裕。

2.以"大联合"推动组织变革,破解农村资源要素碎片分散的局限,将邻村邻镇联合为区域协作、抱团发展的利益共同体。"大下姜"乡村振兴联合体将封闭固化的产权、分散的农户、碎片化的资源联合到一起,构建了新的财产关系,建立了新的利益共同体,释放了新的资源要素红利,改变了传统的组织方式和生产方式,破解了乡村经济发展的一系列难题。

3.以"大规划"谋划区域发展,破解山区农村各自为政、无序发展的弊端,以一张蓝图引领乡村共同富裕。"大下姜"联合体坚持统一规划、统一行动,构建了企业、村集体、合作社及农户利益联结和成果共享机制,成功解决了利益分化的矛盾,避免了无序发展和"政策打架",将各方力量"拧成一股绳"。

4.以"大平台"创新帮带方式,破解山区帮带平台和渠道缺失的难题,形成"先富带后富"的新格局。"大下姜"乡村振兴联合体培育了强村发展公司,打造了区域公共品牌,搭建了帮带共富平台,创新了"帮、带、扶、助"的共富机制,解决了"先富带后富"面临的"没渠道、少平台、缺机制"难题。

5.以"大统筹"推动共建共享,破解山区公共资源薄弱零散的难题,更高水平实现公共服务普及普惠。"大下姜"联合体以"统筹一盘棋"理念,深化区域公共交通建设、教育合作、养老互助、医疗卫生协作等共建共享,解决了偏远山区基本公共服务供需匹配不高、难以满足多样化差异化需求的矛盾。

第三节　促进城乡要素双向流动
完善"两进两回"机制

以城乡融合发展为重要抓手促进农业农村现代化,重点是建立健全城乡"人、地、钱"等要素的平等交换、双向流动的政策体系,促进要素更多向乡村流动,为农业农村发展持续注入新活力。浙江2019年发布《浙江省人民政府办公厅关于实施"两进两回"行动的意见》,"两进两回"指的分别是科技进乡村、资金进乡村,青年回农村、乡贤回农村。这是激发乡村发展活力、推进乡村全面振兴的重要举措。

一、乡村振兴、城乡融合的关键堵点

近年来,浙江城乡要素不平等交换和要素单向流出农村的局面已经大为改观,但城乡要素合理流动的体制机制障碍还没有被完全破除，渠道还没有被全面打通，城乡要素双向流动成本较高，要素错配现象还比较多。对农业农村而言，大量要素流入城市，资金、人才、科技等要素无法向农村汇聚，造成农业生产率长期不高；对城市而言，农业转移人口向城市流动，农村资产要素权益流转却不同步，导致土地供求关系紧张，用地成本不断攀升。由于要素市场化配置机制不健全，农村要素资源无法得到有效盘活，不仅影响了农业转移人口市民化，也影响了社会资本、城市人口入乡的积极性。

1.人才短缺阻碍乡村振兴顺利推进。推进乡村振兴，人才是必不可少的，人才振兴是乡村振兴的基础和灵魂。乡村产业需要人才来振兴，乡村文化也需要人才来振兴。目前，许多村庄出现"老龄化""空心化"现象，乡村人才更是十分缺乏，人才外流导致乡村振兴的主体匮乏。当前农村的教育体系不完善、质量不高，许多家庭因为子女教育而被迫进城。培育乡村本土人才面临着缺乏支持、动力不足、制度缺失以及缺乏激励机制等问题。所以，乡村人才短缺很大程度上也在制约乡村振兴战略的实施。

2.资金不足制约乡村经济发展速度。当前，我国农村发展面临的资金不足问题较为突出，其中既有金融服务供给不足的因素，也有财政资金支持不足、社会资本入乡面临障碍等因素。要统筹整合、利用好各方面的资金，尤其注重以制度改革引导工商资本投入农业农村。积极探索在政府引导下的工商资本与村集体合作共赢模式，发展壮大村级集体经济。要建立工商资本租赁农地监管和风险防范机制，确保农村集体产权和农民合法利益不受到侵害。

3.科技短板掣肘乡村跨越式高质量发展。当前基层农业科技服务乡村振兴工作中面临的一些困难和问题，制约着农业科技成果的转化,一定程度上影响了乡村振兴的推进进程,主要体现在以下几个方面:一是农业科技成果供给不足,与服务基层农业科技创新需求不相适应;二是农业科技成果转化体制机制不完善,科技人员服务基层创新动力不足;三是农业科技企业研发投入不足,创新能力弱;四是经验丰富、技术过硬的基层农技服务人员不足,农业新科技成果的推广不能满足成果转化的需要。

二、畅通城乡要素循环的改革思路

站在新的历史起点,立足新发展阶段、贯彻新发展理念、构建新发展格局,必须部署新的具有针对性的重要举措,特别是要打好"三张牌",发挥好人才、资金、科技的重要作用,推进脱贫攻坚与乡村振兴有效衔接,书写乡村振兴新篇章。

1.招引人才下乡,夯实乡村振兴根基。人才是乡村振兴的根本动力。科技特派员的入驻,创业人才的引进,本土人才的培养,新型职业农民的扶持,都是以人才振兴夯实乡村振兴。打好"人才牌",就要做好知才、爱才、敬才、用才的全方位工作。要求各级各部门以项目为重点,深入推行科技特派员制度,实施高素质农民培育计划、乡村产业振兴带头人培育"头雁"项目、乡村振兴巾帼行动;以政策为导向,落实艰苦边远地区基层事业单位公开招聘倾斜政策,对县以下基层专业技术人员开展职称评聘"定向评价、定向使用"工作,对中高级专业技术岗位实行总量控制、比例单列;以培养为切口培养乡村规划、设计、建设、管理专业人才和乡土人才,夯实乡村振兴根基。

2.引导资金下乡,释放乡村振兴潜力。资金是乡村振兴的能量源泉。资金的注入可以为特殊困难群众提供基本保障,为产业发展提供扶持力量,为创新创业提供推力动能。打好"资金牌",拓宽资金来源,落实资金保障,做好资金分配,激发带动作用就成为重中之重。要求各级各部门建立农村资金资产监督管理服务体系,保障好农业研发资金的投入,落实好各项惠农补贴,制定好各项资金扶持政策,从而保障各项试验田的顺利运转,高标准农田加快建设,各种农机具顺利推广使用,农村光伏、生物质能等新能源产业有序推进,数字化农村加快建设,家政服务、物流配送、养老托育等生活性服务业有序开展,切实以资金的高效使用激活乡村振兴"一池春水",释放乡村振兴潜力。

3.鼓励科技下乡,激发乡村振兴动力。科技是乡村振兴的重要引擎。科技的介入是促进农业现代化发展的必由之路,无论是对于一二三产业的融合发展,还是推进数字乡村建设,抑或是建设县域产业体系,都需要充分用好5G、大数据、区块链等信息技术。推进乡村振兴,打好"科技牌",就要加强农业信息基础建设,加快实施"互联网＋"农产品出村进城工程,推动建立长期稳定的产销对接关系;推动冷链物流服务网络向农村延伸,整县推进农产品产地仓储保鲜冷链物流设施建设,促进合作联营、成网配套;加快推动数字乡村标准化建设,研究制定发展评价指标体系,持续开展数字乡村试点,让强有力的信息科技激发"数商兴农"的强大动力。

三、实施"两进两回"行动的具体举措

浙江省坚持农业农村优先发展,积极践行"绿水青山就是金山银山"理念,坚持发挥市场在资源配置中的决定性作用,深化改革、创新机制,建立高效完善的"两进两回"机制,进一步畅通人才、科技、资金等下乡通道,让乡村成为投资兴业的沃土、创新创业的热土、安居乐业的净土。2022年,浙江农业科技的引领和支撑作用显著增强,建成省级高水平农业科技示范基地800个,农业科技贡献

率达到 66％；力争省级支持乡村振兴财政投入 1000 亿元以上，省乡村振兴绩效奖补资金 100 亿元，省乡村振兴投资基金 100 亿元，涉农贷款余额新增 10000 亿元，农业信贷担保额 100 亿元，引导工商资本下乡 10000 亿元，财政优先保障、金融重点倾斜、社会积极参与的多元投入格局基本形成。

1.鼓励青年回乡参与乡村振兴。试行科技、卫生等领域引进人才"县管乡用"，推行乡村教师"县管校聘"。组织大学生回乡参与村庄规划设计、特色景观制作和人文风貌引导。支持返乡青年竞聘乡村振兴职业经理人，推动村庄经营和村级集体经济发展。鼓励开展高校毕业生乡村创业创新活动。落实社会保障政策。"两进两回"人员可在创业地按规定参加社会保险，接续社会保险关系。完善全民医保体系，按规定将"两进两回"人员及其子女纳入基本医保覆盖范围。对毕业两年内返回原籍的高校毕业生按规定以灵活就业方式参加社会保险的，依照相关规定给予一定补贴。对"两进两回"人员初始创业失败后生活困难的，符合条件的按规定享受社会救助。探索统筹使用对农业转移人口的财政补贴资金。持有居住证的"两进两回"人员子女可在创业地接受义务教育、学前教育。

2.吸引乡贤回归。成立县乡两级乡贤工作站，建立乡贤人才库和重点乡贤联系制度。广泛开展举乡贤、颂乡贤、学乡贤活动，因地制宜建设乡贤活动中心、乡贤之家、乡贤馆。支持各地制定乡贤回归激励措施，妥善解决回归乡贤及其直系亲属的社保、医疗、教育等社会服务需求，解决海外回归乡贤的签证、居留等相关问题，有条件的地方可建设乡贤公寓。发挥新时代乡贤在乡村建设中的特殊作用，凝聚起乡村振兴的强大力量。引导乡贤在村党组织领导下，依法依规参与民主协商和乡村治理。"两进两回"人员创办的农业企业、农民合作社、家庭农场、小微企业，按规定享受小微企业普惠性税收减免政策，将开展农业规模经营所需贷款纳入农业信贷担保体系。

3. 实施资金进乡村行动。加大财政支农力度。把农业农村作为财政优先保障领域，确保公共财政更大力度向"三农"倾斜，确保财政投入与乡村振兴的目标任务相适应。调整完善土地出让收入使用范围，提高农业农村投入比例，重点用于农村人居环境整治、村庄基础设施建设、高标准农田建设和乡村产业发展配套设施建设等。支持县（市、区）政府申请一般债券，用于乡村振兴领域的纯公益性项目建设。支持小微企业融资优惠政策适用于乡村产业和农村创新创业。大力发展普惠金融、绿色金融，加大乡村振兴领域信贷投放力度。完善政策性农业信贷担保体系，推广农村承包土地经营权、林权、农业设施、农机具、活畜禽等抵押贷款，在防范风险的前提下开展农房财产权抵押贷款。推动工商资本以品牌嫁接、资本运作、产业延伸等形式与乡村企业实现联合。

4. 实施科技进乡村行动。建立产学研用协同创新机制，健全科研院所技术团队联系县（市、区）、乡镇（街道）和科技示范基地制度。把科技服务送到田间地头，开展万名高级农技专家联村强科技行动，推动新品种、新技术、新机具、新成果进乡村。创新公益性农技推广服务方式，组织专家、博士生科技服务团开展进乡村、农村实用技术对接、科普大讲堂等活动。支持科技人员以专利许可、转让和技术入股等方式转化科技成果，建立健全科研人员校企、院企共建双聘机制，实行股权分红等激励措施。每两年选派 2200 名各级科技特派员下基层，充分发挥团队、法人科技特派员的作用，建设一批科技特派员创业示范基地,带领农民群众创业创新。加强农村生活生态科技支撑。推进绿色生态技术示范应用,重点突破适合农村的绿色建材、宜居住宅、清洁能源、污染防治与生态修复等方面关键技术。大力培育乡村工匠等乡土人才,为乡村规划设计、特色风貌塑造等提供智力支持和技术服务。

◆◆【案例 4-3】

绍兴市柯桥区盘活农村全要素资源　全域推进城乡共同富裕

绍兴市柯桥区按照"产业兴旺、生态宜居、乡风文明、治理有效、生活富裕"的总要求,将深化农村改革与构建城乡融合的产业体系、空间体系和社会治理体系一体谋划、系统推进,在加快乡村振兴和推进共同富裕中成绩显著,在促进农民收入增长、美丽乡村建设等方面涌现了很多亮点。2022 年全区农村居民人均可支配收入达 51605 元,居全省第一;城乡居民收入比缩小至 1.599(省平均1.9);10 万—50 万元的中等收入群体占比达 80%,率先迈向橄榄型社会。

1.深化农村宅基地制度改革。探索宅基地自愿有偿退出机制和宅基地农户资格权多元保障利用机制,构建"1+10+X"宅基地政策体系,在福全街道峡山村首次实现国内农村宅基地资格权市域跨县市区有偿选位,二批次共 36 宗宅基地的有偿竞价最终成交总价 1358 万元,村级增收 1208 万元,解决区内住房困难户 25 户。

2.持续推进闲置农房盘活利用。构建闲置农房盘活"1+N"政策体系,通过多种激活方式引导农旅、康养、文创等业态落地,有效促农增收。2022 年全区共引入社会资本 4.48 亿元,激活农房建筑面积 16.70 万平方米,激活土地、山林 2074 亩,增加农户收入 2955万元/年,增加村集体收入 1921 万元/年。

3.扎实推进强村富民乡村集成改革。平水镇王化村成为集成改革全省样板、长三角养老康养产业目的地、柯桥区共富星村的新标杆。加强强村矩阵建设，率先打造区、镇街、村三级强村公司共富矩阵，探索形成9种强村公司发展模式，累计成立强村公司46家。组建区抱团物业经营管理有限公司，推进轻纺智谷"飞地抱团"项目建设，成功消除村集体经营收入低于100万元的经济相对薄弱村，村均收入高达339.62万元。

第四节　集成政策支持山区县跨越式高质量发展

浙江省素有"七山一水两分田"之称。山区26县主要位于浙江省南部，分布在衢州、金华、台州、丽水和温州市。山区26县的土地面积约为浙江全省的45%，人口接近24%，但长期以来，其经济社会发展水平落后于浙江省平均水平。浙江推进"两个先行"，"短板"在山区26县，潜力也在山区26县。山区26县能否实现跨越式高质量发展、能否取得标志性成果，事关省域现代化先行和共同富裕示范区建设全局。浙江采取超常规举措，推动山区县跨越式高质量发展，加快构建陆海统筹、山海互济的发展新格局，山区发展进入快车道。2022年，山区26县全体居民、城镇居民和农村居民人均可支配收入分别为42139元、53710元和27619元，比上年增长10.9%、9.8%和11.1%，增速比全省高1.1、0.6和0.7个百分点，城乡居民收入差距稳步缩小。

一、科学审视山区发展的良好基础

经过长期发展，目前山区26县已具备了跨越式高质量发展的优势和条件。这26县均已超过全国县域经济发展的平均水平，部分县的经济总量、财政收入等指标与西部省区一些地级市相比,也毫不逊色。

1. 有良好的政策基础,形成了"一张蓝图绘到底"的工作机制和扶持体系。时任省委书记的习近平同志在"八八战略"中,就提出要推动欠发达地区跨越式发展,努力使海洋经济和欠发达地区的发展成为浙江省经济新的增长点,并制定出台了"山海协作工程"等一系列政策举措。随后,历届省委、省政府都把推动欠发达地区跨越式发展作为施政重点,实施"欠发达乡镇奔小康工程""低收入群众增收行动计划""重点欠发达县特别扶持政策"等系列政策,形成涵盖转移支付、生态补偿、异地搬迁、结对帮扶等方面的扶持体系,使山区 26 县一举摘掉欠发达的"帽子",成为加快发展县。

2. 有良好的资源基础,释放了农业、生态、空间资源优势。当前,民众的消费需求已发生根本性改变,对生态、健康、文化、旅游等的需求持续快速增长,山区 26 县的生态价值、经济价值、文旅价值、社会价值等正前所未有地显现出来。山区农业富有特色的粮油、干鲜果品、药材等的市场需求量价齐升,效益农业、生态农业、观光农业有着很好的发展前景。中央和省委提出,实现可持续发展和"碳达峰碳中和",使山区森林资源在维护动植物多样性和森林碳汇上的作用更加凸显。山区还具有丰富的低丘缓坡资源,也为人多地少的浙江探索推进生态"坡地村镇"建设和发展新材料、生物医药等生态工业提供了广阔的空间。

3. 有良好的设施基础,加快了"不以山海为远"的高速路和互联网的互联互通。交通不便、信息不通是过去阻碍山区 26 县发展的"鸿沟"。如今,这道"鸿沟"正在被不断填平。一方面,全省已实现县县通高速公路,衢宁铁路、杭绍台城际铁路建成通车,杭衢高铁、杭温高铁等建设如火如荼，为山区26县接轨大上海、融入长三角和融入省内四大都市圈创造了有利条件。另一方面，自2018年以来，全省持续实施数字经济"一号工程"，极大完善了以5G为支撑的新一代互联网基础设施，实现了山区与城市的无差别信息共享。

二、山区跨越式高质量发展急需探索新路径

在高水平全面建成小康社会之后，浙江开启了现代化和高质量发展建设共同富裕示范区新征程，山区26县也迎来了前所未有的发展机遇。"十四五"时期，要立足新发展阶段、贯彻新发展理念、构建新发展格局，聚焦高质量发展建设共同富裕示范区的目标任务，找准山区发展的新目标新定位，以真金白银的大投入、集成精准的大政策、系统重塑的大变革，全面激发山区26县发展活力创新力竞争力。

1.走出科技创新、数字化和绿色低碳的融合聚变之路。这是新发展阶段山区跨越式高质量发展的根本出路和显著特征。要充分发挥山区的后发优势、生态优势，多渠道导入科技创新、数字变革、绿色低碳等新动能，把生态工业、数字经济和生物产业等培育为山区绿色崛起的战略引擎。跨越发展类要更聚焦先进制造业、生态工业、高新技术产业，谋划实施一批能够改变山区发展格局的大项目大平台大产业；生态发展类要做优做精特色优势产业，加快数字化绿色化转型，推动山区发展方式实现根本性转变。

2.走出厚植特色放大特色的快速裂变之路。特色就是优势，就是竞争力，就是新空间。围绕发挥山区特色优势做好战略规划，要深入挖掘和提升每个山区的独特价值，谋划打造一张强县富民、独具特色、牵一发动全身、一子落满盘活的金名片，形成吸引集聚高端要素、推动跨越式发展的"吸铁石""聚宝盆"。跨越发展类要突出谋划特色产业,按照"一县一业"的思路,打造一批标志性的县域现代化产业集群;生态发展类要突出谋划旅游特色、生态特色、文化特色,聚焦一些重点领域,打造一批文旅农相结合的特色产业链。

3. 走出山区基本形态整体提升的全面蝶变之路。政府"有形之手"要发挥更大作用,完善转移支付制度,加大财政倾斜支持力度,充分发挥政府产业基金带动作用,以山区基础设施、公共服务、产业平台和城镇化发展格局中的大投入,实现大变化、大提升,每个县都要加快形成具有山区魅力的现代化和共同富裕基本形态。主要包括"7个1",即力争打造1个产值100亿元级的特色生态主导产业,1个3平方公里以上的特色产业平台,1批高质量"产业飞地""科创飞地",1个高品质县城中心商务区,1个高能级交通(高铁)门户,1条山水城文交融的美丽风景大道,1系列由公共文化中心和高水平学校、医院等构成的优质公共服务,形成山区跨越式高质量发展共同富裕的基本场景、基础支撑。

三、加强政策集成支持山区县跨越式高质量发展

总的来看,共同富裕示范区建设这两年多来,山区26县的生态底色更加亮丽,经济发展更具活力,"绿水青山就是金山银山"转化通道更加顺畅,人民生活更加美好,实现了生态优化、经济发展、民生保障和社会和谐的有机统一。但对照现代化和高质量发展建设共同富裕示范区的新目标新定位,山区26县发展还有不少短板和弱项。要客观全面地正视这些问题,充分估量山区26县跨越式发展面临的困难和挑战,未来要加强政策集成,全方位支持山区县跨越式高质量发展。

1.实施招大引强行动。对绝大多数山区县的现代化而言，新型工业化是绕不过去的，没有新型工业化就没有现代化，财政也很难实现"自理"。山区也能搞工业、搞创新，把全球最高端的企业引进来，把高新低碳产业搞上去，关键是如何进行全球化招商，如何打造国际化营商环境。要实施做大产业扩大税源行动，每个县都要找准自身定位，立足自身比较优势，确定1～2个重点发展的特色产业，加快转入创新驱动发展跑道，形成自己独有的金字招牌。要围绕企业市场主体，优化营商环境，引育更多"链主"企业、创新型企业、科技型中小企业，这是营商环境是否优良的根本标志。

2.实施牵引型重大项目建设行动。一要加快建设一批重大基础设施项目。加快衢丽铁路、杭衢高铁、杭绍台铁路等铁路项目建设，高水平打造高速公路网。加快新型基础设施建设，与全省同步布局新基建。加快能源水利等基础设施建设，推进钱塘江、瓯江等干支流堤防提标加固，推动江河流域上下游协作。二要加快建设一批重大产业项目。加快山区产业基础设施迭代升级，推动产业基础高端化和产业链现代化。三要加快建设一批重大社会事业项目。要聚焦公共服务均等化标准化优质化，建设一批具有带动性和标志性的社会事业项目，加快补上教育、医疗、文化等方面的硬件短板。

3.实施"绿水青山就是金山银山"转换促进行动。抢抓"碳达峰碳中和"的政策机遇，不断开辟"绿水青山就是金山银山"转换新通道。一要坚决守牢生态保护底线。严格落实生态功能区规划，全面打好生态环境巩固提升持久战，强化生物多样性保护，支持丽水建设全国生物多样性保护引领区，探索建设国家公园县，高质量打造"诗画浙江"金名片。二要加快推动绿色低碳转型。大力推进生产方式绿色低碳循环化改造,实施节能、节水、节地、节材行动,抓好能源、工业、建筑、交通、农业、居民生活等重点领域绿色低碳转型,率先构建绿色低碳技术创新体系,打造一批低(零)碳试点县镇村。三要拓展生态产品价值转换途径。完善全流域生态补偿机制,加快"两山银行""两山基金"发展,培育"两山公司"等市场主体,推动水权、碳汇等自然生态资产交易取得实质性进展。

4. 实施突破性集成改革推进行动。以数字化改革为引领撬动山区体制机制改革创新,通过调动社会、市场和广大群众积极性,创造山区发展核心驱动力,释放山区发展的活力、创新力和竞争力。一要强化数字化改革牵引。按照"大场景、小切口",谋划开发一批能够牵引带动山区跨越式高质量发展的重大应用,推动重大改革落地见效。二要强化城乡集成改革。率先在山区 26 县探索推进"三块地"改革和宅基地"三权分置"有效实现形式,健全完善农村产权流转交易制度体系,以深化集体经营性资产股份合作制改革为突破口,发展壮大农村集体经济。三要强化现代乡村治理。把传统治理智慧和现代治理理念有机结合起来,推进"四治融合"模式,实现政府治理与社会调节、村民自治良性互动,确保乡村社会充满活力、和谐有序。

5. 实施公共服务提质扩面行动。聚焦人的现代化,大力推动社会政策从兜底型向引领型转变,加快缩小公共服务差距,实现城乡同标同质,更好满足山区人民的美好生活需要。一要突出均等化。要以基本公共服务均等化为导向,加快推进教育、卫生、文化、体育等领域的基础设施建设,推动优质资源向山区 26 县下沉倾斜,补齐山区公共服务布局短板、质量短板和效能短板。二要突出标准化。探索建立全省统一的基本公共服务标准,率先实现教育、卫生领域现代化。三要突出优质化。以教育共同体、医疗共同体、帮扶共同体和"互联网＋"等方式，推进教育、医疗等优质公共服务资源共享，让山区人民有获得感、可达可感。

6.建立超常规的政策体系。围绕跨越式发展和生态发展两大类、7个重点帮扶县和"八大行动"，进一步谋深谋实倾斜支持政策。土地方面，省级层面要加大对空间规划指标和建设用地指标的统筹力度，特别要优先保障重大项目、"产业飞地"、"科创飞地"，确保山区发展获得必备的土地要素支撑；财税方面，要兼顾补短板、提效率、增动能，调整优化转移支付的方式与重点，充分发挥财税政策的撬动效应，对"产业飞地""科创飞地"要实施特别的税收政策。拓宽山区发展投资融资渠道，对符合产业基金管理办法推荐立项的山区项目优先予以支持。对重点帮扶县，各方面政策都要更大力度倾斜支持，专门制定多对一、全方位、一体化的帮扶政策。

◆◆【案例 4-4】

遂昌县坚持以乡村振兴为抓手　推进山区县高质量发展

2022年，遂昌县坚持以乡村振兴为抓手，推进山区县高质量发展，先后获评全省建设新时代美丽乡村工作优胜县、全省数字乡村"金翼奖"十佳县、全省清廉村居建设示范县，入选部省共建乡村振兴试点县、全省强村富民乡村集成改革实践试点县、全省共同富裕示范区建设第二批试点县。

1.品质农业夯实山区共富"压舱石"。夯实粮食安全基石，划定永久基本农田15.93万亩、耕地保护面积17.48万亩，完成"非农化"整治784.84亩，"非粮化"整治1.55万亩，建成高标农田1.70万亩、落实杂交水稻制种1.20万亩、粮食播种16.18万亩。

深化"双强"行动,新增农机具 3488 台,农作物综合机械化率达到 70.13%。

2.和美乡村扬好山区共富"远航帆"。"千万工程"迭代升级,农村生活垃圾分类处理覆盖率 100%,农村生活污水治理行政村覆盖率 87.06%,建成省级新时代美丽乡村特色精品村 3 个、示范乡镇 2 个,入选省级未来乡村创建村 8 个。建成全省首个数字乡村物流中心,破解乡村物流"最后一公里",每年节约 300 万元派件及 1500 万元取件成本。"浙农"应用落地贯通率达 100%,"i遂昌"应用实现全县覆盖,获评浙江数字乡村"金翼奖"十佳县,为全市唯一。

3.强村富民激活山区共富"动力桨"。强村富民集成改革有力推进,积极发展"飞地"+物业、光伏、水电等模式,全县村级集体经济总收入 9924.80 万元,经营性收入为 4793.19 万元,142 个村经营性收入超 15 万元。"扩中""提低"行动深入实施,启动"六化协同"试点帮促低收入农户增收,列入全省共同富裕改革第二批试点。提质扩面大搬快聚政策,3200 人搬出大山、融入城市,入选省"浙农帮扶"重大应用试点县。

◆ 本章小结

浙江通过深化乡村集成改革,形成了一批改革特色鲜明、要素配置合理、活力竞相迸发、城乡高度融合的样板,也为全省乃至全国实施乡村振兴战略探索了新路子、积累了新经验。实施"两进两回"行动,重点是建立健全城乡"人、地、钱"等要素的平等交换、双向流动的政策体系,促进要素更多地向乡村流动。浙江推进"两个先行","短板"在山区 26 县,潜力也在山区 26 县。山区 26 县能否实现跨越式高质量发展、能否取得标志性成果,事关省域现代化先行和共同富裕示范区建设全局。"山海协作"是一个系统工程,涉及政府、市场和社会三大主体,在经济、文化、生态、民生、社会等各个领域都有体现。

◆◆ **思考题**

1. 乡村集成改革的主要内容是什么? 如何深化乡村集成改革?

2. "两进两回"行动的主要内容是什么?

3. 城乡要素平等交换的难点在哪里?

◆◆ **拓展阅读**

1. 中共中央,国务院. 中共中央国务院关于促进民营经济发展壮大的意见[M]. 北京:人民出版社,2023.

2. 中共中央宣传部,国家发展和改革委员会. 习近平经济思想学习纲要[M]. 北京:人民出版社,2022.

3. 习近平. 干在实处 走在前列:推进浙江省新发展的思考与实践[M]. 北京:中共中央党校出版社,2016.

4. 习近平. 扎实推动共同富裕[J]. 求是,2021(21):19-21.

5. 刘培林,钱滔,黄先海,等. 共同富裕的内涵、实现路径与测度方法[J]. 管理世界,2021,37(8):117-129.

6. 李实,朱梦冰. 推进收入分配制度改革 促进共同富裕实现[J]. 管理世界,2022,38(1):52-61+76+62.

7. 黄祖辉,马彦丽. 再论以城市化带动乡村振兴[J]. 农业经济问题,2020(9):9-15.

第五章 推进人与自然和谐共生 打造生态文明高地

◆◆ **本章要点**

1. "八八战略"指出,进一步发挥浙江的生态优势,创建生态省,打造"绿色浙江"。

2. 习近平总书记明确要求浙江,生态文明建设要先行示范;照着"绿水青山就是金山银山"的路子走下去,把绿水青山建得更美,把金山银山做得更大。

3. 浙江秉持"绿水青山就是金山银山"的重要理念,坚持"一张蓝图绘到底""一任接着一任干",扎实推进生态省建设,走出了具有浙江特色的生态文明建设和可持续发展之路。

4. 浙江作为工业制造大省,要全面落实碳达峰碳中和的目标和要求,加快推进制造业数字化、绿色化、服务化转型,持续推动由制造大省向制造强省迈进。

"八八战略"指出,进一步发挥浙江的生态优势,创建生态省,打造"绿色浙江"。尊重自然、顺应自然、保护自然,是全面建设社会主义现代化国家的内在要求。习近平总书记明确要求浙江,生态文明建设要先行示范;照着"绿水青山就是金山银山"的路子走下去,把绿水青山建得更美,把金山银山做得更大。浙江省第十五次党代会明确提出,牢牢把握让绿色成为浙江发展最动人色彩的要求,建设人与自然和谐共生的现代化;创建国家生态文明试验区,打造现代版"富春山居图"。浙江秉持"绿水青山就是金山银山"的重要理念,坚持"一张蓝图绘到底""一任接着一任干",扎实推进生态省建设,走出了具有浙江特色的生态文明建设和可持续发展之路。

20 多年来,全省上下牢记习近平总书记"让绿色成为浙江发展最动人色彩"的殷殷嘱托,在对标"两个先行"中着力推动生态文明建设先行示范,实现国家污染防治攻坚战成效考核、生态环境满意度评价"两个全国第一",减污降碳协同创新区建设、生态环境数字化改革和"大脑"建设试点省"两个全国唯一"。浙江要加快绿色转型、建设美丽浙江,让"绿水青山就是金山银山"的发展之路越走越精彩。

第一节　深入打好污染防治攻坚战

21 世纪初,浙江曾出现过以浪费资源、牺牲环境、破坏生态为代价发展经济的现象。20 多年来,浙江始终坚持打好治水治气治土治废治塑攻坚战,陆海统筹推进水质巩固提升,空气质量专项攻坚,全面启动"无废亚运",生态环境质量总体保持高位稳定。20 多年来,浙江省控断面优良水质比例从 42.9% 升至 97.6%,比 2013 年提高 33.8 个百分点,实现生活垃圾"零增长"、原生垃圾"零填埋"。全省 11 个设区市环境空气 $PM_{2.5}$ 浓度平均降至 24 微克/米^3,比 2013 年下降 60.7%。日空气质量优良天数比例平均上升至 89.3%,比 2013 年提高 20.9 个百分点。浙江始终坚持"绿水青山就是金山银山"的理念,生态环境公众满意度连续 11 年提升,良好的生态环境已成为浙江高质量发展的优势、动力与后劲所在。

一、全力推进中央环保督察问题整改

保持督察力度不减、标准不降、尺度不松,第二轮中央生态环保督察、长江经济带警示片、浙石化现场督察反馈问题整改有力有效。截至 2022 年,第二轮中央生态环保督察反馈问题整改完成率为 85.1%,交办的 4641 件信访件整改完成率达 99.1%。继续开展省委生态环保督察,受理信访举报 436 件,督察发现突出问题 124 个。依托省委"七张问题清单"抓落实机制,每月对 11 个设区市、90 个县(市、区)开展清单指数考核,组织审核"督察在线",主动发现问题 57485 个。

2022 年,全省设区市 $PM_{2.5}$ 平均浓度为 24 微克/米^3,空气质量优良天数比例达到 89.3%,继续领跑长三角。地表水国控断面 Ⅰ～Ⅲ 类水质比例达到 97.6%;省控断面优良水质比例达 97.6%,无劣 Ⅴ 类水质,再创历史新高;跨行政区域河流交接断面达标率 99.3%,县级以上饮用水水源水质达标率保持 100%;全省近岸海域优良水质比例连续 3 年创历史新高。重点建设用地安全利用率保持 100%,11 个设区市齐步入列国家"无废城市"百城名单。实现了生态环境公众满意度连续 11 年持续提升,涉环境信访投诉量连续 7 年下降。

表 5-1 中央环保督察问题整改情况

指 标	数 量
第二轮中央生态环保督察整改反馈问题	47 项完成 40 项
第二轮中央生态环保督察交办信访件	4641 件完成 4615 件
长江经济带生态环境警示片披露问题	34 项完成 33 项
浙石化问题	完成 24 项

数据来源:浙江省生态环境厅

二、深入实施"五水共治"碧水行动

围绕推动生态文明建设和打赢污染防治攻坚战，以相关法律法规贯彻落实情况为重点，聚焦污水零直排、有机废气治理、生活垃圾分类及资源化利用、污染场地修复、农村环境综合整治、入海排污口整治等问题，切口更小，指向更准，持续推进生态环境保护方面的监督，切实推动解决突出环境问题。印发实施《关于高质量推进"五水共治" 打造生态文明高地的实施意见》，明确"五水共治"新"三五七"目标。印发实施《浙江省长江经济带工业园区水污染整治专项行动暨深化工业园区"污水零直排区"建设工作方案》，完成年度23个重点工业园区"污水零直排区"建设及验收，公布第一批23个省级标杆工业园区"污水零直排区"培育名单。

深入实施近岸海域水污染防治攻坚三年行动，全省近岸海域优良水质比例连续3年创历史新高，入海河流（溪闸）断面总氮、总磷控制居全国前列。发布全国首个省级地方标准《城镇"污水零直排区"建设技术规范》，推进56个县（市、区）、977个镇（街道）的"污水零直排区"建设，着力打造标杆镇（街道）100个。印发实施《浙江省水生态环境保护暨八大水系和近岸海域生态修复与生物多样性保护2022年实施方案》，全面推进河湖生态缓冲带修复，减少面源污染物入河（湖）量。

表 5-2 "五水共治"碧水行动成效

指　标	数　量
新建改造污水管网	1165公里
新增城镇污水处理能力	102.85万吨/日
城镇污水处理厂清洁排放改造	59座

续表

指　标	数　量
城镇生活小区"污水零直排区"	1061 个
农村生活污水治理行政村覆盖率	84.46％
农村生活污水治理行政村出水达标率	82.84％
完成农村生活污水处理设施标准化运维	47511 个
全省城镇"污水零直排区"建设完成投资	101.6 亿元
医疗机构污水处理专项调查	1493 家
医疗污水有效收集和处置率	100％
河湖生态缓冲带修复	417.88 公里
完成县级以上饮用水水源地电子围栏建设	80 个

数据来源：浙江省生态环境厅、浙江省建设厅

三、持续打好蓝天保卫战

开展清新空气行动，深入推进"清新空气示范区"建设，继续实施细颗粒物（PM$_{2.5}$）和臭氧（O$_3$）"双控双减"。率先制订臭氧污染攻坚三年行动方案，全力开展臭氧攻坚。深化挥发性有机化合物 VOCs 综合治理，大力推进低 VOCs 含量原辅材料源头替代，完成重点工业治气项目 1273 个，VOCs 治理问题整改项目 8193 个。淘汰老旧柴油车 6.3 万辆，其中国三及以下排放标准营运柴油货车 5699辆。全力推进"浙里蓝天"数字化应用建设，提升精准治气能力。

表 5-3　蓝天保卫战成效

指　标	数　量
重点工业废气治理项目	1273 个
VOCs 治理问题整改项目	8193 个
淘汰老旧柴油车	6.3 万辆

续表

指　标	数　量
淘汰国三及以下排放标准营运柴油货车	5699 辆
更新新能源叉车	2144 辆
县级以上城市建成清新空气示范区比例	86%

数据来源:浙江省生态环境厅

表 5-4　2022 年长三角地区大气环境质量

省(市)	大气环境质量	
	设区市 PM2.5 平均浓度 (微克/米³)	设区市优良 天数比率(%)
浙江	24.0	89.30
上海	25.0	87.10
江苏	31.5	79.00
安徽	34.9	81.80

数据来源:浙江、上海、江苏、安徽《2022 年国民经济和社会发展统计公报》

表 5-5　2022 年华东地区水环境质量

省(市)	水环境质量	
	Ⅰ—Ⅲ类水体比例(%)	劣Ⅴ类水体比例(%)
浙江	99.40	0
上海	97.50	0
江苏	91.00	0
安徽	86.10	0
江西	94.60	0
福建	98.70	0

数据来源:浙江、上海、江苏、安徽、江西、福建《2022 年国民经济和社会发展统计公报》

此外,浙江有序推进净土清废攻坚战,在全国率先将"建设无废城市"写入地方性法规。首批 4 个设区市和 16 个县(市、区)评获全域"无废城市"建设"清源杯",11 个市全部列入国家"无废城市"百城大名单,成为全国唯一全覆盖省份。全省生活垃圾分类基本实现全覆盖,率先实现生活垃圾"零增长、零填埋",焚烧、餐厨垃圾处理设施县县全覆盖。海洋塑料污染治理"蓝色循环"等经验被国家发展改革委宣传推广。

◆◆【案例 5-1】

浦江县以"五水共治"倒逼产业转型升级

浦江县是闻名全国的"中国水晶之都",水晶是当地第一"富民产业"。遗憾的是,浦江水晶产业过去的发展未能摆脱"先污染后治理"的老路子,全县农村 65％以上的水体都受到不同程度污染,污水管网被逐渐堵塞,大量良田不能垦殖,生态环境遭到严重破坏,浦阳江成为钱塘江流域污染最严重的支流。2013 年,浙江省委、省政府提出"五水共治"重大举措。2013 年以来,浦江县对水晶加工污染和安全隐患实行了最严厉的监管和治理,全面取缔无照水晶加工户,坚决淘汰"低小散"落后产能。遵循"园区集聚、产业升级、集中治污"的改造提升思路,努力实现传统块状经济向现代产业集群的转变。

1.定制度立标准,限制水晶产业准入门槛。为了从根源上切断水晶污染,使治水常态化、制度化,首先要提高行业生产标准,杜绝新增"低小散"的粗放型生产方式。

2.重拳整治违规作坊,坚决淘汰落后产能。在新的环保制度标准下,对存量落后产能予以全力整治,达不到环保要求和规模标准以及违规偷排的企业作坊,一律关停淘汰。

3.推动企业转型升级，调整组织结构。为引导水晶产业由低端加工向高端生产发展，浦江县以"户数减少、主体升级、产业提升"为目标，积极推动有照水晶加工户规范提升，引导水晶产业"个转企、企上规、规改股"，推动低端加工向高端生产发展。

4.引导企业集中入园，发挥产业集聚效益。引导企业集中入园，实现布局优化，不仅可以有效降低治污成本，发挥循环经济效益，而且有利于产业发挥集聚效益，提升行业整体实力。

第二节　高水平推进生态文明建设先行示范

打造生态文明高地，是浙江应有的使命担当。2020年3月，习近平总书记考察浙江时，明确要求浙江"生态文明建设要先行示范"，要"让绿色成为浙江发展最动人的色彩"。这既蕴含着对浙江生态文明建设的充分肯定和更高期待，也是对加快推进生态文明建设先行示范、高质量建设美丽中国先行示范区的方向指引和蓝图擘画。浙江坚持"绿水青山就是金山银山"的理念，"一张蓝图绘到底""一任接着一任干"，率先探索出了一条经济转型升级、资源高效利用、环境持续改善、城乡均衡和谐的绿色高质量发展之路。

对标对表"两个先行"的新目标新定位，加快推进生态文明建设先行示范，高质量建设美丽中国先行示范区，要以满足人民群众日益增长的优美生态环境需要为出发点，协同推进高质量发展、高水平保护、高品质生活、高效能治理，努力建设展示人与自然和谐共生、生态文明高度发达的重要窗口。

一、构建集约高效绿色的美丽国土空间

坚持节约优先、保护优先、自然恢复为主,优化国土空间开发和保护格局,筑牢人与自然和谐共生的生态根基。

1.实施现代化省域空间治理。全面落实国土空间规划,统筹优化生态、农业、城镇等功能空间,划定并严守生态保护红线、永久基本农田、城乡开发边界等空间管控边界以及各类海域保护线。建立健全"三线一单"生态环境分区管控体系,强化各类空间底线约束和刚性管控。

2.优化绿色生产生活空间格局。推进生产空间绿色高效,以"四大"建设推动形成全省域绿色发展大格局,优化先进制造业空间布局,着重向优势区域、高能级平台、沿海空间布局集中。推进生活空间集约紧凑,以空间集约高效、资源节约利用、生态环保共治为导向,提升四大都市区核心区的极核功能,加快建设省内重点区域一体化空间格局。

3.夯实生态安全格局。加快构建以生态保护红线为核心、自然保护地为重要组成部分的省域生态安全格局,守住自然生态安全边界;加快构建以国家公园为主体、自然保护区为基础、自然公园为补充的自然保护地体系,保持自然生态系统的原真性和完整性;推进生态网络体系建设,加快构建纵横成网、连续完整、结构稳定的生态廊道网络体系,降低自然生态系统破碎化程度。

二、发展绿色低碳循环的生态经济

坚定不移贯彻新发展理念,全面推动产业绿色转型,做优做强战略性新兴产业和未来产业,加快推动实现经济生态化和生态经济化。

1.以数字经济引领绿色发展。推进基于信息化、数字化、智能

化的新型基础设施建设和传统基础设施改造升级。加快推动数字产业化，布局前沿领域数字产业，推动软件和信息服务业、网络通信、新型显示等数字化基础产业迈向全球价值链中高端。加快产业数字化和生活数字化，抢占数字经济竞争制高点，不断激发高质量发展新动能。

2.加快制造业绿色低碳化转型。推行绿色产业链、绿色供应链、产品全生命周期绿色管理，构建资源高效、能源低碳、过程清洁、废物循环再利用的绿色制造体系。深化"低散乱"行业的淘汰整治，全链条绿色化改造提升传统制造业。高水平建设产业创新服务综合体，完善小微企业园布局。加快建设绿色工厂和绿色工业园区，推进制造业园区循环化绿色化改造。

3.全面拓宽绿水青山与金山银山转化通道。利用良好生态环境吸引汇聚资本、技术、人才等发展要素，发展现代智慧生态农业、全域生态旅游、品质生态康养业、新型生态服务业等新业态，打造高品质"大花园经济"新模式。健全政府主导、企业和社会各界参与、市场化运作的生态产品价值实现机制，培育生态产品和生态资产交易市场，让"好生态"直面"大市场"。

三、全面建设天蓝地绿水清的美丽生态环境

全领域、全地域、全过程、全方位加强生态文明建设，全面改善生态环境质量，持续满足人民群众日益增长的优美生态环境需要。

1.全力打好生态环境巩固提升持久战。强化多污染物协同控制和区域协同治理，开展"清新空气示范区"建设，实现细颗粒物和臭氧"双控双减"。强化河湖长制，深化"五水共治"碧水行动，推进"污水零直排区"建设，实施河湖水系综合整治，加强美丽河湖建设。开展全域"无废城市"建设,推进固体废物源头减量、分类收置、资源化利用和闭环式监管。强化土壤环境全过程风险管控。陆海协同推进海洋生态环境保护。

2.加强重要生态系统保护和修复。加强重要生态功能区、主要流域源头地区、重要湖泊湿地、重要港湾和自然岸线的生态系统保护与整治修复。开展全域绿色矿山建设和土地综合整治与生态修复,强化生态公益林建设和天然林保护,提高林草覆盖率和质量。加强生物多样性保护,推进各类自然保护地的物种栖息地建设,全面提升生态系统质量和稳定性。

3.加强生态环境风险防控。加强对生态系统状况、生物多样性、生态风险、保护成效的监测评估。开展环境健康风险调查及评估,强化重点区域环境健康风险防范。建立资源环境承载能力监测预警体系,建立重大突发事件的生态环境风险与健康响应机制和重大突发公共事件的人群健康导向环境管理制度,为人居环境安全提供坚实保障。

四、匠心打造宜居宜业宜游的美丽幸福城乡

坚持以人为核心的新型城镇化导向,建设美丽城市、美丽城镇、美丽乡村有机贯通的全省域美丽大花园,形成全域大美格局。

1.建设现代宜居的美丽城市。实施城市有机更新,推广绿色建筑,建设海绵城市,高质量建设城市基础设施,完善城市功能,提升城市品质。大力建设新型智慧城市,推行"城市大脑"中心城市全覆盖。以水为脉构建城市慢行休闲系统,建设骑行绿道网和绿色生态游憩带,打造城市滨水公共空间。共建绿色低碳、生活便利、密度合理、交通便捷、智慧互联的未来社区。

2.塑造富有活力的美丽城镇。充分发挥城镇在扩展城市生态空间、纾解非核心功能、连接城乡方面的重要纽带作用,促进城乡高质量融合发展。深入实施"百镇样板、千镇美丽"工程,加快建设环境美、生活美、产业美、人文美、治理美的新时代"五美"城镇。深入推进小城镇综合整治,完善城镇格局,加快产镇融合,促进城镇特色化、差异化发展。

3.建设诗意栖居的美丽乡村。以标准化提升、品牌化经营、数字化融合为新路径,深化"千村示范、万村整治"工程,高水平建设新时代美丽乡村。协调推进乡村分类发展,强化村庄规划设计,持续优化乡村布局,充分挖掘和利用乡村的自然环境、乡土文化、农耕特质、民族特色、地域特点,塑造"一村一品""一村一韵"的新时代浙味特色美丽乡村。

要以政府数字化转型为依托,迭代升级生态环境保护综合协同管理平台,建立一体化的生态环境在线监测、全程监管、协同处置体系。加快大数据、云计算、人工智能、区块链等新一代数字技术集成应用于生态环境保护各领域,持续提升及时感知、智能预警、精准溯源、协同管理的生态环境智慧治理能力。

◆◆【案例 5-2】

"八八战略"指引杭州市富阳区绘就现代版富春山居图

2023 年是"八八战略"实施 20 周年,也是习近平总书记提出"打造各具特色的现代版富春山居图"①6 周年。2005 年 9 月 5 日,习近平同志考察富春江水环境整治情况,要求把发展生态经济特别是循环经济摆在重要位置,转变经济增长方式和发展模式。2017 年,中央农村工作会议上,习近平总书记要求"打造各具特色

---

① 习近平.论坚持党对一切工作的领导[M].北京:中央文献出版社,2019:211.

的现代版富春山居图",此后又多次在重大场合的讲话中强调打造
"现代版富春山居图"的重要性。作为《富春山居图》的实景地和原
创地,富阳比全国任何一个地方都更有理由、更有底气、更有基础,
把绘好"现代版富春山居图"作为展示富阳独特韵味的"窗口",以
"现代版富春山居图"的"小窗口"建设为浙江"重要窗口"建设作出
重大贡献。

1.持续打好污染防治攻坚战。不断加强大气、水、土壤污染综
合治理,深入开展"蓝天保卫战""碧水保卫战""净土保卫战""清废
行动"等,使全区大气、水体、土壤等环境质量显著改善。成功创建
国家生态文明建设示范区、中国天然氧吧,荣获美丽浙江建设工作
考核优秀区和浙江省"五水共治"最高殊荣"大禹鼎",百花齐放、各
美其美、美美与共的大花园已初具雏形。

2.统筹山水林田湖草系统治理。以山水林田湖草生命共同
体理念为核心,努力保持自然生态系统的原真性和完整性,着
力增强森林、河流、湿地等自然生态系统稳定性和生态服务功
能,全区共划定生态保护红线 276.06 平方公里,占全区总面积
的 15.16%。

3.依托优良生态环境发展美丽经济。结合生态资源和山水人
文优势,以特色农业和生态旅游的大发展推进绿色产业崛起,拓宽
绿色致富新路,培育和打造"四个一批"(一批富春山居综合体、一
批富春田园沙洲综合体、一批富春乡村村落景区、一批富春乡村文
化品牌)美丽经济新业态,推出农夫乐园、美丽农业产业园、美丽农
牧渔场、美丽田园等"富春山居"系列品牌产品,真正使"绿水青山"
转化为"金山银山"。

第三节　扎实推进碳达峰、碳中和

2020 年 9 月,习近平主席在第七十五届联合国大会上向国际社会作出"碳达峰、碳中和"郑重承诺,力争在 2030 年前实现碳达峰,努力争取在 2060 年前实现碳中和。"双碳"目标是党中央经过深思熟虑作出的重大战略决策,是我国实现可持续发展、高质量发展的内在要求,也是推动构建人类命运共同体的必然选择。浙江作为工业制造大省,始终坚决贯彻习近平总书记重要指示精神,忠实践行"八八战略"、奋力打造"重要窗口",全面落实碳达峰碳中和的目标和要求,加快推进制造业数字化、绿色化、服务化转型,持续推动由制造大省向制造强省迈进。2022 年,全省万元 GDP 能耗由 2015 年的 0.45 吨标准煤降至 0.40 吨标准煤(2020 年价);万元 GDP 用水量 22.42 万立方米,较 2015 年下降 44.3%。人均公园绿地面积由 2002 年的 6.5 平方米增至 2021 年的 13.2 平方米,城市污水处理率由 2002 年的 40.3% 提升至 2022 年的 97.2%。

一、积极稳妥推进碳达峰碳中和

全省落实"双碳"任务的责任重大,急需完成从能耗"双控"向碳排放"双控"转变。浙江率先开展全国首个减污降碳协同增效创新区建设,首创减污降碳协同指数,率先上线"减污降碳在线"应用场景,推进减污降碳协同数字智治。2022 年,全省审批环评项目 10597 个,涉总投资 2.17 万亿元,排污权有偿使用和交易金额累计达 161 亿元,占全国的 1/2。在全国率先启动生态环境科技帮扶工作,探索生态环境治理和产业开发融合创新,持续推进生态环境导向的开发模式(EOD)项目,推动 12 个 EOD 项目纳入生态环境部金融支持项目库。

二、加快推动重点领域绿色低碳转型

浙江系统推进碳达峰碳中和仍面临较大压力。能耗"双控"和碳排放强度完成国家下达目标压力大,2021—2022 年能耗强度降幅未达进度要求,尤其是碳排放强度目标难以完成。全省电力供需总体处于紧平衡,时段性、区域性短缺形势严峻,低碳能源保供不足,仍有大量缺口,需新上煤电保障电力电量平衡,能源领域减碳压力巨大。全省产业结构对于能源的依赖仍然处在高位,七大重点用能行业能耗总量占规上工业比重达 67.4%,重点行业能效水平还未达到全国最领先。

因此,要加快推动重点领域绿色低碳转型。高水平建成国家清洁能源示范省,继续大力推进一批清洁能源项目建设。加快构建绿色制造体系,加快建筑、交通、居民生活等领域低碳发展,推进农林碳汇领域减排增汇。高质量推进国家绿色技术交易中心建设,支持能源与碳中和省实验室建设,健全绿色低碳平台机制保障。深化低(零)碳试点体系建设,加快形成一批特色鲜明、亮点突出的绿色低碳样板。夯实碳排放统计核算基础,探索完善企业碳预算管理制度和项目碳排放评价制度,加强区域碳排放监测预警,推进能耗"双控"向碳排放"双控"转变。

促进重大绿色技术推广"赋能"节能降碳。按照以交易中心为主体、N 个绿色技术合作中心协同的合作框架,加快构建全国统一的绿色技术交易市场体系。开展高能耗企业绿色技术评价认定,精准推送先进适用绿色技术。构建"绿色技术＋产业融合"典型场景,打造国家级重大绿色技术推广及产业化模式。2022 年国家绿色技术交易中心累计上架绿色技术 2333 项,覆盖全国 20 余个省(区、市),促成交易 601 宗,成交金额达 10.02 亿元。

三、完善综合能源服务相关扶持政策

重点从产业发展扶持、财政扶持等方面发力，激发市场主体参与的积极性。研究制定相关专项规划和扶持政策，破除油气、热力、电力等行业壁垒，助推产业落地。财政扶持方面，实行税费、土地、金融信贷等方面的优惠政策，引导各方资源投入，带动相关技术进步、模式创新、效益提升。

1. 提高清洁低碳能源使用比例，优化能源结构。根据当地资源禀赋条件，充分开发太阳能、风能、地热能等可再生能源，提高天然气使用水平，积极推进氢能试点应用，最大程度提高清洁能源使用比例。实现能源协同、集成的智慧调度。采用先进控制技术、信息技术、管理技术，综合协调管理调控区域内热、水、电、汽、压缩空气等多种能源，实现多源供应的智慧调度。

2. 加快综合能源服务产业生态圈建设和标准化建设。生态圈建设方面，能源企业要以开放协作的方式带动上下游设备制造商、互联网公司、科研院所、金融公司协同发展，打造共建共治共享的综合能源服务生态圈；标准化建设方面，由综合能源服务相关行业协会积极牵头，结合各市场主体业务开展经验，加快制定综合能源服务相关技术、运行和管理标准，助力产业健康、可持续发展。

3. 加强先进技术、商业模式对综合能源服务项目的支撑。技术方面，加快推动能源技术与信息技术的深度融合，通过"大云物移智链"等先进信息技术将各类能源设备有机连接，构建综合能源管控平台，实现系统集成提效。商业模式方面，加大力度、加快速度探索商业模式创新，引入能耗、环保指标交易等经济手段，灵活运用 EPC（Engineer-Procure-Construct，即设计、采购、施工）、BOT（Build-Operate-Transfer，即建设、经营、转让）和 BOO（Building-

Owning-Operation,即建设、拥有、运营)等市场化运营模式,促进环保效益与经济效益的有机结合。

总之,要加强区域碳排放监测、预警、考核体系建设,统筹能源绿色低碳发展和保供稳价,大力推广应用节能降碳先进技术,推动工业、交通、建筑等重点领域绿色低碳转型,加快形成绿色低碳的生产方式和生活方式。

◆◆【案例5-3】

宁波落实全省"一盘棋"　整体推进碳达峰碳中和

2022年是"双碳"工作由开局起步转向推进实施的关键之年。在落实全省"一盘棋"整体推进、"以条为主、条块结合"要求的基础上,宁波如何统筹经济增长、能源安全、碳排放和居民生活,解好"双碳"这道必答题?

1.加快形成低碳化能源结构。宁波将强化能耗"双控"管理;大力发展光伏、风电等可再生能源,合理规划生物质能、氢能产业布局;严控新上用煤项目,适当扩大天然气利用规模;打造新型智慧电网系统;不断提升石化、钢铁、火电等行业能效水平等。

2.促进产业结构低碳化转型。宁波将逐步健全绿色低碳循环发展经济体系,实现经济增长与碳排放脱钩。具体包括做大、做强绿色石化、新材料等优势制造业和新兴产业;将碳排放强度纳入"亩均论英雄""标准地"指标体系,开展石化、化工等重点行业新建项目碳排放评价试点等。

3.鼓励城市建设绿色低碳化。宁波将逐步更新形成绿色低碳城市空间和交通体系。包括开展建筑领域碳排放全生命周期在线监测和评估,提高新建建筑绿色低碳标准;推广"公转铁""公转水"等高效运输组织方式;扩大新能源车辆应用比例等。

◆◆ 本章小结

围绕推动生态文明建设和打赢污染防治攻坚战，浙江聚焦污水零直排、有机废气治理、生活垃圾分类及资源化利用、污染场地修复、农村环境综合整治、入海排污口整治等问题，切口更小、指向更准，持续推进生态环境保护方面的监督，切实推动解决突出环境问题。浙江迭代升级"千万工程"，从改善农村人居环境到建设美丽乡村，再到建设宜居宜业共富乡村，形成农民受益广泛、村点覆盖全面、运行机制完善的人居环境建设格局。打造生态文明高地，是浙江应有的使命担当。浙江要协同推进高质量发展、高水平保护、高品质生活、高效能治理，努力建设展示人与自然和谐共生、生态文明高度发达的重要窗口。"双碳"目标是党中央经过深思熟虑作出的重大战略决策，浙江作为工业制造大省，要积极稳妥推进碳达峰碳中和，加快推动重点领域绿色低碳转型。

◆◆ 思考题

1."五水共治"的主要内容是什么？为什么要"治污先行"？

2."千万工程"的主要内容是什么？浙江怎样迭代升级"千万工程"？

3.什么是碳达峰碳中和？推进碳达峰碳中和的主要难点在哪里？

◆◆ 拓展阅读

1.中共中央宣传部,国家发展和改革委员会.习近平经济思想学习纲要[M].北京:人民出版社,2022.

2.习近平.干在实处 走在前列:推进浙江省新发展的思考与实践[M].北京:中共中央党校出版社,2006.

3.韩超,桑瑞聪.环境规制约束下的企业产品转换与产品质量提升[J].中国工业经济,2018(2):43-62.

　　4.景维民,张璐.环境管制、对外开放与中国工业的绿色技术进步[J].经济研究,2014(9):34-47.

　　5.林伯强,邹楚沅.发展阶段变迁与中国环境政策选择[J].中国社会科学,2014(5):81-95＋205-206.

　　6.张智光.新时代发展观:中国及人类进程视域下的生态文明观[J].中国人口、资源与环境,2019(2):7-15.

　　7.刘海军,秦书生.共谋全球生态文明建设:生成逻辑、核心要义与世界意义[J].东北大学学报(社会科学版),2023(1):131-137.

第六章　提升优化区域空间格局
　　　　打造引领未来的新增长点

◆◆ **本章小结**

　　1."八八战略"指出,进一步发挥浙江的山海资源优势,大力发展海洋经济,推动欠发达地区跨越式发展,努力使海洋经济和欠发达地区的发展成为浙江经济新的增长点。

　　2.进入新世纪,浙江经济的集聚现象日益突出,极化效应十分明显,城市群和中心城市正在成为承载发展要素、创新要素的主要空间形式和动力源。

　　3.浙江要全面提升中心城市能级,唱好杭州、宁波"双城记",大力培育国家中心城市。提升设区市城区规模能级,提高资源统筹配置和重大基础设施统筹建设能力,增强高端要素、高端产业、高端功能、人口承载和辐射带动能力。

　　4.浙江城乡协调发展已经实现了从"基本统筹"到"整体协调"的跨越,正稳步向"全面融合"阶段迈进。通过推进城乡要素平等交换、合理配置和基本公共服务均等化,打造"全面融合"发展新样板,从而为高水平全面建成小康社会打下坚实基础。

　　"八八战略"指出,进一步发挥浙江的山海资源优势,大力发展海洋经济,推动欠发达地区跨越式发展,努力使海洋经济和欠发达地区的发展成为浙江省经济新的增长点。产业和人口向优势区域集中,形成以城市群为主要形态的增长动力源,进而带动经济总体效率提升,这是经济规律。[①] 近年来,通过实施中心城市赋能升级行动,强化全市域统筹,提高资源统筹配置和重大基础设施统筹建设能力,增强高端要素、高端产业、高端功能、人口承载和辐射带动能力;通过大力建设新型智慧城市,推行"城市大脑"中心城市全覆盖。推进综合实力强、发展潜力大的县(市)高标准建设现代城市。同时,推进以县城为重要载体的城镇化建设,推进县域经济向城市经济升级,统筹推进中心镇发展改革、小城市培育试点,增强新发展能力和服务能力。

20多年来,浙江经济的集聚现象日益突出,极化效应十分明显,城市群和中心城市正在成为承载发展要素、创新要素的主要空间形式和动力源。2022年末,浙江常住人口城市化率为73.4%,比2002年末提高25.9个百分点。全省90%以上的村庄达到新时代美丽乡村标准,创建美丽乡村示范县70个、示范乡镇724个、风景线743条、特色精品村2170个、美丽庭院300多万户,美丽乡村创建先进县(市、区)数量居全国第一。专项整治农村垃圾、污水、厕所"三大革命"大力推进,农村人居环境整治评测全国第一。

第一节 构建城乡融合协调发展新格局

改革开放40多年来,浙江走过了一条以县域经济为主导,以农村工业化和城镇化为主要特色的区域发展道路。这种工业化与城镇化道路虽有其历史的合理性,但也给区域经济发展带来了许多问题,比如城市体系不合理,城市集聚和辐射能力弱,高端要素

---

① 习近平.推动形成优势互补高质量发展的区域经济布局[J].求是,2019(24):4-9.

难以集聚,高端产业发展缓慢等。进入 21 世纪以后,浙江区域经济的空间布局已经发生了重大变化,2022 年 33 个城市的经济总量已占全省经济总量的 80% 以上,特别是杭甬温三大中心城市以占全省 6.7% 的面积,集聚了全省 20.1% 的人口和 49.2% 的经济总量。这预示着以县域经济为主体的空间结构正快速向以城市经济为主体的空间结构转型,都市圈已经成为浙江经济综合实力最强、发展速度最快的区域。

总体看,浙江城乡协调发展已经实现了从"基本统筹"到"整体协调"的跨越,正稳步向"全面融合"阶段迈进。通过全面推进共享发展,浙江城乡发展的协调性、包容性和公正性不断增强,有效实现了经济平稳健康、社会和谐稳定、分配公平公正的"整体协调"发展目标。通过推进城乡要素平等交换、合理配置和基本公共服务均等化,浙江致力于打造一个市场活跃、政府有为、人民富裕的"全面融合"发展新样板,从而为高水平全面建成小康社会打下坚实基础。

一、持续缩小城乡发展差距

2022 年,浙江新时代和美乡村建设率先推进,农民农村共富有效提升。这表明以城带乡、以工促农、城乡互动、协调推进的良好发展格局已经基本形成。城乡差距表层是城乡居民的收入差距,本质是城市化的滞后。"十四五"时期,浙江将积极推进以人为核心的新型城镇化,加快破除城乡二元结构,力争到 2025 年,常住人口城市化率提高到 75% 左右,户籍人口城市化率提高到 60% 左右,重点做好 400 万城中村人口、400 万已在城镇买房的农业人口、400 万游离在城乡之间的农村人口落户的问题。

2022 年,全体及城乡居民人均可支配收入分别为 60302 元、

71268 元和 37565 元,城乡居民收入比为 1.90∶1,成为浙江"藏富于民"的金字招牌。城乡居民收入倍差连续 10 年保持缩小态势,位居全国省区第一。城镇居民人均生活消费支出为 44511 元,增长 5.5%,农村居民人均生活消费支出 27483 元,增长 8.1%,城乡居民人均消费支出比为 1.62。

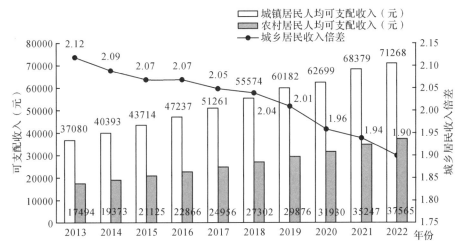

图 6-1　2013—2022 年浙江城乡居民人均可支配收入及倍差

数据来源:浙江省发展和改革委员会

　　实施农民扩中提低行动计划,推进强村惠民,推进城乡公共服务均等化。全省村级集体经济收入 30 万元以上且经营性收入 15 万元以上行政村占比达到 94%。农村一、二级幼儿园在园幼儿占比 80.9%,城乡义务教育共同体覆盖所有农村学校;组建县域医共体 165 家,建成规范化村级医疗机构 578 家;累计建成居家养老服务中心 1456 家、社区照料中心 2.2 万家,实现乡镇(街道)和社区全覆盖;建设医联体及县域医共体,在紧密型县域医共体建设成效考核中蝉联全国第一。

二、稳步提升新型城镇化水平

常住人口逆势增长，城镇化水平保持全国第一方阵。2022 年末，浙江常住人口为 6577 万人，与 2021 年末相比，增加 37 万人。常住人口城镇化率达到 73.4％，较 2021 年上升 0.7 个百分点，始终保持全国第一方阵。户籍制度改革深化推进，农业转移人口落户城镇通道进一步放宽。在全国率先提出实行以经常居住地登记户口制度、开展户籍准入年限累计互认、试行居住证转户籍制度等"三项新政"。探索推进跨省迁移户口"一地办理、网上迁移"，全面推开居民身份证首次申领"全省通办"试点。

城乡风貌整治提升工作成效显著，城乡风貌差距逐步缩小。持续深化"千万工程"，农村生活垃圾分类处理年度任务目标顺利完成，全省农村生活垃圾分类覆盖面达 100％，无害化处理率达 100％，生活垃圾回收利用率达 60％，资源化利用率达 100％。全域推进"五美联创"，创建美丽乡村示范县 14 个、示范乡镇 114 个、示范带 22 条、特色精品村 335 个，全省美丽乡村覆盖率达 93％。全年开展未来乡村、美丽乡村、示范带、历史文化村落等项目 8989 个。健全自治法治德治智治"四治融合"的乡村治理机制，累计建成善治（示范）村 8097 个。

公共服务标准体系不断完善，城镇基本公共服务供给提质扩面。率先在全国实现网上核发电子居住证。全面落实《浙江省基本公共服务标准（2021 年版）》，推动出台省级配套文件 26 个、市（县）级基本公共服务标准 15 项，基本建成了覆盖省市县三级的基本公共服务"1＋11＋N"标准体系。

三、纵深推进城乡融合改革

乡村集成改革深入探索,农村权益价值实现机制持续优化。推进第二轮土地承包到期后再延长 30 年试点,5 个县的 8 个村、1 个街道纳入国家先行先试试点,率先全面完成确权登记颁证。探索创新农村土地承包经营新模式,促进规模流转,2021 年浙江省农村土地流转面积达到 1120 万亩,流转率 61.4%。推进农业标准地改革,组织开展全省农业标准地试点,并展开闲置农房盘活利用。

全面加强村级集体经营,加快推进数字化建设。全面推广"飞地"抱团、强村公司、片区组团等经营模式,实施十万宗闲置农房激活计划,创新开展以集体经济为核心的强村富民乡村集成改革。2022 年,全省农村集体经济总收入 680.4 亿元,经营性收入 440.5 亿元。深入实施先富带后富"三同步"行动,深化构建新型帮共体;加强低收入农户帮扶,全省低收入农户年人均可支配收入增长 14.6%,高出全省农民收入增速 8.0 个百分点。开展农村实用人才和高素质农民培训 11.4 万人次。

"人、地、钱"挂钩政策全面落实,农业转移人口市民化高质量推进。统筹中央财政农业转移人口市民化奖励资金和省财政预算安排资金,新增对解决随迁子女义务教育问题成效显著地区给予奖励,并兼顾未落户农业转移人口基本公共服务保障需求。支持各地优先安排基础设施、公共服务、公益事业等项目建设用地。

"浙里新市民"应用场景快速复制推广,数字赋能城乡协调发展取得重大阶段性成果。率先上线以电子居住证为载体的"浙里新市民"应用服务端,"证随人转""分随人走",在宁波、温州两地试点经验基础上积极向全省复制推广。数字赋能领先全国,四个县(市、区)列入国家数字乡村试点地区名单,数量居全国第一。

◆◆【案例 6-1】

温岭市纵深推进城乡融合改革　铺展乡村共富新路径

2022 年,温岭市坚持农业农村优先发展总方针,以"全域"系统治理为导向,大力实施农业"双强"行动,推进农业农村高质量发展,促进农民农村共同富裕共建共享,实施乡村振兴战略总体进展及成效突出。

1. 乡村产业稳定提升,农业"双强"工作走在全省前列。成功入选省农业"双强"行动"赛马"激励地区榜单,成功举办 2022 年全省春耕备耕暨送科技下乡启动仪式、省水稻田间管理机械化技术培训会。成功入选 2022 年农产品产地冷藏保鲜推进实施县、农业标准地改革省级试点;被列入第三次全国土壤普查试点市,在全省三普工作启动会上作典型经验介绍。

2. 集成改革推动城乡融合,全域整治工作走在全省前列。抓住全域土地综合整治列入自然资源部国家级改革试点契机,2022年启动百村全域整治行动,横峰街道全域土地综合整治与生态修复项目入选全省乡村全域土地综合整治与生态修复重点项目;箬横、松门跨乡镇全域整治项目入选 2022 年度全省首批跨乡镇全域土地综合整治试点;"打造城乡协调发展示范样板"成功入选全省高质量发展建设共同富裕示范区最佳实践(第二批)。

3. 乡村面貌不断提升,美丽乡村建设走在全省前列。连续 3 年获评全省深化"千万工程"建设新时代美丽乡村(农村人居环境提升)工作优胜县,连续 6 年获评全省农村生活垃圾分类处理工作优胜县。创建省级新时代美丽乡村特色精品村 6 个、示范镇 1 个、未来乡村 3 个。石塘镇海利村获评 2022 年中国美丽休闲乡村(农家乐特色村),入选省共同富裕现代化基本单元建设工作推进会案例。

第二节　全面提升四大都市区和中心城市能级

大都市区是大湾区的主引擎、大花园的主支撑、大通道的主枢纽,是浙江现代化发展引领极。浙江省第十五次党代会提出,要全面提升杭州、宁波、温州、金义四大都市区和中心城市能级;唱好杭甬"双城记",培育国家中心城市;推动城市组团式发展,形成多中心多层级多节点网络型城市群结构。当前,浙江大力推进都市区建设,努力成为长三角世界级城市群一体化发展金南翼,打造参与全球竞争主阵地、打造长三角高质量发展示范区、打造浙江现代化发展引领极。

一、唱响杭甬"双城记",培育国家中心城市

都市圈和城市群是经济空间集聚的主要载体,也是工业化和城市化进入高级阶段的重要标志。2022 年浙江人均 GDP 1.78 万美元,已迈入人均 GDP 16000～20000 美元的发展阶段,工业化和城市化在空间上出现融合发展的新趋向,新型城市化与新型工业化的良性互动将成为经济转型升级的新引擎。主要表现在:一是人口、产业向都市圈和城市群集聚的趋势明显,都市圈和城市群成为高端要素、创新要素的集聚区;二是都市圈和城市群已成为经济空间集聚发展的新形态,将主导城市空间形态的变化;三是中心城市已成为促进产业转型升级新的动力源,创新型经济和服务型经济等新兴经济形态将不断涌现。

国家级中心城市有别于区域性中心城市,处于我国城镇体系最高位置的城镇层级,将在国家战略格局中承担更大作用。国家级中心城市是中国融入全球化、全方位参与国际竞争的核心城市,

是综合国力的体现。这类城市是在全国具备引领、辐射、集散功能的城市，对国内的战略资源、高端生产要素配置，如国企（央企）总部、民企总部及地区分布、研发部门等战略选址具有重要参考意义，有助于缓解经济资源向北京、上海等中心城市过度集中的压力，而且有可能发展成为亚洲乃至世界金融、贸易、创新、文化的中心。

杭甬"双城记"的头雁引领作用不断强化。一是双城联动共谋发展。浙江省委、省政府印发《唱好杭州、宁波"双城记"五年行动计划》，杭州、宁波两市认真贯彻落实，谋划推进实施首批 9 项惠民利企事项清单。二是双城核心引领力进一步增强。2021 年杭州、宁波两市地区生产总值分别为 1.81 万亿元、1.46 万亿元，全国排名保持在第 8、12 位。杭州、宁波都市区地区生产总值占长三角地区比重达 20.6%，双城经济圈影响力持续提升，成为长三角地区重要经济增长极。三是双城特色优势进一步彰显。2022年杭州上市企业数新增 43 家，宁波新华·波罗的海国际航运中心发展指数排名前进 1 位、口岸进出口总额占全国比重增长 0.1个百分点、国家级制造业"单项冠军"企业数增长 18 家，均超额完成原定目标。

2022 年，杭州新增天目山、湘湖、白马湖 3 家省级实验室，省级实验室数量累计达 7 家；宁波积极打造港口"硬核"实力，宁波舟山港预计货物吞吐量继续保持全球第一、集装箱吞吐量为全球第三。两市共建科研院所、产业技术研究院 7 家，共建新能源汽车、集成电路、智能制造装备、生物医药、纺织服装等五大标志性产业链，产值达 9600 亿元。杭州、宁波两大都市区地区生产总值在长三角地区占比达 20.68%，同比提升 0.27 个百分点，双城经济圈影响力持续提升，成为长三角地区重要经济增长极。

二、全面提升中心城市能级

浙江针对各城市发展水平和发展特色的差异性，按照"十城赋能"和"百县提质"两种类型对各城市的现代城市建设提出分类指引。

1. 实施"十城赋能"行动，全面提升中心城市能级。推进宜居、韧性、智慧城市建设，积极打造"浙里安居"金名片，建设筹集保障性租赁住房 35.9 万套（间），建设筹集量位列全国第一。持续改善人居环境，改造城镇老旧小区，增建省级绿道，创建生活小区"污水零直排区"。持续优化医疗、教育、养老资源配置供给。全面实施城市体检评估制度，推进海绵城市建设，杭州市、金华市开展海绵城市国家示范城市试点建设。5G 基站建设率先实现乡镇以上地区全覆盖，居全国省区前列。推进太阳能等可再生能源在建筑、交通领域的应用，设区市主城区绿色出行比例均在 70%以上。

2. 持续推进"百县提质"行动，不断改善县城人居环境。一是提升县城公共设施和服务能力。推动住房体系完善、建筑品质提高和城市管理提升，实现城镇住房保障受益覆盖率达到 21.9%，建成生活垃圾高标准分类示范小区 2698 个，全省完成公共设施管理以及房地产投资 11948 亿元，超额完成 1 万亿元的投资任务。二是提升县城基础设施和城市韧性。持续加大县城建设投入，推进县城有机更新、地下管线普查、城镇污水设施建设和市政设施智能化改造，实现城市现存易涝点消除率 73%，新增 112.19 平方公里城市建成区达到海绵城市要求。

3. 继续深化"千镇美丽"行动，建立健全全域美丽新格局。一是"五美"城镇建设深入实施。2022 年，累计实施项目 11627 个，完成投资 3216.5 亿元,如期建成省级样板城镇 110 个、达标城镇 299 个。二是建立健全体制机制和标准体系。发布《小城镇环境和风貌管理规范》《浙江省美丽城镇生活圈配置导则》《浙江省小城镇绿色建筑设计导则》等文件,为全国提供可借鉴的制度和理论成果。三是率先开展美丽城镇集群化发展。制定《浙江省美丽城镇集群化建设评价办法》,探索以大带小、以强带弱、强强联合的发展模式,推动实现美丽城镇发展水平的整体跃迁,开展美丽城镇集群化典型案例培育。

三、持续推进小城市培育试点

坚持县城建设、中心镇和小城市发展、新农村建设协调推进,努力提高城乡公共服务均等化水平,加快形成城乡经济社会发展一体化新格局。小城市是统筹城乡发展、建设社会主义新农村、走新型城市化道路的重要节点,是发展县域经济的重要载体,是就近转移农村人口的重要平台。2010 年浙江在全国率先进行小城市培育试点,赋予经济强镇以现代小城市管理体制和管理权限,破除其成长烦恼和管理困惑,实现由镇到城的跨越。

浙江一直以来高度重视小城市的建设发展,不断推进小城市综合改革试点工作,取得了积极的成效,已成为浙江模式的重要内容之一。浙江经济总量有三分之一是小城市创造的,千强镇的数量连续多年位居全国第一。2022 年 63 个试点单位中共有 48 个进入全国综合实力千强镇,其中 10 个进入前 100 名,总计有 19 个试点镇 GDP 超百亿元,29 个财政总收入超 10 亿元,试点镇 GDP 增长率超全省平均水平 1 个百分点。

1. 加快城乡规划体制改革。规划是推进新型城市化的龙头。按照统筹城乡发展的理念,建立集中统一的区域规划管理体制,全面推进县(市)域总体规划的编制实施,把规划覆盖到广大农村。对于小城市规划,从纵向来讲,向上一定要与县市域总体规划衔接,向下一定要与村庄规划衔接,不能自己单独搞一个体系。从横向来讲,小城市规划一定要以发展规划为依据,与土地规划、环保规划、产业规划、基础设施规划有机衔接。环保规划、产业规划、基础设施规划与小城镇规划的衔接,能加快大都市、区域中心城市与小城市之间的融合发展,推动城乡基础设施、重大产业、公用事业和社会发展项目一体规划和建设,提高资源配置效率和设施共享度。

2.加快城乡户籍制度改革。现行的"二元制"户籍管理制度的继续深化改革和创新乃至最后取消户籍制度是新型城市化的要求。一是放开小城镇户籍管理,只要有合法固定住房、稳定职业、生活来源和生活保障,并自愿退出承包地和宅基地的农民申请,可获准在小城镇落户。二是下放小城镇户籍管理权,实行"属地管理",应以居住地划分城乡人口,以职业划分农业人口和非农业人口,也可以以身份证管理取代户籍管理,将普遍划分农业、非农业户口的二元户籍管理变为统一身份证的一元户籍管理。三是对进镇农民实行集资入户、带资入户办法,积累资金,创造条件,加快农村人口向小城镇转移的步伐,并使进镇农民在就业、居住、子女入学、用水用电等方面与城镇居民享受同等待遇。

3.加快土地使用管理制度改革。现行的农村集体土地的使用和转让制度,不适应小城镇发展的要求,主要表现在:①非流动性,使城镇规划与土地使用之间脱节,规模难以扩大;②既不利于农业劳动生产率的提高,也无法保证城镇建设的必要用地;③先由政府低价征收,再高价出让的做法,既损害了农民利益,又增加了乡镇企业向城镇转移的搬迁成本。改革现行的土地使用管理制度，关键是要建立集体土地使用权通过有限制的转让、出租、作价入股等方式直接进入小城镇土地市场的农村土地流转制度。把宅基地与承包地分开、搬迁与土地流转分开，促进农业规模集约经营和农民居住向社区集聚。规范农村土地承包经营权流转市场，探索建立土地非农升值收益城乡共享机制，促进农民增收。

4.加快城乡社会保障制度改革。当前，相当部分来小城市务工经商的农民，尽管一时离乡来镇，但存在许多后顾之忧，他们不想也不敢出让农村的承包地和宅基地，而是将其作为在城镇待不下去的退路。这种"离乡不离土"的转移模式不利于小城镇的稳定发展。可见，建立小城镇社会保障机构，逐步推进养老、失业、医疗保障体制改革和创新，是当今小城镇发展的重要创新之举。在扩大职工基本医疗保险覆盖面的同时，推动城镇居民医疗保险和新型农村合作医疗保险制度建设，实现城乡居民医疗保险制度全覆盖。探索建立面向城乡失业人员的失业保险制度。

5.加快小城镇行政管理体制改革。小城镇政府要汲取大中城市管理的有效经验，引入现代化城镇管理方式，逐步实现由乡村管理向城镇管理，由经验管理向科学管理的升级。一是进一步推进管理重心下移，将部分城市管理权限延伸到小城镇，进一步理顺县镇管理体制，着力解决镇一级的执法权限问题。二是理顺县、镇两级财政关系，完善小城镇的财政管理体制。对具备条件的小城镇，应按照有关法律的要求，设立独立的一级财税机构和镇级金库，做到"一级政府，一级财政"。

◆◆【案例 6-2】

杭州市余杭区促进城西科创大走廊核心区向城市中心区升级

杭州城西科创大走廊核心区,主要包括在余杭区范围内的未来科技城和云城,既是浙江省建设全球创新策源地的主平台,也是杭州市打造世界一流现代化国际大都市的主阵地。虽然经历十多年演变,其在本质上依然是产业发展和科技创新的功能区。目前,该区域集聚了阿里巴巴、菜鸟网络、阿里云等一批世界级头部平台企业,已经成为全省最具吸引力、最具创造力、最具想象力的科创热土。城西科创大走廊核心区将借此乘势而起,完成从功能区、"卫星城"向城市中心区的华丽蝶变,将与以武林和湖滨为核心的传统市中心,以及以钱江新城、奥体中心为核心的拥江区域,并列为杭州三大城市中心区。

1.从聚焦科创产业到产城人文融合。核心区已经集聚了云计算与大数据、人工智能、生命健康等一批新兴产业,成为全省乃至全国创新发展的主引擎。字节跳动、钉钉、VIVO 全球 AI、OPPO 全球终端研发等超过 250 个亿元产业项目相继落户。同时,建成了杭州西站枢纽、机场轨道快线等一批适应国际化发展需要的产城融合重大基础设施项目。

2.从梦想起航基地到数字经济高地。核心区集聚了阿里巴巴、菜鸟网络等一大批数字经济头部企业以及数量众多的准独角兽企业,成为中国"互联网+""大数据+""人工智能+"产业抢占世界数字产业制高点的主阵地。

3.从集聚创新资源到打造创新策源地。核心区从侧重人才引进和集聚,逐渐转到以"人才特区+科研平台+企业集群"着力打造全域创新策源地。之江实验室、西湖实验室、湖畔实验室、杭州师范大学科技园交相辉映。2021年新增上市企业7家，累计22家；新增国家高新技术企业507家，位列全省第一。

4.从初创企业孵化基地到总部经济集聚地。核心区从海创园、梦想小镇以及杭州师范大学科技园等国家级科技企业孵化器起步，为创业创新提供物理空间、共享设施和专业化服务，孵化了一大批浙大系、阿里系、海归系、浙商系等初创科技企业，致力于引进世界500强企业和全球行业领军企业，鼓励设立地区研发、销售总部，建设超级总部基地，实现数字经济产业链、价值链和供应链全球布局。

第三节　建设世界级大湾区　迭代升级现代产业带

习近平同志在浙江工作期间就高度重视环杭州湾区的产业发展与空间布局，2003年省政府下发了《浙江省环杭州湾产业带发展规划》和《环杭州湾地区城市群空间发展战略规划》。浙江省第十五次党代会提出，加快建设世界级大湾区，集中布局高能级平台、高端产业、引领性项目，谋划建设未来园区，迭代建设环杭州湾、温台沿海和金衢丽三大现代产业带。

一、促进城市之间的产业分工与专业化

浙江城市之间产业分工仍然不够明确，存在较为严重的产业同构现象，小而全、大而全现象普遍存在。且中心城市经济总量大而功能不强，产业发展层次与周边中小城市相当，经济集聚和辐射能力偏弱。浙江城市之间的主要产业存在很大的相似度。浙江很多中心城市的产业层次偏低，未能与周围县市形成合理的产业梯度，导致中心城市集聚和辐射能力偏弱。如嘉兴、湖州、绍兴等中

心城市的市区主要产业以纺织、轻工、机械为主，与所属县（市）在制造业层级上有很大程度雷同，因此中心城市作为产业中心和高地的作用不明显。

要破解浙江都市圈与城市群发展难题，首先要对浙江的经济发展进行合理布局。在新发展阶段，浙江城市化发展的目标是要构建以都市圈和城市群为核心的新型网络化城镇体系，核心是构建分工协作、分层竞争的城市经济发展格局。因此，要积极构筑环杭州湾、温台沿海、金衢丽高速公路沿线三大产业带，形成浙江经济发展的主体骨架。充分发挥核心城市的带动作用，努力培育杭州、宁波、温州以及金华—义乌四个都市圈作为浙江区域发展的龙头城市。积极促进广阔腹地中小城市和小城镇的建设，为四大都市圈的发展提供有效支撑。

二、运用全产业链规划推进产业带整合

产业带是产业空间布局的一种典型形式，具有生产要素在空间上集聚、经济技术联系紧密、产业链条不断延伸、地域分工协作合理、竞争优势强劲持续等特征。因此要积极构筑环杭州湾、温台沿海、金衢丽高速公路沿线三大产业带，促进三大产业带的合理分工，使优势互补、互促共进，形成涵盖产业发展、城市建设、生态保护等的地域经济系统，打造浙江经济发展的主骨架。

环杭州湾产业带包括环杭州湾的杭州、宁波、绍兴、嘉兴、湖州、舟山六市产业和城市新的成长空间，并涉及六市与产业发展密切相关的功能区域。定位于先进制造业基地核心区、世界第六大城市群重要部分、扩大开放与新型工业化先行区、科技创新先导区、生态建设示范区。重点培育电子信息、医药、石化、纺织、服装等五大标志性产业集群，成为浙江省参与国际经济竞争的支柱力

量;大力扶持交通运输设备、先进装备制造、新型金属材料及制品、造纸业及纸制品、家用电器及设备、食品加工制造等六大成长型产业集群,联动发展现代服务业和农业,形成以先进制造业集聚区、城市连绵带和绿色生态网、基础设施网为主体的"区—带—网"开发格局。

温台沿海产业带包括温州、台州两市产业和城市新的成长空间,并涉及与产业发展密切相关的功能区域。定位于国际性产业集群集聚区、民营经济创新示范中心,连接长三角与珠三角的经济走廊、陆海联动的黄金海岸、人与自然和谐发展区。着力壮大电气机械及器材、交通运输设备、现代医药与保健食品、服装服饰及服装设备、模具与塑料制品五大支柱性产业集群,积极培育日用小商品、工艺品家具、家用电器、通用机械、包装印刷五大成长性产业集群,配套建设能源输出、海洋、绿色农产品、休闲观光、现代服务五大产业基地。形成"三带两群两网(即先进的制造产业带、海洋产业带、生态产业带,优势显著的国际性产业集群、功能完善的沿海城市群,高效先进的基础设施网、自然和谐的绿色生态网)"的空间架构。

金衢丽高速公路沿线产业带包括杭金衢高速公路沿线和金丽温高速公路沿线区域。定位于经济走廊、生态屏障,成为浙江省新的区域经济增长点、最大的人与自然和谐发展示范区、新兴的特色制造业基地、重要的绿色农产品生产基地和著名的生态旅游休闲基地。按照新型工业化要求,加快发展先进制造业,发挥生态、区位和商贸优势,积极发展现代农业和国际商贸、现代物流、休闲旅游等服务业。形成"两轴三核(即杭金衢高速公路沿线、金丽温高速公路沿线两条发展主轴,浙中城市群、四省边界中心城市、浙南山地中心城市三个增长极核)"的布局框架。

三、以都市圈为核心打造引领未来的新增长极

面对世界日益强化的经济全球化、新科技革命和产业结构大调整趋势,浙江要建设若干个具有国际性功能、跨省域影响力与较强创新能力的中心城市。因此,要重点突出杭、甬、温三大中心城市在省域城镇体系中的龙头地位,打造浙江经济发展的三个核心增长极。特别是杭州的定位,从"长三角中心城市"向国家级中心城市提升,就是拉高标杆向北上广深看齐,展示了杭州从一座区域性中心城市向一线城市和国际性大都市转型发展的雄心壮志。

杭州都市圈的产业定位是:全国科创高地、高新技术产业基地和国际重要的旅游休闲中心、全国文化创意中心、电子商务中心、区域性金融服务中心。杭州都市圈包括杭州市以及绍兴、湖州、嘉兴三市的近杭地区,呈现以杭州市区为中心,杭宁、杭沪、杭甬、杭金衢高速公路以及104、320国道主要交通走廊为轴线的圈层状结构。杭州要充分利用教育、科技、人才和区位优势,根据"建经济强市、创文化名城"的总体要求,大力发展外向型经济和高新技术产业、旅游业、知识密集型第三产业,以此带动产业升级和结构调整,强化国际风景旅游城市和国家历史文化名城功能,强化长江三角洲地区南翼中心城市和全省的政治、经济、文化、交通和信息中心功能。

宁波都市圈的定位是:先进制造业基地、现代物流基地和国际港口城市,上海国际航运中心的重要组成区域与浙江临港重化工业的核心区域。宁波都市圈包括宁波市、舟山市和绍兴、台州两市的部分地区,以宁波市区为中心,依托高速公路主骨架和铁路主骨架的圈层结构。宁波市要依靠上海国际航运中心组合港优势,大

力发展港口海运业、临港型工业和出口加工业，以此加快要素集聚，进一步增强经济实力，逐步发展成为现代化的国际性港口城市和长江三角洲南翼经济中心之一。

温州都市圈的定位是：以装备制造业为主的先进制造业基地、以商贸物流为主的现代服务业基地、国家重要枢纽港和民营经济创新示范区，连接海峡西岸经济区的重要节点城市。温州都市圈包括温州市和台州、丽水两市部分地区，以沿海交通干线为主要发展轴，成为辐射浙南闽北、影响湘赣的经济枢纽区域。温州要发挥市场化改革先发优势，加大外向发展力度，加快应用高新技术改造传统特色产业，着力发展民营科技企业，壮大产业实力，逐步发展成为我国东南沿海重要的工业、商贸中心和港口城市。

◆◆◆【案例 6-3】

金华市加快都市区提能升级　释放浙中城市群活力

浙中城市的特色是城市群，优势也在于城市群。浙江把金华—义乌定位为继杭州、宁波、温州之后第四大都市区——浙江中部城市群。在这片总面积达 1.36 万平方公里的城市群里，600 多万人将组建起新的"大家庭"。浙中城市群的城镇体系等级结构为"一主两副五级"。"一主"即以金华、义乌为城市群主中心城市，共同引领城市群发展；"两副"指永康、东阳两个副中心城市；"五级"指主中心、副中心、县市域中心（兰溪、浦江、武义、磐安），以及 11 个重点镇、54 个一般镇的五级城镇。

金华坚持把做强金义黄金主轴作为都市区建设的关键一招，唱好双核驱动"双城记"，坚定不移答好都市区建设必答题。一是提升金义主轴拉动力。实施提升主轴拉动力三年行动计划，强化金华市区和义乌市双核驱动，落细"10＋10＋X"重点任务，以主轴大提升引领组团大发展。二是推进以县城为重要载体的城镇化建设。推动各县域板块加强分工协作和优势共创,实现更高水平区域协调发展。积极争取省级县域承载力提升试点,科学编制以县城为重要载体的城镇化建设行动计划。三是加强城市规划建设管理。承接落实省跨乡镇土地综合整治工程,深入推进城市更新"4321"行动,大力提升城市治理科学化精细化智能化水平。

第四节 实施"山海协作"工程 推动欠发达地区跨越式发展

改革开放以来,浙江经济社会快速发展,成为全国第一个消除"贫困县"的省份,但也存在区域发展不平衡的问题。城市与农村发展差距较大,杭嘉湖地区与金衢丽地区发展差距较大,沿海地区与山区海岛地区发展差距较大。统筹区域发展,缩小地区差距,既是欠发达地区的期盼,也是全省实现更好发展的内在要求。习近平同志在浙江工作期间,反复强调欠发达地区实现跨越式发展对浙江发展的重要性。为推动欠发达地区实现跨越式发展,习近平同志创造性地整合提出实施"山海协作"工程,坚持"输血"和"造血"双措并举,坚持发达地区与欠发达地区联动发展,积极探索欠发达地区立足自身区位条件、资源禀赋、产业基础的现代化之路,充分展现了统筹区域经济社会发展的战略谋局和生动实践。20多年来,浙江持续推动山海协作不断升级,持续念好"山海经",推动50个发达县(市、区)结对帮扶山区26县,通过山海协作引进特色产业项目12000余个、到位资金7300余亿元。

一、念好"山海经",推进"山海协作"工程

"山海协作"工程是浙江为推进全省区域协调发展而作出的重大战略决策,其要旨在于按照"政府推动、市场运作,互惠互利、共同发展"的原则,加强沿海发达地区与浙西南山区、海岛等欠发达地区的项目合作,努力推进欠发达地区加快发展和发达地区产业结构优化升级,促进全省区域协调发展、同步实现现代化。

"山海协作"工程最初在 2001 年浙江省扶贫暨欠发达地区工作会议上提出,2002 年 4 月正式实施。"山海协作"工程是一种形象化的提法,"山"主要是指以浙西南山区和舟山海岛为主的欠发达地区,"海"主要是指沿海发达地区和经济发达的县(市、区)。习近平同志对"山海协作"工程十分重视。2002 年 11 月,习近平同志刚到浙江不久,就以代省长的身份主持了浙江"山海协作"工程情况汇报会。在汇报会上,省内部分发达县与所有欠发达县开展结对帮扶。2002 年 11 月,习近平同志担任省委书记后第一次到市县调研就选择了浙江的生态屏障——丽水。

"八八战略"其中一条就是要看到浙江丰富的山海资源优势,念好"山海经",把欠发达地区和海洋经济的发展作为新的经济增长点。习近平同志指出,实施"山海协作"工程,是缩小地区差距、促进区域统筹协调发展的有效载体,是培育新的经济增长点、不断提高浙江综合实力的必然要求,是促进共同富裕、实现人民群众根本利益的重要举措。可见,习近平同志把这一工程提升到了一个事关浙江发展大局的战略高度。他还多次深入基层调研,要求各级党委、政府充分认识实施该工程的重大意义,把它作为一项德政工程、民心工程抓紧抓好。

浙江各地、各部门以一种前所未有的开放、进取的姿态,快步

登上"山海协作"的大平台,在合作中谋求共赢,在对接中壮大自己。省、市、县均成立了领导小组或组织协调机构,衢州、丽水、舟山等地区还实行了"一把手"负总责、分管领导具体抓的工作机制。全省形成了以"结对子"为重点,多形式、多层次、多渠道、全方位开展合作与交流的"山海协作"新格局。截至 2006 年底,全省累计签订"山海协作"项目 3230 个,协议总投资 1100 多亿元,项目履约率达到 95%。

经过多年的实践,全省各地不断探索和丰富活动内容,使得"山海协作"工程在深度与广度上不断得到发展。首先,内涵不断深化。"山海协作"的领域从经济领域扩大到科技、信息、人才、教育、文化、卫生等各个方面,实现了经济社会各领域的双向全面对接。协作的方式也从以项目为主向项目合作、来料加工等多种形式转变。其次,外延不断拓展。跳出"山海协作"工程的对口范围,实现了整个省域范围内的对接,并且与接轨上海、推进长三角合作及周边省份的交流合作有机地结合起来。再次,平台不断扩大。各地有意识地把这项工程融入已具有品牌效应的西博会、农博会、义博会中,并不断创新合作途径和方式。经过多年的实践,"山海协作"工程不仅成为推进浙江欠发达地区加快发展的重要载体,而且有力地推动了发达地区企业的跨区域扩张,对统筹全省区域协调发展作出了积极的贡献。

2021 年 6 月,浙江省第十五次党代会提出,要"一县一策"推动山区高质量发展。打造山海协作工程升级版,推进科创飞地、产业飞地精准落地,推进万企进万村行动,构建新型帮共体。2022 年,浙江发挥山海资源优势,大力发展海洋经济,推动欠发达地区跨越式发展。全面推进大湾区大花园大都市区大通道建设,积极推动全省域海洋强省建设,加快推进山区 26 县高质量发展,持续打造山海协作升级版。2022 年,浙江海洋生产总值创新高,海洋经济综合实力稳居全国第一方阵。山区 26 县全体居民人均可支配收入达 44560 元,排名全国第 7,增速高出全国 2.8 个百分点,区域协调发展领跑全国。

二、"山海协作"工程迭代升级、全国示范

全省新签"山海协作"产业项目 369 个,完成投资(含续建)460 亿元,"山海协作"示范全国的经验成果更为丰硕。推进 6 个省级新区和 15 个能级较高的开发区(园区)平台为山区 26 县拟定 29 个"产业飞地"空间规划选址方案,推动 25 个"产业飞地"签订了共建协议,积极拓展山区县的产业发展空间渠道。37 个"消薄飞地"已实现山区 26 县全覆盖,杭州、嘉兴等地为山区县集中布局"科创飞地"。

1. 聚力推进产业平台提质转型。一是着力推动"山海协作"工业产业园建设。以打造"百亿级""山海协作"产业园为目标,大力实施"亩均论英雄"改革和园区智能化改造提升。2021 年,全省 9 个工业产业园完成固定资产投资 88.3 亿元,实现工业总产值 375 亿元。二是统筹推进文旅类产业园建设。按照一区一品、各具特色的建设要求,进一步完善规划、理顺机制,加快重大项目建设。2021 年,18 个生态产业园完成固定资产投资 116.7 亿元,服务业营业收入 380 亿元。

2. 精准帮扶建设山海协作"飞地"。一是推进"产业飞地"高效落地。钱塘—淳安、乐清—平阳、上虞—文成、滨海新区—开化、慈溪—常山、北仑—云和、鄞州—衢江、余姚—松阳等 8 个"产业飞地"已经顺利开工。二是推进"科创飞地"创新发展。截至 2021 年

底,全省已建成"山海协作""科创飞地"16个,共孵化项目307个,回流山区26县实现产业化项目数121个。三是推进"消薄飞地"提质增效。完善投入、运营和返利等机制,优化提高集体经济薄弱村分红收益。截至2022年底,37个"消薄飞地"已经有效带动超过3114个村实现返利超4亿元。

三、大湾区建设全面推进,能级提升成效明显

2022年环杭州湾经济区六市GDP总量占全省比重达69.6%,比上年提升0.4个百分点,公布全省首批7个高能级战略平台名单,集聚发展特征显著。四大都市区集聚了全省94%的常住人口和96%的GDP,92个重大项目加快推进,全年累计投资700.99亿元,充分发挥了新型城镇化战略中的主体形态作用。

大湾区发展能级持续提升,产业创新主引擎功能凸显。一是重大平台建设基础不断夯实。开发区(园区)完成整合提升,数量从1059个整合至134个。六大省级新区实现地区生产总值4056亿元,增速高于全省1个百分点,杭州钱塘新区、宁波前湾新区、绍兴滨海新区、湖州南太湖新区全部入选首批高能级战略平台培育名单。集聚国家级、省级双创示范基地13家和78家,分别占全省100%和86.7%。二是标志性工程建设亮点纷呈。生态海岸带工程积极推进,海宁海盐、杭州钱塘、宁波前湾、温州168四条先行示范段累计完成投资近500亿元。科创走廊建设取得新进展,杭州城西科创大走廊基础设施体系加快完善,宁波甬江科创大走廊甬江实验室揭牌成立,嘉兴G60科创走廊有效连接上海国际科技创新中心。"数字湾区"工程高标准建设,软件业务收入超8300亿元,产业数字化指数居全国第一。全国首个省级智慧海洋大数据中心建成运营。

四、山区经济稳步向好，城乡协调领跑全国

2022年，山区26县实现地区生产总值6964亿元，增速达8.0%。固定资产投资2958亿元，比上年增长11.8%，增速高出全省1个百分点。全体居民、城镇居民和农村居民人均可支配收入分别为42139元、53710元和27619元，比上年增长10.9%、9.8%和11.1%，增速比全省高1.1、0.6和0.7个百分点，收入占全省的比例由上年的72.5%、78.0%和77.9%提高到73.2%、78.4%和78.4%。

"一县一策"推动"输血"与"造血"协同共生，基本形成了山区26县高质量发展的政策体系。一是主导产业逐步形成。全年"一县一业"规上总产值接近1500亿元，同比增长19.8%。遂昌金属制品、天台汽车零部件、青田不锈钢、龙游特种纸、永嘉泵阀、淳安水饮料、缙云机械装备7个"一县一业"产值超百亿元；仙居医药、江山门业、松阳不锈钢3个"一县一业"产值在70亿元以上。二是央企深度携手山区26县发展。70多家央企与山区26县达成签约项目77个，总投资超过2500亿元。7家央企与文成、泰顺、龙泉、云和、庆元、松阳、景宁7个重点县开展"一对一"结对合作。三是浙商助力山区高质量发展。组织800余名知名浙商走进山区26县开展助力高质量发展系列活动。2021年，山区26县全年完成固定资产投资2958亿元，比上年增长11.8%。

五、海洋经济迈向新高，港口实力不断增强

2021年，全省实现海洋生产总值9962.1亿元，同比增长15.5%，占GDP（现价）比重为13.6%，海洋经济对国民经济增长的贡献率达到15.1%，较上年提高2.9个百分点，拉动国民经济增长2.1个百分点，带动作用持续增强。宁波舟山港强港之路稳步推进，完成

货物吞吐量 12.24 亿吨,连续 13 年位居全球第一;完成集装箱吞吐量 3108 万标箱,稳居全球第三、全国第二;保税船用燃料油加注量达到 552 万吨,跃升为全国第一、全球第六大加油港。宁波舟山超越东京,首次进入全球航运中心城市前十强,宁波舟山港获浙江省首个和全国港口界首个中国质量奖。

1.舟山群岛新区能级不断提升。一是高质量推进自贸试验区建设。舟山自贸试验区贡献了全舟山市 42.6％的港口货物吞吐量、58.2％的实际利用外资、70.0％的规上工业总产值、69.0％的新设企业和 95.3％的油气贸易额,成为引领舟山市经济高质量发展的重要增长极。二是多点突破推进江海联运建设。全市江海联运量 2.8 亿吨,同比增长 9％。引进江海直达运输企业 2 家,累计达到 5 家。建成投运 2 艘全国首制 1.4 万吨江海直达船,全国首支江海直达散货船队启动运营。实现粮食"散改集"常态化,业务量突破 1 万 TEU。三是纵深推进区域合作。小洋北作业区规划通过部省市联合审查。深、沪、杭、甬四地创建 7 个人才飞地,引进人才企业 73 余家,入驻人才 300 余名,其中"高精尖"人才 12 名、硕博 124 名,成为浙江省首个市、县(区)两级人才飞地全覆盖的地级市。

2.宁波舟山港硬核力量持续增强。一是航线数量创下 287 条的历史新高,其中"一带一路"航线数量达 117 条。二是港航基础设施建设加快推进。以梅山港区为试点,5G、无人驾驶、人工智能等一批前沿技术在码头的试点应用陆续落地。三是高端航运服务业加快发展。宁波舟山首次跻身全球航运中心城市综合实力前十强,宁波舟山港荣获浙江首个中国质量奖、我国港口界首个中国质量奖。宁波航交所参与中国—中东欧国家贸易指数研究发布,海上丝路贸易指数分析范围扩大至全球 240 个国家和地区，并建立了专业化的指数运营体系。

3.海洋产业转型升级步伐加快。一是海洋三产比重快速增长。海洋一、二、三产业增加值占海洋生产总值的比重分别为 6.1％、34.8％和 59.1％，相较上年分别下降 0.7 个百分点、下降 0.2 个百分点、提升 0.9 个百分点，分别拉动海洋生产总值增长 0.3、5.2 和 10.0 个百分点。二是优势产业做大做强。2021 年全省海洋绿色石化实现增加值 594.7 亿元，同比增长 27.5％，舟山绿色石化基地逐步投产。11 家企业入选工信部船舶行业规范条件白名单，数量居全国第二。海洋渔业增速渐稳，全省海水养殖产量同比增长 1.5％。三是新兴产业释放新动能。以海洋高端装备、海洋生物医药为重点的新兴产业加快科技创新赋能，沿海核电、海上风电加快建设，LHD 潮流能工程连续运行时间保持全球第一。

◆◆【案例 6-4】

杭州增强都市区功能　争创国家级中心城市

国家级中心城市有别于区域性中心城市，处于我国城镇体系最高位置的城镇层级，将在国家战略格局中承担更大作用。国家级中心城市是中国融入全球化、全方位参与国际竞争的核心城市，是综合国力的体现。2022 年，杭州全市生产总值 18753 亿元，常住人口为 1237.6 万人，比 2021 年增加 17.2 万人，城镇化率为 84.0％；城乡居民人均可支配收入分别为 77043 元和 45183 元，分别增长 3.1％和 5.8％，城乡居民收入比缩小至 1.71，连续 16 年荣获"中国最具幸福感城市"称号。杭州的定位从"长三角中心城市"向国家级中心城市提升，就是拉高标杆向北上广深看齐，展示了杭州从一座区域性中心城市向一线城市和国际性大都市转型发展的雄心壮志。

就国家级中心城市来说,"中心性"至关重要,主要体现在市场中心、创新中心、交通中心、互联网中心和国际门户等方面。杭州应与其他国家中心城市错位发展,在信息经济、创业创新、大数据云计算、互联网金融、电子商务等领域成为具有重要影响力的国家级中心城市。

1. 打造新技术产业化的国际性示范基地。在新一轮科技革命所涉及的互联网、大数据、物联网、云计算、智能化、传感技术、机器人、虚拟现实等领域中,杭州与国际大都市的起点基本同步。在信息经济、创新创业、大数据云计算、互联网金融、电子商务等领域,杭州具有很好的产业基础,有阿里巴巴等国际知名企业的支撑。

2. 打造全球互联网科技创新中心。杭州要打造具有全球影响力的"互联网+"创新创业中心;瞄准科技前沿研究和城市重大战略需求,在大型软件系统研发、高端计算机研制、高端网络设备制造、大数据存储及应用等领域规划布局若干具有国际先进水平的科研基础设施;优化创新创业环境,增强集聚和辐射全球人才、资源、要素、产业的能力等。

3. 打造国际"创新枢纽级"城市。根据"全球创新城市指数"的五个等级,杭州还处于第三级,属于"创新节点级"城市,处于世界第 208 名,中国第 8 名(名列上海、北京、深圳、台北、南京、苏州、广州之后)。要晋级为第二级,即"创新枢纽级"城市,需要在城市的研究开发功能、重要资源配置功能、科技辐射功能、教育培训功能等领域补足短板,提升杭州在创新机制、政策和制度、企业运行机制等方面的示范作用。

◆◆ **本章小结**

改革开放 40 多年来，浙江走过了一条以县域经济为主导，以农村工业化和城镇化为主要特色的发展道路。这种工业化与城市化道路虽有其历史的合理性，但也给浙江的经济发展带来了许多问题，比如城市体系不合理，城市集聚和辐射能力弱，高端要素难以集聚，高端产业发展缓慢，等等。大都市区是大湾区的主引擎、大花园的主支撑、大通道的主枢纽，是浙江现代化发展引领极。要全面提升杭州、宁波、温州、金义四大都市区和中心城市能级；唱好杭甬"双城记"，培育国家中心城市；推动城市组团式发展，形成多中心多层级多节点网络型城市群结构。加快建设世界级大湾区，需要集中布局高能级平台、高端产业、引领性项目，谋划建设未来园区，迭代建设环杭州湾、温台沿海和金衢丽三大现代产业带。"山海协作"工程的要旨在于加强沿海发达地区与浙西南山区、海岛等欠发达地区的项目合作，努力推进欠发达地区加快发展和发达地区产业结构优化升级，促进全省区域协调发展、同步实现现代化。

◆◆ **思考题**

1. 浙江有哪四大都市区？为什么要积极培育国家中心城市？

2. 如何加快建设环杭州湾大湾区？

3. 浙江海洋经济发展存在哪些问题和短板？如何建设海洋经济强省？

◆◆ **拓展阅读**

1. 习近平. 习近平著作选读：第一卷[M]. 北京：人民出版社，2023.

2. 习近平. 习近平著作选读：第二卷[M]. 北京：人民出版社，2023.

3. 中共中央宣传部，国家发展和改革委员会. 习近平经济思想学习纲要[M].北京:人民出版社,2022.

4.习近平.推动形成优势互补高质量发展的区域经济布局[J].求是,2019(24):4-9.

5.陈宪.高质量建设促进区域协调发展的世界级城市群[J].新型城镇化,2023(Z1):37-39.

6.刘家强,刘昌宇,唐代盛.新中国70年城市化演进逻辑、基本经验与改革路径[J].经济学家,2020(1):33-43.

7.王微,邓郁松,王瑞民,等.新一轮技术革命与中国城市化2020~2050——影响、前景与战略[J].管理世界,2022(11):12-28.

第七章　全面转入创新驱动发展模式塑造发展新动能新优势

1."八八战略"指出,进一步发挥浙江的人文优势,积极推进科教兴省、人才强省,加快建设文化大省。

2.浙江要高度重视科技创新体系对创新的支撑作用,加快区域创新体系建设,构筑以政府为导向、企业为主体、高校和科研院所为依托,产学研紧密结合的开放型区域创新体系。

3.坚持创新在现代化建设全局中的核心地位。着力推动全面转入创新驱动发展模式,大力建设具有全球影响力的科创高地和创新策源地,打造世界重要人才中心和创新高地战略支点,推进创新链产业链深度融合,加快构建现代科创体系和产业体系。

4.深入实施"鲲鹏行动"等重点人才计划,加大对基础研究人才、领军型人才和优秀青年人才的支持力度,培养卓越工程师、高技能人才队伍,打造战略人才力量。

"八八战略"指出,进一步发挥浙江的人文优势,积极推进科教兴省、人才强省。21世纪初,针对浙江产业基础薄弱、科技创新能力不足等问题,习近平同志明确指出:"我们在深深感受到'成长的烦恼'和'制约的疼痛'的同时,也切实增强了推进科技进步、提高自主创新能力、提升产业层次、实现'凤凰涅槃'的自觉性和紧迫感。"①浙江要大力建设具有全球影响力的科创高地和创新策源地,打造世界重要人才中心和创新高地战略支点,推进创新链产业链深度融合,加快构建现代科创体系和产业体系。毫无疑问,实施创新驱动发展战略是加快转变经济发展方式,推动经济转型升级的必然选择,也是浙江深入实施"八八战略"的重要举措。

20 多年来,浙江加快区域创新体系建设,构筑以政府为导向、企业为主体、高校和科研院所为依托,产学研紧密结合的开放型区域创新体系,着力推动全面转入创新驱动发展模式。全社会 R&D 经费支出由 2002 年的 57.7 亿元增至 2022 年(预计数)的 2350 亿元,增长约 40 倍,年均增速达 20.4%。R&D 经费支出相当于 GDP 的比例由 2002 年的 0.72% 提升至 2022 年的 3.02%,超过欧盟 15 国平均水平。R&D 活动人员由 2002 年的 4.46 万人增加至 2022 年的 57.5 万人,增长了近 12 倍。2022 年,浙江专利授权量 44.4 万件,是 2002 年的 41.2 倍。

第一节　牢牢把握实施创新驱动发展战略的要求

习近平总书记明确要求浙江以人才为本,深入实施人才强省战略;推进创新型省份和科技强省建设;坚持"腾笼换鸟、凤凰涅槃",加快新旧动能转换,跑出高质量发展的加速度。

一、研发投入与创新平台能级显著增强

2022 年,浙江深刻把握创新制胜工作导向,全面实施科技创新和人才强省首位战略,加快打造世界重要人才中心和创新高地战

---

① 习近平.干在实处　走在前列:推进浙江省新发展的思考与实践[M].北京:中共中央党校出版社,2006:32.

略支点。三大科创高地和创新策源地建设取得重大进展,区域创新能力首次跃居全国第 4 位(省区第 3 位),科技创新工作连续 4 年获国务院督查激励,国家海外引才计划入选数连续 2 年位列全国第一,全国知识产权保护考核连续 2 年排名全国第一。

1. 研发投入持续增长。2022 年,全省 R&D 经费支出达 2350 亿元,较上年增长 9%;全社会研发投入强度达到 3.02%,较上年提高 0.11 个百分点。其中,企业 R&D 经费为 2095 亿元左右,占比 89%。全省财政科技投入执行数 680.89 亿元,较上年执行数增长 17.7%。11 个设区市 R&D 占比预计均达 2% 以上,全省 R&D 占比预计超过 3% 的县(市、区)达 26 个。

2. 人才集聚量质齐增。全社会 R&D 人员升至 57.53 万人,5 年增长 25.6%,跃居全国第 3 位。新增"两院"院士 12 名,全球顶尖人才和科技领军人才 800 人,省领军型创新创业团队 41 个。获国家"优青"资助人才达 37 人,跃居全国第 5。11 个设区市连续 2 年全部实现人才净流入,杭州连续 12 年入选"外籍人才眼中最具吸引力的中国城市"榜单。

3. 创新平台能级显著增强。杭州城西科创大走廊"高质量、高速度"发展态势进一步夯实,共集聚 1 家国家实验室、11 家国家重点实验室、5 家省实验室,各类人才超 50 万人,企业超 10 万家。国家实验室实现零的突破,西湖实验室、南湖脑机交叉研究院加快纳入国家实验室体系,新获批 11 家全国重点实验室,其中 1 家入选全国 20 家标杆国家重点。完成 10 大省实验室和 10 大省技术创新中心布局。超高灵敏极弱磁场和惯性测量装置、超重力离心模拟与实验装置加快建设。新认定 32 家省级新型研发机构,全省国家级和省级重点研发机构数达 100 家。

4.重大科技成果加速涌现。科技攻关取得进口替代成果262项（累计436项）。"深海仿生机器人""达尔文三代类脑计算机"等成果在国家"奋进新时代"主题成就展展出。飞秒激光诱导复杂体系微纳结构形成的新机制获评2022年度中国科学十大进展。太元一号量子云平台技术水平世界领先,光子集成芯片有力推动我国高端光芯片自主化,ArF光刻胶同准替代国外产品,西湖实验室研发的抗新冠病毒药物获批进入临床试验,东方基因研发的浙江首款新冠病毒抗原检测试剂获国家药监局批准注册。

二、高水平打造全球人才"蓄水池"

深入实施"鲲鹏行动"等重点人才计划,加大对基础研究人才、领军型人才和优秀青年人才的支持力度,培养卓越工程师、高技能人才队伍,打造战略人才力量。

1.高效能推进"鲲鹏行动"。坚持"顶尖、全职、海外、年轻"标准,聚焦"互联网＋"、生命健康和新材料三大科创高地建设,以超常规举措集聚一批处于科技变革和产业发展前沿、具有全球影响力的"灵魂人物"。深入推进"鲲鹏行动"计划,引才工作保持强劲上扬势头。2022年,集聚"鲲鹏行动"专家35名,累计入选87名。入选国家海外引才计划建议人选695人,同比增长24.3％;新增省级人才计划人才810人,同比增长6.3％。人才品牌效应、集聚效应、带动效应初步显现,呈现出基础研究、应用研究、产业开发齐头并进的良好局面。

2.高强度支持青年人才。针对青年科研人员崭露头角机会少、成长通道窄、评价考核频繁、事务性负担重等问题,开展减轻青年科研人员负担专项行动,强化青年科研人员激励措施,细化青年科研人员减负措施,发挥数字化改革对减负的支撑作用,迭代升级

"科技攻关在线""科技成果转化在线""科技企业成长在线""浙里大仪共享"等重大应用,加快造就规模宏大的青年科技人才队伍。2022 年,省级人才计划支持青年人才比例达到 50％,省自然科学基金项目负责人中 40 周岁以下青年占比达 70％、35 周岁以下占比达 40％。加大青年博士集聚力度,新招引博士 9059 人,新招引博士后 2495 人,同比增长 25.4％。迭代升级"浙里人才之家"重大应用,整合人才大数据形成全国引才"渠道图",带动全省引进 35 周岁以下大学生 124 万人,扶持创业 4.52 万人。开发落实科研助理岗位 11362 个,完成预期目标 178％。

3.高标准打造"浙派工匠"。发挥技工院校在技能人才培养中的主阵地作用,坚持产教融合、校企合作,围绕高端装备、信息技术、汽车及零部件、绿色化工等先进制造业产业集群,合理规划技工院校发展布局,加快推动技工教育高质量跨越式发展。启动实施卓越工程师培养工程,率先开展"新八级"职业技能等级制度、技能型社会建设等机制创新试点,积极探索建立从入门到精通、从学徒到大师的多维度、阶梯式人才培养评价机制,营造"择一事终一生"的良好社会氛围。同时,探索建立与职业技能等级序列相匹配的岗位绩效工资制度,实现多劳者多得、技高者多得,吸引更多劳动者加入技能人才队伍。2022 年,建设 10 所一流技师学院和 69 个高水平专业群,遴选培育新时代浙江工匠 2657 人,新增高技能人才 41.2 万人,同比增长 26％。

三、培育壮大战略科技力量

以杭州城西科创大走廊为主平台建设创新策源地,打造综合性国家科学中心和区域性创新高地。构建以国家实验室和全国重点实验室为龙头的新型实验室体系、以国家产业创新中心为重点的产业创新体系。

1. 全力推进城西科创大走廊建设。深入实施"城西科创大走廊人才专项支持计划"等人才工程,聚焦"创新策源、招才引智、三大高地、双创生态",积极探索"科研院所招引、区域统筹使用"等人才工作模式,进一步加大对国家战略力量、高端领军人才、创新创业生态等方面的支持力度,加快集聚高端创新要素,提升城西科创大走廊创新策源能级。2022年,获省科技大奖2项,占全省100%;获省自然科学一等奖12项,占全省100%;承担实施"尖峰""领航"项目104项,占全省95%;实施"尖兵""领雁"项目150项,占全省35%。高新技术产业增加值229.2亿元,同比增长17.0%。4项成果入选数字经济创新发展十大标志性成果,取得"智海2号"芯片、启尔机电集成电路装备等一批硬核科技成果。

2. 建立健全新型实验室体系。着力优化体制机制,打造由"国家实验室、国家重点实验室、省实验室、省重点实验室"构成的新型实验室体系,支持之江实验室建设成为国家实验室的重要支撑和新型举国体制的实践样板。2022年,国家实验室实现零的突破。之江实验室、西湖实验室、南湖脑机交叉研究院3家国家实验室浙江基地即将挂牌,国家实验室基地群初步形成。新挂牌成立白马湖、东海、天目山、湘湖4家省实验室,10家省实验室累计集聚院士31名、"鲲鹏行动"计划人才14名、全职科研人员3850人。

3. 加快建设世界领先高新园区。建立亩均税收和亩均研发"双亩均"考核制度,健全"月监测、季分析、年评价"机制,持续优化资源要素配置,精准招引高端项目,切实推进传统制造业改造提升,推动国家高新区设区市全覆盖、省级高新区工业强县(市、区)全覆盖。2022年度,新增省级创建高新区9家、新认定省级高新区

14 家。全省 67 家高新区合计贡献了全省超 40% 的工业增加值、工业总产值、出口交货值，超 50% 的新产品产值、高新技术产业增加值、营业收入、利税以及超 60% 的研发费用。

4.加快构建技术创新中心体系。围绕产业链部署创新链、围绕创新链布局产业链，加快构建由国家技术创新中心、省技术创新中心和省级企业研发机构组成的技术创新中心体系，为实现产业基础高级化和产业链现代化、建设全球先进制造业基地提供有力支撑。首批 6 家省技术创新中心入轨运行，新建飞机复合材料、激光智能装备、高档数控机床、绿色石化 4 家省技术创新中心，10 家省技术创新中心累计引进院士及国家海外引才计划专家 20 人，承担国家重点研发项目 7 项，带动各级财政补助及产业基金等支持 48 亿元。推动清华长三角研究院牵头组建长三角国家技术创新中心浙江中心，积极争创国家智能工厂操作系统技术创新中心。

◆◆ 【案例 7-1】

新昌县探索"小县五大"创新驱动发展模式

新昌县全面贯彻落实创新驱动发展战略，积极推进数字经济"一号工程"升级版，聚焦数字经济"小县五大"发展路径，构建新昌创新发展新蓝图。

1.聚焦"小县大转型"，聚力构建"新昌模式"新实践。以打造未来工厂为目标，梯队式推进数字化车间、智能工厂、未来工厂培育，吸收、谋划数字化改造"N＋X"模式升级版，打造轴承行业中小企业数字化改造"新昌样板"，成功入选省级首批中小企业数字化改造试点县。

2.聚焦"小县大变革"，聚力构建改革赋能新活力。新昌以轴承工业互联网平台为支撑,汇集企业生产经营全过程和全链条海量数据,构建"轴承产业大脑",开发行业指数、金融服务、原材料采集等 23 个应用场景,帮助企业解决原材料采购无议价权、融资难、账期短、库存占用大等难题。

3.聚焦"小县大科技",聚力构建创新制胜新赛道。2022 年新增国家高新技术企业 40 家、省级科技型中小企业 96 家。设立"卡脖子"、国产替代等专精特新科技攻关专项资金,实施专精特新重大科技攻关 10 项,新增国家专精特新"小巨人"企业 6 家、省"隐形冠军"企业 2 家、省专精特新企业 23 家。

4.聚焦"小县大产业",聚力构建产业发展新图景。新昌县已形成以智能装备、嵌入式软件和工业信息服务为主体的数字产业结构,智能纺织印染、信息工程服务等行业中涌现了一批行业领先企业。

5.聚焦"小县大环境",聚力构建体制机制新格局。纾困政策"落地有声",全面承接落实国家、省、市稳经济一揽子政策措施和接续政策,加强市场主体帮扶,减免税费 41.8 亿元,精准纾困做法获央视《焦点访谈》称赞。

第二节　优化创新生态建设创新型省份

创新生态系统的要义在于让关联创新物种在空间地理或产业链内集合成群,实现在产业链和价值链上有机连接的关联创新种群(企业、大学、科研院所、中介等)之间的协同合作、开放循环、共生演化,进而形成创新集群,促进产业内交流与合作,产生规模集聚效应。企业之间的竞争已不再是单个企业之间的竞争,而是企业所在的产业链之间的竞争、所处的产业创新生态系统之间的竞争。

一、推进科技金融向科创金融转型

创新生态系统强调产业链与价值链上的关联主体——产业核心主导企业和产业延伸上横向和纵向关联的中小企业，通过产业内合作与分工，形成一个有机联合的利益共同体。同时在创新链上，以核心企业为创新主体，通过关联的研发创新活动将创新链上其他主体连接起来，实现创新链上研究、开发、应用三大群落协同，促成新技术和新知识在产业内的扩散和应用，提高产业整体创新能力。

要发展多层次的投资融资体系，着力完善科创金融生态。可借鉴发达国家对构建科技金融体系的很多有益经验。一是强化国家制度安排。美国、日本都对商业银行从事权益性投资业务做了例外的豁免制度安排，允许商业银行有限参与风险投资，支持科学技术创新。二是构建多层次的资本市场。成长期需要场外市场融资，成熟期以证券交易所场内融资为主。三是发展投贷联动的业务模式。在传统银行信贷业务和专利知识产权质押贷款之外，通过投贷联动方式提供信贷资金，以及为股权基金提供过桥贷款。四是加强政府基金与信用担保体系。发达国家政府既通过直接补贴贷款贴息或免税费等方式支持科技创新企业，也注重建立信用担保体系，帮助商业银行分担风险。

积极探索科创金融模式创新，向产业化、一体化模式转型。创业型企业能够成功，除了有充足的资金支持以外，还需要有正确的创业模式引导和各类资源作为支撑。如天使投资合伙模式不仅给创业者带来资金，还可以给创业者带来资源、经验和人脉，为创业企业提供更强的爆发力,同时也降低投资人的风险。又如构建研究院、资金、咨询的合伙式组合模式,成立全球化的产业研究院,并以研究院为主体,与基金深度结合,以咨询支持企业的顶层设计来孵化和扶持企业,使技术创新更具持久性。

二、以"互联网＋"、大数据为主线

打造互联网产业、大数据产业等信息经济重镇。牢牢抓住以互联网为核心的新科技和产业革命的历史机遇期。数据是基础性资源,也是重要生产力。大数据与云计算、物联网等新技术相结合,正在迅速并将日益深刻地改变人们的生产生活方式,"互联网＋"对提升产业乃至综合竞争力将发挥关键作用。

依托阿里巴巴、海康威视等标杆企业辐射效应,做强以互联网为核心的信息经济。浙江一直以来都比较重视培育新产业,已累计引进创业项目 2380 多个、创业人才近 4100 名,金融机构 148家、管理资本达到 5319 亿元。发展以互联网为核心的信息经济,浙江是有基础、有经验的。下一步应以互联网产业为主体,先生态、后生活、再生产,由创意到创新再到创造,成为产城人融合发展的全球创业新高地、浙江新名片。以智慧城市建设为纽带,深入实施大数据战略。

浙江,尤其是杭州,是互联网产业先发地区,拥有海量数据资源,发展互联网产业、大数据产业空间无限。浙江要迫不及待地抢抓大数据发展的历史机遇,推动大数据开发应用,发展大数据产业,推进全省信息技术产业集聚和经济社会跨越发展,促进工业化与信息化深度融合,提高信息资源的利用效率,将数字资源转化为经济发展的动力,加快经济社会转型升级。

三、集成力量建设世界级创新策源地

营造以企业为主体、市场为主导的创新生态系统。为激发创新创业活力，要让企业真正成为创新的主体，让市场真正成为配置创新资源的决定力量，形成让创新主体自由选择、自由竞争、开放合作的市场机制，激活各类创新要素。同时提高政府科学决策和管理水平，为创业者当好"店小二"，用新的思路和工具解决交通、医疗、教育等公共问题，助力大众创业、万众创新。提升创新专业化服务水平，催生新型商业模式。

发明家或创业者一旦有了好的技术或创意，市场上便有大量分工精细、专业高效的各类第三方机构能够提供从资金筹集、申办执照到财务管理、法律咨询、公司上市及资本退出等一系列的专业化服务，如同在有着"专业设备"的"流水线"上源源不断地"生产"企业。催生以淘宝、支付宝、蚂蚁金服等阿里系为代表的"互联网＋"商业模式创新。鼓励创新创业领域向更多领域开放，推进以快的打车、车蚂蚁、时空电动汽车、挂号网、喵街等为代表的新型商业模式，从供给侧创新、改变传统的交通出行、医疗健康、生活消费方式。再谋划一批创新创业小镇，营造创新业态涌现空间。近年来，浙江打造的梦想小镇、云制造小镇等特色小镇，已经具备了打造全球人才创业新高地的先发优势，新商业模式、新业态不断涌现和发展，拓展了创新创业的生态空间。

◆◆◆【案例 7-2】

杭州市实施科技新政　加快打造最优创新生态

杭州市实施国家、省科技新政，持续升级十联动创新创业生态系统，推动科技平台、人才、要素集聚和全域创新，强化科技创新支撑引领作用，奋力展现"重要窗口"的"头雁风采"。2022 年，杭州市

连续 12 年入选"外籍人才眼中最具吸引力的中国城市"榜单。R&D
经费支出占 GDP 比重增长至 3.75％，蝉联省"科技创新鼎"，国家
创新型城市创新能力评估排名全国第 3 位，全球创新指数城市排
名第 14 位，创历史最佳。

1. 人工智能创新发展试验区建设走在前列。成立市人工智能
试验区建设领导小组及专家委员会，制定推进人工智能创新发展
试验区若干政策，明确工作任务责任分工，确定余杭区、萧山区、滨
江区、西湖区为人工智能创新发展区，协同浙江大学建设人工智能
研究院。以深化杭州城市大脑建设为载体，加强人工智能核心技
术攻关、推广人工智能应用场景，基本实现全市数据协同共享，赋
能城市数字治理；首创"健康码"并在全国推广，实现科学防疫和精
准管理；首创"亲清在线"，实现惠民惠企政策"码"上兑付。

2. 建设国家自主创新示范区迈出新步伐。杭州高新区（滨江）
编制《推进世界一流高科技园区发展纲要》，持续深化滨富特别合
作区实践，探索开展"企业创新积分制"试点，获科技部推广应用。
临江高新区扩大管理范围至杭州钱塘新区，确定了建设高能级钱
塘科技中心目标，新型研发机构建设和企业研发机构同步推进，创
新能力、创新活力等指标显著提升。同时，积极贯彻中央、省委促
进高新区、开发区高质量发展的决策部署，6 家省级高新区成为区
县创新发展的核心，3 个区县提出了新一轮省级高新区创建方案。

3. 纵深打造人才生态最优城市。以打造全球人才蓄水池为导
向，深化人才管理、服务供给体制机制改革。新冠疫情防控期间，
杭州成为全国首批获签发《外国高端人才确认函》权限的城市，率
先"实行外国人来华工作许可"零次跑，建立外国专家回杭工作集
中观察服务点，接力实施领军型创新创业团队培育计划、全球引才

计划、国（境）外智力引进计划，连续 10 年入选"外籍人才眼中最具吸引力的十大中国城市"。

第三节　支持企业真正成为创新主体

企业是创新驱动发展战略的主体，要让企业在创新当中挑大梁。促进创新要素向企业集聚，发挥大企业的引领支撑作用，大力培育高新技术企业和科技型中小企业，加快培育更多专精特新企业，促进初创型和成长型科创企业发展。浙江根据习近平总书记提出的"企业是创新的主质，是推动创新创造的生力军"①的要求，一直坚持和完善"企业出题、政府立题、协同破题"的创新体系，推动创新资源向企业集聚、创新政策向企业叠加、创新要素向企业流动。组织开展创新型企业试点示范，大力培育高新技术企业、科技型中小企业和专利示范企业。

一、要让企业在创新当中挑大梁

改革开放以来，我国主要走一条引进先进技术，再消化、吸收和模仿的外生型创新道路，产业类型大多是出口加工和代工，原始创新严重不足、创新内生动力不够。后果就是创新源头不在国内、核心技术和关键技术缺失，难以实现"跟跑"到"领跑"的转变。转变创新驱动方式的根本在于实现科技创新内生化，关键在于掌握核心技术和知识产权，实现产业自主和技术自主，进而向价值链高端跃升。而实现这些转变的关键又在于确保处于市场和产业前沿的企业在创新中发挥核心主导作用。

---

① 习近平.习近平谈治国理政：第三卷［M］.北京：外文出版社，2022(251).

要重点引导创新要素向企业集聚,使企业真正成为创新投入的主体、创新活动的主体、创新成果应用的主体。全面提高企业自主创新能力,加快建立以企业为主体、市场为导向、产学研相结合的创新体系。推动企业成为技术创新决策、研发投入、科研组织和成果转化应用的主体。全面落实国家鼓励企业创新的各项优惠政策,特别是企业研发费用已形成无形资产的按其成本150％摊销、未形成无形资产的按研发费用50％加计扣除的税收优惠,并拓展应用到中小企业购买技术和发明专利、企业在大学和科研机构设立实验室等费用支出领域。

鼓励更多企业申报高新技术企业和国家认定企业技术中心,落实有关税收优惠政策。持续加大政府对企业科技创新的投入。设立省财政创新强省专项资金,主要用于支持以企业为主体的科技创新和人才引进培养,此后在绩效评估基础上逐步增加。各市、县(区)要根据财力设立相应的配套专项资金。

二、培育更多专精特新企业

实施"十百千万"创新型企业培育工程,形成一批具有国际水平、国内顶尖的领军大企业,新增百家科技型上市企业、千家国家级高新技术企业、万家科技型中小企业。采取针对性政策,鼓励领军大企业加大核心技术和关键技术攻关力度,加快形成自主知识产权和核心竞争力。完善覆盖企业初创、成长、成熟等阶段的政策支持体系,形成一批实力较强的创新型企业群体。定期发布科技型小微企业培育的优先领域和技术方向,鼓励科技人员领办和参与创办科技型中小微企业,培育拥有自主知识产权、科技含量高、市场潜力大、成长性好的科技型中小企业;在重点提升发展产业领域筛选一批技术基础好、产品市场明朗、产业带动性强的科技型中小企业，给予重点科研项目扶持，加快新技术研发、新模式创建，形成一批高成长性的高新技术企业；加强产业高端技术研发、全球兼并重组、高端人才集聚、国际品牌创建、多元化发展，鼓励规模大、辐射带动强、科技水平高的龙头骨干企业成为行业领军型企业。

引导各地坚持"专业化＋产业化＋国际化"发展方向，推广"预孵化＋孵化器＋加速器＋产业园"发展模式，为企业提供专业、优质、高效的服务。支持引进服务模式先进、孵化经验丰富、有实力的专业孵化企业（团队），支持有条件的企业自建孵化载体，探索互联网孵化、异地孵化等新型模式，对建设运营成效优良的科技企业孵化器给予奖励性补助；引导创业咖啡、创客空间、创新工场等新型创新创业组织发展，大力发展市场化、专业化、集成化、网络化的"众创空间"。

三、优化"产学研用金"，联动创新生态

更大力度推进科技体制改革，完善科技创新治理体系，推动项目、基地、人才、资金一体化高效配置。改进科技项目组织管理方式，鼓励和推动高校、科研院所与企业形成创新利益共同体。积极探索浙江特色的"企业出题、政府立题、协同破题"的产学研合作创新之路，加强顶层设计和资源系统整合。积极推进企业、高校和科研院所紧密结合，以产权为纽带，以项目为依托，形成各方优势互补、共同发展、利益共享、风险共担的协同创新机制；以成套装备工业设计为突破口，联合建立研发机构、产业技术创新联盟、博士后工作站等技术创新组织，联合申报科技攻关项目和产业化项目，加强龙头企业与配套企业的协同创新与协同制造。支持高校、科研院所将非经营性国有资产转为经营性国有资产，用于科技成果研发和产业化。鼓励高等院校和科研院所采用市场化方式，向企业

开放各类科技资源,鼓励社会公益类科研院所为企业提供检测、测试、标准等服务。经过大胆探索实践,浙江走出了一条高校院所服务于区域创新体系建设,服务于经济社会各个领域发展的新路子。

2022 年,浙江企业技术创新能力连续 7 年居全国第 3 位。新增科技领军企业 12 家(累计 74 家)、高新技术企业 0.7 万家(累计 3.56 万家)、科技型中小企业 1.2 万家(累计 9.87 万家)。新建省级重点企业研究院 40 家(累计 331 家)、省企业研究院 236 家(累计 1893 家)、省高新技术企业研发中心 962 家(累计 5055 家)。规上工业企业预计全年实现高新技术产业增加值 1.4 万亿元,较上年增长 5.9%,占规上工业比重为 65.3%,较上年提高 2.7 个百分点。

◆◆◆【案例 7-3】

湖州市紧抓创新主体培育　加快提升企业创新能力

2022 年,湖州市全面落实省"科技新政",实施人才强市、创新强市首位战略,推进建设国家创新型城市,加快打造"产学研用金、才政介美云"十联动创新创业生态系统,以奋斗的姿态交出科技创新"高分报表"。

1.推进主体梯队培育。完善科技型企业"微成长、小升高、高壮大"梯次培育机制,落实对新认定和重新认定高新企业的奖励政策。新认定"金象""金牛"企业 24 家。科技企业"双倍增"任务超额完成,全年新认定高新技术企业 245 家,完成年度目标 185.2%;新认定省科技型企业 800 家,完成年度目标 150.94%。每千家企业中高新技术企业数列全省第 4 位。实施科技型企业上市培育计划,全年新增上市公司 7 家,其中科创板上市 2 家,数量居全省第 2 位。

2.提升企业创新投入。实施企业研发投入提升三年行动,加快布局一批企业研究院、研发中心等研发机构,试点开展规上工业企业"创新评动力"评价,持续提升研发活动覆盖率和投入强度。全年开展研发活动的企业数同比增长 53.8%,全市企业研发费用 116.05 亿元,同比增长 19.2%,占主营业务收入比例达 2.37%,占比提升 0.33%。

3. 打造产业服务平台。制订实施开发区(园区)整合提升方案,建立由市委、市政府主要领导牵头的工作推进机制。莫干山国家高新区在全国的综合评价列第 64 位,进入第一方阵,成功入选国家第三批"双创"示范基地。省级高新区发展实现争先晋位。加快打造南太湖新区,聚力湖州科技城建设,着力形成区域发展增长极。

第四节　破解"三链融合"的制度性障碍

创新链、产业链和金融链之间的融合,一直是创新生态系统的难题。创新生态系统的建构应该着眼于长远的可持续发展,并有效发挥对周边地区的辐射带动效应。要准确把握企业的成长规律,打造完备的创业企业成长生态链:创新链、产业链、资本链三大链条相互依存,融合发展;要推动创新链的拓展,并依据企业的生命周期,延伸产业链、完善资本链;同时,推动地理空间和虚拟空间双维度拓展,实现真正的"有核无边、辐射带动"。

一、创新链从"消费型"拓展到"生产型"

创新链是关乎浙江未来发展的持久动力来源,是三大链条的核心和根本。当前,浙江大多数"互联网＋"项目属于"消费型互联网"的范围,引入的创新企业需要逐步从"消费型互联网"扩展至

"生产型互联网"。消费型互联网虽然能够在短时间内迅速吸引眼球,但其服务范围受消费者需求所局限,且并未触动消费者的本质生活。互联网将逐渐从改变消费者的个体行为习惯,到改变企业的运作管理模式与服务模式,涉及制造、医疗、农业、交通、运输、教育等生产性行业的互联网化,通过在生产、交易、融资和流通等各个环节的网络渗透,达到提升效率、节约能源的作用,体现出更高的价值创造特征。

未来在引进项目时,需要逐步向"生产型互联网"企业倾斜,其中包括以用户为导向进行个性化设计的生产制造体系的互联网化、以线上线下一体化为主要趋势的销售物流体系的互联网化。同时,从一个更长远的视野看,经济发展的根本驱动力来自制造业企业的技术创新,浙江在引入"互联网+"项目的同时,也需要适当关注制造型创新企业的孵化和培育。

二、产业链覆盖企业成长的"全生命周期"

企业生命周期是企业发展与成长的动态轨迹,类似于其他产品,互联网产品的生命周期同样分为初创、成长、成熟和衰落四个阶段。不同生命周期阶段的企业特征各不相同,对发展空间和平台的需求必然存在差异。因此,随着企业不断步入生命周期的新阶段,需要在现行以孵化器为主的平台基础上,推动加速器和成熟产业园区建设,形成接力式、多层次的产业培育发展空间。构建起"预孵化+孵化器+加速器+产业园"在内的一体化企业成长平台,形成上下承接、互联互通的产业培育体系,便利研发项目的成果转化和产业化进程。

资本支持已经成为企业发展历程中不可或缺的推动力。企业在其生命周期的不同阶段,经营状况不同,呈现出各种鲜明的特征及融资需求。本着"产业为本、金融为用"的原则，金融资本应适应企业在不同阶段的融资需求特点，从多元化信贷服务、多层次资本市场、政策性融资担保、互联网金融等渠道联合发力，打造全生命周期科技金融服务链。大力发展包括天使投资、风险投资以及私募股权投资等在内的创业风险投资体系，并引入特色信贷、投贷联动、政策担保等创新型信贷融资模式和融资产品，形成对创业企业在不同成长阶段的"接力式"资金支持机制。

三、资本链提供全生命周期金融服务

资本的支持已经成为企业发展历程中不可或缺的推动力，金融可以改变企业的组织结构和企业规模。如果没有金融的支持，企业的快速成长和规模扩张是较难实现的。在现实情况中，金融资本应适应企业在不同阶段的融资需求特点，从多元化信贷服务、多层次资本市场、政策性融资担保、互联网金融等渠道联合发力，打造全生命周期科技金融服务链。当前浙江的创新企业主要以天使投资为主，随着企业的成长发展带来的融资需求增多、融资模式变化，应当逐步布局到风险投资（VC）、私募股权投资（PE）、公开募股（IPO），最终推动企业上市，并引入特色信贷、投贷联动、政策担保等创新型信贷融资模式。浙江的创新平台要有序启动中小企业上市融资规划，同时需要认识到，资本的趋利、杠杆调整和风险特征对于企业来说是一把双刃剑，金融工具运用不当，反而会受其害。

目前，创新物种数量不足、创新活力不够、创新要素流动不畅、科技成果转化率不高等问题是浙江创新生态系统的主要短板，科技与市场脱节、科研导向与市场需求不匹配问题突出。第一，围绕产业链部署创新链，是为了解决科技与市场脱节、科研与市场需求

不匹配的问题。针对产业链薄弱环节,加强科研攻关,加快对关键共性技术的突破;对一些具有战略性、前瞻性的重大科技项目,要加快创新大平台的组建,着力引进国际国内一流创新研发机构落户。第二,围绕创新链部署服务链,部署多层次资本体系、科技中介体系和创新公共服务体系。完善专业性交易市场,加快建设科技成果信息共享与发布平台、知识产权交易市场、技术交易市场和科技大市场,提高科技成果转化率。

四、市场型产业基金促进科技与金融紧密结合

目前,融资瓶颈已成为创新除技术瓶颈、人才瓶颈之外最大的障碍,建立多层次的资本支撑体系,深化金融链和创新链融合,是突破阻碍创新的瓶颈的必要举措。创新企业的"轻资产"特性与传统金融机构的风控要求存在难以避免的冲突,应抓住杭州作为国家促进科技金融结合试点城市的契机,在改革创新领域的投资融资体系方面先行先试,探索可复制、可推广、能够有效解决创新创业融资难题的有益经验。浙江民营资本雄厚,在创新投入上,要善于利用这一得天独厚的优势,成立由政府资金和社会资本合作设立的市场化创投引导基金,阶段参股产业投资基金、风险投资基金、股权投资基金、企业研发创新引导基金和成果转化基金。基金由相关领域专业性管理人市场化运营,对创新成果的前瞻性、应用价值和市场潜力作独立自主的判断。

浙江已具备良好的信息经济基础,形成了以阿里巴巴、网易等企业为核心的信息经济产业集群,也形成了以梦想小镇、众创空间、科技园为载体平台的互联网创新创业平台,互联网创业氛围浓厚,涌现一大批互联网中小企业。浙江可在现有的信息经济和制造业基础上,加快培育信息产业创新生态系统和先进制造业产业

创新生态系统，形成以阿里巴巴、吉利、海康威视等企业为核心的创新集群，加快建成具有世界影响力的"互联网＋"创新创业中心和先进制造业中心。

浙江将持续加强创新在高质量发展和现代化中的"发动机"功能。面对新一轮技术和产业革命不断深化的态势，推进创新发展，补齐创新短板，强化区域创新体系，加快建设协同发展的现代产业创新体系，加快产业迈向全球价值链中高端。新一轮科技革命与产业变革加速酝酿，以 5G 为代表的新一代信息技术的突破和应用将带来产业爆发式增长，并通过与社会各领域的广泛渗透融合，辐射带动多个相关产业的发展，促进全球经济的整体繁荣。

◆◆【案例 7-4】

宁波市聚焦科技成果转化赋能　加快产业技术研究院建设

2022 年，宁波市以"科技争投"为主抓手，做深做实科技创新"栽树工程"，加快建设国家自主创新示范区、三大科创高地，为建设现代化滨海大都市提供有力的科技支撑。

1. 争创国家技术创新中心。积极对接科技部，立足宁波相关领域的科研基础和产业优势，依托研究院所和龙头企业，在智能工厂操作系统、新能源汽车智能制造工业软件等领域，积极争创国家技术创新中心。

2. 创建省级产业创新服务综合体。加强对产业创新服务综合体的绩效考核评估，在机器人与智能装备、工业软件、磁性材料等领域，新培育省级产业创新服务综合体 6 家、累计达 18 家。

3. 健全科技成果转化的工作机制。在常态化举办全市产业技术研究院工作例会的基础上，建立健全市领导联系重点研究院、研究院联席会议和工作专班 3 项制度,形成"市领导牵头协调—属地政府推进建设—科技部门统筹指导—相关单位协同配合"的多方协同联动体系,实行"挂图作战、任务倒逼",加力加速推进研究院建设发展。

4.加强重大成果应用推广。分批编制重点自主创新产品推荐目录,2020 年发布 3 批次 122 个企业自主创新产品,累计达到 153 个,促进 1500 米水深大孔径脐带缆、热解气化成套技术设备等产品纳入政府采购和在国内大范围推广。

◆◆ 本章要点

创新生态系统的核心要义在于让关联创新物种在空间地理或产业链内集合成群,实现在产业链和价值链上有机连接的关联创新种群(企业、大学、科研院所、中介等)之间的协同合作、开放循环、共生演化,进而形成创新集群。企业是创新驱动发展战略的主体,要让企业在创新当中挑大梁,促进创新要素向企业集聚。创新链、产业链和资本链之间的融合一直是创新生态系统的难题。浙江省要围绕产业链部署创新链、围绕创新链布局产业链,加快构建由国家技术创新中心、省技术创新中心和省级企业研发机构组成的技术创新中心体系,为实现产业基础高级化和产业链现代化,建设全球先进制造业基地提供有力支撑。要准确把握企业的成长规律,打造完备的创业企业成长生态链:创新链、产业链、资本链三大链条相互依存,融合发展;要推动创新链的拓展,并依据企业的生命周期,延伸产业链、完善资本链。

◆◆ 思考题

1.什么是创新生态系统?其核心要义是什么?

2.为什么企业是创新驱动发展的主体?如何让企业在创新当

中挑大梁?

3.促进创新链、产业链和金融链"三链融合"的难点在哪里?

◆◆ 拓展阅读

1.习近平.之江新语[M].杭州:浙江人民出版社,2007.

2.习近平.干在实处 走在前列:推进浙江省新发展的思考与实践[M].北京:中共中央党校出版社,2006.

3.习近平.习近平著作选读:第二卷[M].北京:人民出版社,2023.

4.黄群慧,倪红福.基于价值链理论的产业基础能力与产业链水平提升研究[J].经济体制改革,2020(5):11-21.

5.刘志彪.产业链现代化的产业经济学分析[J].经济学家,2019(12):5-13.

6.张其仔,周麟.协同推进城市群建设与产业链供应链现代化水平提升[J].中山大学学报(社会科学版),2022(1):168-174.

7.徐圆,邓胡艳.多样化、创新能力与城市经济韧性[J].经济学动态,2020(8):88-104.

第八章　建设平安浙江法治浙江
加快省域社会治理现代化

◆◆ **本章要点**

1."八八战略"指出,进一步发挥浙江的环境优势,积极推进基础设施建设,切实加强法治建设、信用建设和机关效能建设。

2.浙江要牢牢把握让法治这一手真正硬起来的要求,坚持依法治国、依法执政、依法行政共同推进,法治国家、法治政府、法治社会一体建设。

3.浙江要牢牢把握建设"大平安"的要求,从现代化总布局中谋划推进平安浙江建设。坚持总体国家安全观,坚持底线思维,着力防范化解重大风险,推动社会治理重心向基层下移,完善共建共治共享的社会治理制度。

"八八战略"指出,进一步发挥浙江的环境优势,积极推进基础设施建设,切实加强法治建设、信用建设和机关效能建设。习近平总书记明确要求浙江,建设法治浙江,全面建设法治政府,全面提高法治化水平,努力让人民群众在每一个司法案件中感受到公平正义;从现代化总布局中谋划推进平安浙江建设,要补齐治理体系和治理能力短板,坚持和发展新时代"枫桥经验"。

2021 年 6 月,浙江省第十五次党代会报告提出,强化法治规范引领保障作用,迭代完善风险闭环管控大平安机制,加快省域社会治理现代化。浙江要牢牢把握让法治这一手真正硬起来的要求，坚持依法治国、依法执政、依法行政共同推进，法治国家、法治政府、法治社会一体建设；建设法治中国，提高全面依法治国能力和水平。浙江要牢牢把握建设"大平安"的要求，坚持总体国家安全观，坚持底线思维，着力防范化解重大风险，推动社会治理重心向基层下移，完善共建共治共享的社会治理制度。

20 多年来，浙江积极部署机关效能建设工作，实施"四张清单一张网"，传承弘扬"枫桥经验""浦江经验"，浙江基层社会治理建设不断深化，2022 年浙江群众安全感为 99.28%，相比 2003 年提升 8.48 个百分点，连续多年居全国前列，被公认为国内最具安全感的省份之一。相比 2004 年，刑事案件总量从 50.9 万余起下降到 23.6 万余起。各类生产安全事故起数和死亡人数连续 19 年实现"双下降"。

第一节　牢牢把握让法治这一手
真正硬起来的要求

全省坚持以习近平法治思想为指导，认真学习贯彻党的二十大精神，深入贯彻法治中国建设的"一规划两纲要"，以人民为中心的发展思想，以法治浙江建设为抓手，全面深化法治化改革，坚持依法治国、依法执政、依法行政共同推进，坚持法治国家、法治政府、法治社会一体建设，全面推进科学立法、严格执法、公正司法、全民守法，积极探索以中国式法治现代化引领保障中国式现代化的有效路径，努力让法治这一手真正硬起来。

一、显著提升各项工作的法治化程度

法治对改革发展稳定的引领、规范、保障作用凸显,要持续提升经济、政治、文化、社会、生态建设法治化水平。一是加强党对法治浙江建设的领导,坚持依法治国和依规治党有机统一,依法保障全过程人民民主,持续擦亮"同心向党""民生议事堂"等特色履职品牌。以"立、改、废、释"等方式不断推进制度体系建设,现行有效省级地方性法规 220 件,其中,地方创制性立法数量达 21 件,省政府现行有效规章 170 件。二是加快高质量发展建设共同富裕示范区地方立法等重点领域立法进程,依法推进缩小"三大差距"集成改革,在法治轨道上高质量创建乡村振兴示范省。不断深化诉源治理,矛盾纠纷就地化解率突破 95%。三是推进综合执法改革,全省行政执法队伍形成"1+8"格局。行政案件快办率突破 75%,行政复议直接纠错率达 7.6%,新收一审行政诉讼案件数量 1.3 万件,行政机关负责人出庭应诉率达 96.1%。四是推进公民道德建设,坚持依法治国和以德治国相结合,深入实施公民法治素养提升专项行动,打造社会主义法治文化高地。加大法治保障绿色发展的力度,推进全域美丽生态建设。

抓住数字化变革新机遇,突出数字化引领、撬动、赋能作用,对法治建设的组织机制、组织架构、方式流程、手段工具进行全方位、系统性的重塑。迭代数字法治整体架构,IRS 平台为法治系统共享 32 个部门、619 类公共数据、53 个智能组件。基本完成地方立法综合应用建设。建成"大综合一体化"执法监管数字应用,接入各类应用系统 79 套、智慧监管场景 15 个。提升政法一体化办案应用,实现全省三级 777 家单位全贯通、刑事基础业务全覆盖。全面迭代浙警移动办案 App,公安移动办案深度应用率超 95%。深

化大数据检察监督模式，构建监督模型上千个，成案近 5000 件。深化"全域数字法院"改革，实现送达、开庭等 150 多项业务在线闭环运行。深化"浙里公共法律服务"等应用建设，提供法律服务 218.7 万件，"一事一评"满意率达 99.5%。司法"区块链"等先行经验、"全域数字法院"建设及运行经验等制度性、理论性成果得到全国推广。

二、依法保障全过程人民民主

要把人民当家作主具体地、现实地体现到党治国理政的政策措施上来，体现到党和国家机关各个方面、各个层级的工作上来，体现到实现人民对美好生活的向往的工作上来。习近平总书记明确要求浙江，民主各个环节都要配套起来；把人民群众的民主要求全面纳入法治轨道，使公民的政治参与既能够在具体的制度上得到保障，又能够在有序的轨道上逐步扩大；有事好商量，众人的事由众人商量。

1. 深化民主立法。编制省人大代表重点参与立法名录，邀请代表深度参与立法全过程。注重征求基层立法联系点意见并开展实地调研，依托省人大全过程人民民主基层单元应用场景，将征求意见范围扩展至全省首批 112 家代表联络站，有效发挥联系点、联络站反映民情、汇集民智的作用。拓展立法和政策制定过程中的意见反馈渠道，依托"立法民意通"等数字化平台高效收集、处理和反馈民意。

2. 推进民主决策。实施民生实事项目人大代表票决制，制定出台《浙江省民生实事项目人大代表票决制规定》，实施科学决策、民主决策、依法决策，健全为民办实事长效机制，广泛征求政府有关部门和机构、街道、其他国家机关、群团组织、基层群众性自治组织、人大代表等方面的意见和建议,实现公共服务普惠均衡优质共享。

3.保障民主管理。积极发展基层民主,依法选出新一届市县乡三级人大代表,调动人民群众在现代化建设中的创造性、能动性,推进全过程人民民主基本单元建设。全面修订村规民约、社区公约,全省命名 1100 家省级民主法治村(社区),新认定省级善治(示范)村 2195 个,健全"1＋2＋X"村级领导新体系,拓宽基层各类群体有序参与基层治理渠道,保障人民依法参与社会治理。

4.强化民主监督。加强和改进新时代市县政协工作,实施年度政党协商计划,迭代"数字政协"应用,丰富制度化协商平台。推广"人民监督员""人民陪审员"应用,健全法官和人民陪审员、律师互评互督机制。实现村级监察工作联络站全覆盖,开展重复检举控告"清零"专项行动。

三、深化"大综合一体化"行政执法改革

深入学习宣传贯彻宪法,打造更高能级的宪法学习宣传平台。深化实施"法助共富、法护平安"专项行动,构建共同富裕示范区建设法规规章体系,纵深推进"大综合一体化"行政执法改革,全面提升执法司法质效和公信力,构建严密法治监督体系,深化诉源治理,实施乡镇(街道)法治化综合改革,高水平建设公共法律服务体系,健全社会大普法工作格局。

1.优化执法体制机制。全省统一的执法监管总目录、综合执法、专业执法和乡镇执法"1＋3"执法事项管理体系基本成型,全省综合执法事项统一目录 1355 项,执法领域覆盖 25 个条线,覆盖率达 62.5％。更大力度整合执法队伍和下沉执法重心,市县执法队伍精简到 799 支,精简率逾 50％,全省 85％以上执法力量下沉至

全县乡两级，其中乡镇（街道）执法力量占比 60％以上，形成"金字塔形"执法队伍体系。在 13 个地区开展省市县乡四级行政执法协调监督工作体系建设试点，全省挂牌 2 家县级、337 家乡镇（街道）执法协调监督机构。

2. 强化执法统筹协同。更大力度推进跨部门综合监管，梳理形成渣土运输、餐饮油烟等执法监管"一件事"场景 66 件，开展"综合查一次"联合执法 13.2 万次，跨部门综合监管率提升至 29.35％，减少扰企扰民 7.2 万次，执法扰企问题数量下降 54％，群众满意率提升至 97.4％。执法监管"一件事""综合查一次"等有关做法，被国务院贯彻实施行政处罚法、提高政府监管效能等文件复制推广。

3. 提升执法规范水平。进一步规范行政处罚工作，省政府印发《关于贯彻落实〈中华人民共和国行政处罚法〉推进法治政府升级版建设的若干意见》，省司法厅明确各领域行政处罚听证标准，全省高频执法事项裁量基准细化率达到 100％，省税务局会同长三角税务部门统一长三角税务处罚裁量基准，省交通运输厅印发全国首个交通运输行政处罚数字卷宗质量评查标准。规范行政执法主体和人员管理，推动制式服装和标志标识统一管理，开展综合执法系统业务培训。强化行政执法监督，全省累计集中评查行政执法案卷 5551 件，制发行政执法监督通知书 1365 份。

4. 推进社会有序治理。加大重点领域执法力度，规范开展食用农产品"治违禁、控药残、促提升"三年行动、"绿剑 2022"专项行动、破除地方保护和市场分割专项行动、涉企价费行为专项检查、"之江净网"网络生态治理专项行动、妨碍河道行洪突出问题排查整治和防汛保安、"蓝天 2022"打击"洋垃圾"走私等专项执法活动。全省应急管理系统移送公安机关立案查办非事故安全生产犯罪案件数居全国前列,全省农业农村系统办理全国一次性查获渔获物数量最大案件。

四、打造一流法治化营商环境

营商环境集中体现着一个国家或地区发展的重要软实力。营商环境的不断优化改善,法治的关键支撑作用功不可没。党的二十大报告提出,要营造市场化、法治化、国际化一流营商环境。要落实好这一要求,必须正确认识和把握经济发展与法治建设的关系,着力提升营商环境法治化水平,更好发挥法治固根本、稳预期、利长远的保障作用,在法治轨道上全面建设社会主义现代化国家。要将经实践证明行之有效、人民满意、企业支持的做法用法律法规固化下来。

1. 优化审批许可服务,释放市场活力。深入开展行政备案事项改革试点,涉及 35 个省级主管部门和 2 个市级部门、339 项主项事项。深化审批制度改革,率先推进工业产品许可证和营业执照同步变更、同步注销。创新打造"有效投资 e 本账",企业投资备案完成到用地证领取从 53 天缩减至 1 天以内,取消低风险小型项目施工图审查和项目环评,实行施工临时排水许可告知承诺制,相关做法获时任国务院总理李克强批示肯定。截至 2022 年底,全省共 638 个低风险小型项目赋码备案,141 个项目完成开工前审批,19 个项目完成竣工验收,新批工业用地 100% 按"标准地"出让。

2. 创新包容审慎监管,激发市场动力。鼓励支持创业创新,健全轻微违法告知承诺制,广泛运用行政指导、"法治体检"等非强制行政手段,推进新领域新业态包容审慎监管。科技系统取消和合并"对省重点科技中介服务机构的行政检查"等 5 项行政检查事项,轻微违法告知承诺制拓展至 18 个领域。全面推进涉企柔性执法。深化信用分级分类监管,健全涉企信用修复机制,全省 49 个领域已构建行业信用监管模型,累计修复企业信用 33 万余家,旅行社信用评价"浙江模式"获评"全国文化和旅游信用体系建设典型案例"。

3.强化产权平等保护,增强市场主体信心。为有效保障经济主体财产权,全省行政执法机关通过创新方式、规范程序、严格执法,努力增强人民群众财产财富安全感,推动经济社会持续健康发展。进一步规范公安机关涉企执法和资金账户冻结措施适用,省资金查控平台账户整体冻结率已由 2022 年初的 82% 下降至 34%。加强公平竞争审查和反垄断执法,对 957 家平台企业、上市企业等重点企业集中组织开展反垄断合规辅导。完善金融风险"天罗地网"监测防控系统,2022 年累计下发高风险机构 39 家。浙江在全国率先实现知识产权质押登记全流程无纸化,办理周期缩至 1 个工作日,上半年知识产权质押登记项目 2175 件,融资金额 489.85 亿元,分别占全国总量的 21.4%、30.1%,双双蝉联全国第一。

【案例 8-1】

温州市扎实推进法治温州建设　夯实市域依法治理坚实基础

2022 年,温州市以争创法治中国示范区先行市为目标,全面推进依法治市各项工作,不少工作走在了全国、全省前列。

1.夯实基层民主法治基础。推进形成"141"整体迭代方案,12个县(市、区)均完成县级社会治理中心升级。优化规范网格治理,划分11012个网格,梳理第一批 13 类 83 项网格事项准入清单,加快"双纳入"网格员保障机制落地。全市累计创建国家级民主法治村(社区)22 个、省级 245 个、市级 1395 个,建成共享法庭 3610 家,农村"法治带头人""法律明白人"实现全覆盖;联合市农行创新出台"法富贷"政策,开展浙闽(温州·宁德)边界法治乡村走廊创建,创成"最美霞关·法治渔港""浙闽边界法治数字化多功能展示厅"等特色品牌。

2.数字化牵引法治建设工作。浙里人口管理、企业破产智审两个场景入围全省"一地创新、全省共享"清单;打造"追风捕影"涉稳金融风险防范与处置、"合同钉"行政合同管理两个全省数字化改革"最佳应用"并获改革突破提名奖,协同建设的"反电诈"应用获改革突破铜奖,数字化扫黑获今年全省数字法治好应用;居民身份证电子证照获国务院试点,价格鉴定"一网办"应用打通全国价格认定综合业务平台,获线上价格鉴定业务的国家级试点。

3.深入推进依法治网建设。推进网络执法规范化建设,及时梳理更新温州属地互联网新闻信息服务许可单位和分类分级管理对象信息。举办温州市第九期网络编辑从业人员培训班。严格落实"以案释法"制度,策划制作"律师说法"系列网络普法视频,推出"依法治网　清朗温州"网信普法E站栏目。因地制宜推进网络普法阵地建设,打造推广网络普法基地样本,"鹿城in楼里"网络文化家园、瑞安未成年人网络普法中心、苍南依法治网主题影院等一批温州市网络法治普法基地相继建成使用。

4.深化基础数据库建设。相继上线日常检查、处置记录、黑名单记录、线索移交等功能模块,要求属地日常网络治理和行政执法工作一律平台化操作执行。强化部门协同作战,依托"数治通"应用渠道,实现与所有市直单位的线索移送、情报共享,实现涉网违法有害信息处置闭环。做好"清朗"指数日常发布工作,指导发布县(市、区)微信清朗指数榜单,加快"清朗"指数推广应用,目前"清朗"指数已在省内外多地落地推广。

第二节　牢牢把握建设"大平安"的要求

平安是民之所盼，亦是发展之基。浙江省第十五次党代会报告提出，要牢牢把握建设"大平安"的要求，高水平推进平安浙江法治浙江建设。要牢固树立"大平安"理念，把工作触角从打击犯罪、维护稳定延伸到维护政治安全、经济安全、文化安全、生态安全等各个领域。要完善横向到边、纵向到底的大平安格局。坚定维护国家政权安全、制度安全、意识形态安全，深化重大决策社会风险评估，建设立体化、智能化、法治化社会治安防控体系，常态化扫黑除恶。

一、在更高起点上全面推进平安浙江建设

2022 年，全省各地各部门深入贯彻落实习近平总书记关于统筹发展和安全的重要论述精神和省委决策部署，以平安护航党的二十大为主线，以完善风险闭环管控的大平安体系为抓手，以除险保安晾晒机制为牵引，以数字化改革为引领，精心组织开展除险保安百日攻坚行动，全面排查化解各类风险隐患，推动形成全范围、全领域、全过程抓平安的强大态势，顺利实现了"全面安全、全域安全、全程安全、全量安全"目标，交出了阶段性平安高分答卷。

1. 人民群众安全感满意率持续上升。据国家统计局调查，2022 年浙江省群众安全感持续上升，达到 99.28%，高于全国平均值 1.13 个百分点，连续多年居全国前列，相比 2003 年提升 8.48%。浙江省被公认为最具安全感、司法文明指数最高的省份之一。

2. 各领域安全事故起数、伤亡人数持续下降。平安建设突出问题专项整治深入推进，公诉刑事案件总量下降到 23.6 万余起，

是全国命案发案率最低的省份之一。全省生产安全事故起数、死亡人数、较大事故起数同比分别下降 31.2%、30%、60%,未发生重特大事故,亿元 GDP 生产安全事故死亡率降至 0.01;自然灾害受灾人数、因灾直接经济损失同比分别下降 56.6%、71.4%。五类恶性案件下降 38.8%。全省道路交通安全形势大幅度好转,一次死亡 3 人以上的较大事故,从 2003 年最高的 25 起下降至 2022 年最低的 7 起,连续 11 年未发生一次死亡 10 人以上的重大道路交通事故。

3.重大风险防范化解能力建设成效显著。在全国率先探索构建省市县乡村企全面覆盖、一贯到底的责任体系,明确全省 120 万余名各类责任人,推动 45 个行业 255 万余个风险点全部落实动态管控,相关经验做法得到国务院安全生产委员会办公室的肯定推广。

二、完善大平安风险闭环管控机制

健全完善"监测—预警—处置—反馈"风险闭环管控机制,着力解决影响浙江省平安稳定的突出风险隐患。聚焦平安护航党的二十大,统筹推进除险保安百日攻坚专项行动、夏季治安打击整治"百日行动",波次开展风险隐患"大排查大起底大整治"活动。常态化推进扫黑除恶专项斗争,组织开展"钱潮"系列集中统一行动,严厉打击涉枪涉爆、电信网络诈骗、养老诈骗、跨境赌博等群众反映强烈的突出问题。

1.健全社会矛盾风险防范化解体系。省市县三级维稳工作专班坚持实体化、常态化运作,每日动态零报告、重点事项清单式交办、重大涉稳问题挂牌督办和专班运作等维稳常态化工作机制有效运行。通过集中开展"大排查大起底大整治"等专项行动,全省共及时排查化解各类风险隐患 286 起，全面筑牢社会风险防线。

2.持续完善治安防控体系。编制社会治安防控体系"十四五"规划，涵盖 26 项工作要点、11 项重点项目和 4 项保障措施，社会治安防控体系立体化、信息化加快实现。以全国社会治安防控体系示范城市创建活动为载体，推动"智安小区""智安单位"建设作为重点工作纳入省政府工作报告。截至目前，全省累计建成"智安小区"16561 个、"智安单位"17308 家。

3.健全行业监管体系。强力推进公共安全隐患排查整治，全面开展"遏重大、降较大、减总量"活动，狠抓公共安全行业监管责任落实，深化全覆盖应急管理责任体系建设，对食品、药品、生态环境、知识产权犯罪等的打击力度逐年加大，各领域安全事故起数、伤亡人数持续下降。全省各地结合实际，先后对 641 个重点地区的社会治安、安全生产、交通安全等方面的突出问题实行挂牌整治。

4.完善网络安全体系。健全完善网络意识形态督查和通报工作机制，完成省级关键信息基础设施识别认定。率先开展网络综合治理体系建设温州试点工作，创新开展"之江净网"网络生态治理专项行动，首创网络生态"瞭望哨"工程等，为全国网络综合治理体系建设工作提供了经验借鉴。

三、加强和创新社会治理

着眼健全共建共治共享的社会治理制度，不断夯实社会治理基层基础。党的二十大报告提出，要健全共建共治共享的社会治理制度，提升社会治理效能。社会治理是国家治理的重要方面，是维护国家安全和社会稳定的重要内容。新时代新征程加强和创新社会治理，要坚持系统观念，以全局、整体的眼光认识和把握社会治理的范围、模式，综合运用多种治理方式和手段，充分调动各方面参与社会治理的积极性,建设人人有责、人人尽责、人人享有的社会治理共同体,使社会既充满活力又安定有序。

1. 健全"一中心四平台一网格"的基层社会治理体系。会同相关部门统筹整合各类中心、平台和数据资源,迭代组建县级社会治理中心,完善乡镇(街道)"党建统领、经济生态、平安法治、公共服务"四平台功能,推进全科网格规范化建设,努力实现"小事不出村、大事不出镇、化解在县域、矛盾不上交"。全省县级社会治理中心共接待群众来访 75.57 万人次,共排查受理信访问题和各类矛盾纠纷 2365 起,调处成功率达 94.4%。

2. 深化市域社会治理现代化试点工作。强势推进城镇燃气除险保安百日攻坚,摸排管道燃气经营企业 122 家,瓶装液化气企业 314 家,排查安全隐患 113606 个,均已全部完成整改。完成改造老旧燃气管网 580 公里,完成年度目标的 126%。建立健全城镇燃气安全执法机制。全面推进餐饮等企业规范安装燃气报警器,目前已全面完成安装。落实城市道桥隧巡查及定期检测以及桥梁船舶碰撞隐患整治工作,强化城市道路脱空检测工作,全省累计开展道路脱空检测 3792 公里,发现并治理空洞、脱空隐患 1699 处。

3. 积极实施"五社联动"提质增效行动。"五社联动"指的是社区、社会组织、社工、社会资源及社区自治组织的联动。把"五社联动"纳入现代社区建设总体部署,健全以居民需求为导向,以政府购买服务为保障,以慈善资源助力为补充,以项目运作为纽带的"五社联动"新路径。全省共有备案和登记社区社会组织 25 万家,登记社会组织 7.25 万家。全面部署开展专职社工增员工作,招聘专职社工 1.8 万名,每万城镇常住人口配备专职社工 16 人以上。全省累计建成乡镇(街道)社会工作站 1334 家,覆盖率达 97.8%,

社区社会工作室覆盖率达 96％，每万人拥有持证社会工作者达到 24 人，居全国第一。

4. 推进数字赋能社会治理。移动互联网、社交网络和即时通信工具的普及应用，在给人们生产生活带来便利的同时，也带来网络诈骗、网络谣言、网络赌博等问题，网络空间成为社会治理的重要领域。要更好统筹网上网下社会治理，增强风险意识、底线思维，综合分析、科学研判网络空间治理的风险点，特别是对那些容易引发网上网下联动叠加效应的风险点及时进行预警、排查、处置，更好感知网络治理安全态势，努力做到对各种风险见之于未萌、识之于未发。

四、建设现代化应急管理体系

围绕"遏重大、降较大、保安全"目标，以全覆盖责任考评体系牵引推动除险保安等各项工作落实落地，浙江应急管理体系和能力现代化建设迈出新步伐。

1. 扎实推进重大风险防范化解能力建设。创新"省对市县、市对乡"考评体系，数字赋能履职动态跟踪、实时预警晾晒、科学追责问效，推动安全责任层层落实到最小工作单元。实施问题隐患"双重交办、双重督办"，在重要时段实施重点督导、驻点帮扶，强力推进问题隐患闭环整改。依托省委"七张问题清单"，将 213 个多发复发问题纳入重大安全生产问题跟踪督办，推动解决一批历史遗留问题。制定出台安全生产 25 条实施意见，深入开展安全生产大检查，有力推进城镇燃气、自建房、危化品等专项整治，第二轮安全生产综合治理三年行动圆满收官。纵深推进数字应急建设，"防汛防台在线"入选 2022 年省级数字化改革最佳应用，"危化品全生命周期安全在线"被列入全国"智慧应急"试点。

2.扎实推进防灾减灾救灾能力建设。落实落细各项防汛抗旱举措,有效防御应对了梅雨洪涝和夏秋季高温干旱,最大限度保障群众生命财产安全。聚焦"八张风险清单",累计转移危险区域人员214万余人,成功防御应对了超强台风"轩岚诺"和强台风"梅花",实现了"不死人、少损失"目标。严密组织野外火源治理、森林火灾隐患排查整治和查处违规用火行为专项行动,迭代升级"森林防灭火在线"功能,提升林火监测准确率。全力做好应急物资保障,归集29542个储备点、1568个品种、2.1亿件防汛防台和生活救灾类应急物资。全面推进基层防汛防台体系标准化建设,稳步推进综合减灾示范社区创建、避灾安置场所建设,提升"乡自为战、村自为战"能力。

3.扎实推进应急处突综合能力建设。建成乡镇(街道)综合性应急救援示范队伍245支,新增直升机临时起降点50个,新建地面航空应急救援示范队伍20支,并将驻浙央企抢险力量、省交投集团和省建投集团工程力量纳入全省救援力量编成。启动应急救援规范化建设试点,深化社会应急力量培育管理。加快推进省市两级应急预案修编,常态化开展应急演练,先后完成2022年度全省防汛防台、地震地质灾害和航空应急演练。制定突发灾害事故应急指挥工作指引,完善应急指挥规范制度。深入实施全民安全素养提升行动,出台实施安全隐患举报奖励制度,构建起群防群治的安全治理格局。

◆◆【案例 8-2】

坚持和发展新时代"枫桥经验"　深化"平安浙江"建设

指20世纪60年代初,浙江省诸暨县(今浙江省诸暨市)枫桥镇干部群众在社会主义教育运动中创造了"发动和依靠群众,坚持矛盾不上交,就地解决,实现捕人少、治安好"的"枫桥经验"。1963

年,毛泽东同志就曾亲笔批示"要各地仿效,经过试点,推广去做"。"枫桥经验"由此成为全国政法战线的一面旗帜。60 多年来,浙江历届省委、省政府都高度重视学习推广"枫桥经验"。

21 世纪初,浙江作为沿海经济发达地区,提前遇到了"成长中的烦恼",产生了一些新的社会矛盾和问题,如城乡居民收入差距加大、生产要素供给日趋紧张、生态环境问题比较突出、社会发展相对滞后、安全生产和公共安全形势严峻、市场经济秩序不够规范,以及就业、人口和社会保障等压力加大等。所有这些都对浙江经济持续发展和社会稳定造成了威胁。2003 年 11 月,时任浙江省委书记习近平在浙江纪念毛泽东同志批示"枫桥经验"40 周年大会上明确提出,要牢固树立"发展是硬道理、稳定是硬任务"的政治意识,充分珍惜"枫桥经验",大力推广"枫桥经验",不断创新"枫桥经验",切实维护社会稳定。

21 世纪以来,全省广大干部群众在继承的基础上创新,在积累的基础上深化,创造"立足基层组织,整合力量资源,就地化解矛盾,保障民生民安"的新经验,建立"治安联防、矛盾联调、问题联治、事件联处、平安联创"的新机制,形成"党政动手、依靠群众,源头预防、依法治理,减少矛盾、促进和谐"的新格局,体现了"枫桥经验"的地方特色和时代特点。如今,"枫桥经验"已成为浙江省乃至全国平安建设、构建和谐社会的一大法宝。

第三节　打造新时代清廉建设高地

浙江是中国革命红船起航地、改革开放先行地、习近平新时代中国特色社会主义思想重要萌发地,也是"清廉中国"的先行者和示范样本。习近平同志在浙江工作期间，较早提出了党建"八八战略"，建立反腐倡廉防范体系，开展了"清廉浙江"的先行探索，取得了巨大成就。近年来，浙江通过监察制度改革试点、"最多跑一次"改革、深化审批制度改革、公布权力清单等来落实中央廉政建设与反腐倡廉部署，围绕"清廉机关""清廉村居""清廉学校""清廉医院""清廉文化"等不断推进"清廉浙江"建设，为未来"清廉中国"建设作出积极探索。对"清廉浙江"建设的成就进行梳理总结，有助于我们更好地提出并促进"清廉中国"建设。

一、推动清廉浙江建设向更高水平迈进

坚持以清廉浙江建设为战略抓手深入推进全面从严治党，持续深化以自我革命引领社会革命的省域实践。省纪委省监委在中央纪委国家监委和省委的坚强领导下，自觉扛起清廉建设先行之地的责任担当，锚定干部清正、政府清廉、政治清明、社会清朗、文化清新"五清"目标，认真履行协助职责和监督责任，推动清廉浙江建设向更深层次、更高水平迈进。总的来看，全省上下围绕打造勤廉并重的新时代清廉建设高地同题共答、同向发力，清廉建设责任越来越明晰、氛围越来越浓厚、机制越来越完善、成效越来越彰显，逐步形成一批具有浙江辨识度和全国影响力的标志性成果，清廉浙江建设成为浙江全面从严治党的"金名片"。

1.清廉浙江建设责任共同体愈发巩固。全面加强顶层设计，将清廉浙江建设作为履行全面从严治党主体责任的重要内容，持续完善"四责协同"和省市县乡村五级联动机制，系统构建布局完整、路径清晰、有效衔接的"1＋8＋1"政策体系，推动形成党委牵头主抓、纪委监督推动、部门具体落实、社会共同参与的共建大格局。省纪委省监委立足职责定位，主动向前迈半步，协助省委召开清廉浙江建设现场会,配套出台监督推动意见,指导督促各清廉单元建设主管部门深化细化实施方案和评价体系,有力推动清廉浙江建设走深走实。

2.清廉浙江建设战略性抓手愈发明晰。把清廉单元作为清廉浙江的样板工程和展示窗口,坚持抓单元、促系统、带全局,研究出台清廉建设"5+1+N"评价体系和"7+N"单元体系,构建形成明责、履责、评责、督责、追责"五位一体"的责任闭环,不断巩固深化机关、村居、学校、医院、国企、民企、交通等重点领域清廉建设成果,延伸推动公安、财政、市场监管、医保、社会组织等清廉单元建设,营造起比学赶超、争先创优的生动局面,培树出一批清廉建设的先进典型和示范标杆。2022年,通报表扬了全省100家清廉建设成绩突出单位,评选出"清廉单元建设(浙江)十大创新经验"和第三届"基层清廉建设(浙江)十大创新经验"。

3.清廉浙江建设整体性效能愈发显现。坚持把一体推进"三不腐"的理念、思路、方法嵌入清廉建设全过程,将正风肃纪反腐与深化改革、完善制度、促进治理贯通起来,不断叠加放大综合效应、整体效能。国家统计局浙江调查总队独立实施的民意调查结果显示,浙江省2022年全面从严治党成效度为97.6%,连续多年保持上升态势,清廉浙江建设的辐射面、纵深度、影响力持续提升。

二、紧紧围绕"两个维护"强化政治监督

紧紧围绕"两个维护"强化政治监督,这是新时代强化政治监督的根本任务。要做到心怀"国之大者",始终关注党中央在关心什么、强调什么,深刻领会什么是党和国家最重要的利益、什么是最需要坚定维护的立场,做到党中央决策部署到哪里,政治监督就跟进到哪里。作为党内监督和国家监察专责机关,纪检监察机关的首要职责、第一职责是监督,最根本的是加强政治监督。要坚决履行政治监督根本职责,持续推进政治监督具体化常态化,充分发挥监督保障执行、促进完善发展作用。

1.推动"两个维护"全面扎根。把"两个维护"作为政治监督的根本任务,完善贯彻习近平总书记重要指示批示闭环落实机制,细化政治监督任务、责任、问题,落实"四张清单",以项目化方式推进精准监督、跟进监督,有力推动全省上下做到"总书记有号令、党中央有部署,浙江见行动"。严明政治纪律、政治规矩,坚决防止有令不行、有禁不止,坚决防范"七个有之",坚决防治"低级红""高级黑"问题。比如,严肃查处嘉兴违规改扩建南湖宾馆问题,以案为鉴、举一反三,全面加强对"一把手"和领导班子的监督。

2.保障"国之大者"落地见效。围绕"国之大者"出台政治监督指导意见,构建省市县三级联动监督项目体系,聚焦高质量发展建设共同富裕示范区、杭州亚运会亚残运会筹办、长三角一体化发展、"双碳"目标落实等重要部署,统筹打好压责任、纠偏差、促发展的"组合拳"。比如,以护航党的二十大为主线,因时因势开展"防疫情、稳经济、保安全"专项监督和除险保安督导检查,聚焦惠企政策落实、重大项目落地、要素资源保障等重点内容开展明察暗访,推动整改问题8251个。又如,嘉兴市作为浙江省融入长三角一体化发展的"桥头堡",坚持以项目化、一体化、示范化联动,对共建虹桥国际开放枢纽"金南翼"等15个重点项目完成两轮以上全覆盖监督,有力推动项目落实落地。

3.发挥巡视巡察利剑作用。坚持把巡视巡察作为政治监督的重要方式,高质量打好十四届省委巡视"收官战",对25个地方(单位)党组织开展"回头看"和"机动式"巡视。科学制订五年巡视工作规划，以"首战即胜"为目标，高标准开展新一届省委首轮巡视。总结推广"市级巡察机构在上下联动中更好发挥作用"试点工作经验，健全市县联动监督模式，统筹 7 个设区市党委对省委巡视的 21 个县（市、区）纪检监察机关、党委组织部门同步开展提级巡察。健全约谈督促、分析报告、跟踪落实等工作机制。迭代升级"重大巡视问题清单"，完善巡视反馈问题数智整改平台，全年纳入各类问题 168 个，现已整改完成 62 个。

三、一体推进不敢腐、不能腐、不想腐

推进全面从严治党，要高悬不敢腐的"利剑"、织密不能腐的"笼子"、增强不想腐的"内功"，一体推进不敢腐、不能腐、不想腐。严明执行纪律规矩，高悬不敢腐的"利剑"。营造风清气正的良好政治生态，既要靠党不断自我净化、自我完善、自我革新、自我提高，又要靠纪律的规范指引与刚性约束。强化震慑和遏制力度，织密不能腐的"笼子"。有贪肃贪、有腐反腐，"老虎""苍蝇"一起打，是我们党一以贯之的鲜明态度。

1. 以零容忍态度减存量、遏增量。保持严的基调，紧盯政法、国企、金融、开发区、粮食购销等重点领域腐败问题，以零容忍的警醒和力度，坚决减存量、遏增量。2022 年，全省纪检监察机关严肃查办了林亦俊、马永良、褚银良、林晓峰、费跃忠等严重违纪违法案件。持续开展"天网行动"，一体推进追逃防逃追赃，持续释放了有逃必追、一追到底的强烈信号。

2. 做深做实案件查办"后半篇文章"。深化以案促改，把严惩腐败与严密制度、严格要求、严肃教育结合起来，惩治震慑、制度约束、提高觉悟一体发力，做到查处一案、警示一片、治理一域。2022 年，全省纪检监察机关共提出纪检监察建议 4869 份，督促案发单

位健全制度、补齐短板、完善治理。

3.不断提升监督执纪执法时效度。全面贯彻惩前毖后、治病救人的基本方针,坚持抓早抓小、防微杜渐,区分事实、情形、程度,精准运用"四种形态",做到惩治极少数、管住大多数。2022 年,全省纪检监察机关运用"四种形态"处理 69096 人次。认真落实"三个区分开来",通过举办失实检举控告澄清正名发布会、开展"回访教育周"等活动,推动澄清正名制度化、回访教育常态化,营造起"为担当者担当、为干事者撑腰"的良好氛围。

四、驰而不息纠治"四风"

形式主义、官僚主义、享乐主义和奢靡之风这"四风"问题,是在党和国家发展过程中始终存在的顽固性、反复性问题。"四风"问题的存在,不仅腐蚀了党内的纯洁性和先进性,更严重损害了群众利益,破坏了党和国家的形象。尤其是在党和国家全面从严治党、加强党的作风建设的大环境之下,纠正"四风"建设更需要坚定不移、持续奋斗。"四风"问题归根到底是部分党员干部作风不正、党性不纯、责任心缺失。作风建设永远在路上,不能有丝毫懈怠,更不能视而不见,必须以踏石留印的决心将作风建设抓下去、抓到底。

1.靶向整治形式主义、官僚主义。始终首先从政治上看、从政治上抓,深化治理贯彻党中央和省委重大决策部署空喊口号假执行、弄虚作假求政绩、慵懒拖沓不担当等问题,通过以下看上、上下共治,持续提升基层减负实效度,力促干部真抓实干、务实求实。

2.深入纠治享乐主义、奢靡之风。保持露头就打、反复敲打的高压态势,对违规吃喝、违规收送礼品礼金、违规发放津补贴或福利等顽瘴痼疾从快从严处理,对"不吃本级吃下级"、在行业协会违规报销费用等隐形变异问题精准查处。

3.大力弘扬时代新风、优良作风。坚持把培树新风正气贯穿清廉建设始终,以制度机制来"立",以关键少数来"带",以乡规民约来"管",以清廉文化来"引",推动化风成俗、成为习惯。比如,指导各地积极探索针对人情攀比、铺张浪费等问题的治理举措,全省97%的村(社区)制定了相关乡规民约,推动形成文明乡风、淳朴民风。

◆◆ 【案例 8-3】

衢州全面推进清廉机关建设　打造新时代清廉建设高地

2022 年,衢州市深入学习贯彻习近平总书记关于全面从严治党的重要论述精神,全面落实党中央和省委关于清廉建设的决策部署,坚持以党的政治建设为统领,始终保持严的主基调,一体推进不敢腐、不能腐、不想腐,迭代深化清廉单元建设,持续发挥数字化改革对清廉建设的赋能作用,在深化政治清明、政府清廉、干部清正、社会清朗、文化清新上持续发力,推动全面从严治党不断向更高水平、更深层次推进,全域全面打造新时代清廉建设高地。

1.强化教育学"廉"。坚持把政治理论学习作为清廉机关建设的主线,压实政治理论学习举措,以学习力作为党风廉政建设的内生动力。建立"每周学、半月讲"学习制度,全面落实党组理论学习中心组和支部"三会一课"等各项学习制度,夯实清廉机关建设思想根基。

2.完善制度固"廉"。常态化开展廉政风险点摸排,每人结合岗位进行岗位廉政风险评估,系统梳理权力事项,共排摸廉政风险点25个,建立廉政风险防控措施30余条。对照"五张责任清单",形成"一岗双责"的问题清单、责任清单、落实清单,每季度滚动完善,切实把问题解决在萌芽状态。

3.锻造队伍践"廉"。坚持发挥党员先锋模范作用,把党旗插到项目上,让党员干部在清廉机关建设中发挥标杆示范作用,在四省边际共同富裕示范区建设等中心重点工作中主动担当,冲锋一线。

4.丰富活动促"廉"。深入开展主题党日、清廉活动,广泛推行"一人一句话"清廉承诺活动,征集家风家训故事,开展"政治家访",推动全体党员干部植"廉"于心,做到"早提醒""早预防",引导党员干部筑牢拒腐防变思想防线。切实增强廉洁文化吸引力、感染力、影响力,推动廉洁文化建设走深走实。

◆◆ **本章小结**

浙江要牢牢把握让法治这一手真正硬起来的要求,坚持依法治国、依法执政、依法行政共同推进,法治国家、法治政府、法治社会一体建设;建设法治中国,提高全面依法治国的能力和水平。平安是民之所盼,亦是发展之基。要牢牢把握建设"大平安"的要求,高水平推进平安浙江、法治浙江建设。要牢固树立"大平安"理念,把工作触角从打击犯罪、维护稳定延伸到维护政治安全、经济安全、文化安全、生态安全等各个领域。要完善横向到边、纵向到底的"大平安"格局。习近平同志在浙江工作期间,较早提出了党建"八八战略",建立反腐倡廉防范体系,开展了"清廉浙江"的先行探索,取得了巨大成就。近年来,浙江通过监察制度改革试点、"最多跑一次"改革、深化审批制度改革、公布权力清单等来落实中央廉政建设与反腐倡廉部署,是"清廉中国"建设的积极、有益的探索。

◆◆ **思考题**

1.法治浙江建设的内容和要求是什么? 如何让法治这一手真正硬起来?

2.平安浙江建设的内容和要求是什么？如何坚持和发展新时代"枫桥经验"？

3.清廉浙江建设的内容和要求是什么？构建"亲清型"政商关系的难点在哪里？

◆◆ **拓展阅读**

1.习近平.习近平著作选读：第一卷[M].北京：人民出版社，2023.

2.习近平.习近平著作选读：第二卷[M].北京：人民出版社，2023.

3.中共中央宣传部，国家发展和改革委员会.习近平经济思想学习纲要[M].北京：人民出版社，2022.

4.中央党校采访实录编辑室.习近平在浙江[M].北京：中共中央党校出版社，2021.

5.习近平.干在实处 勇立潮头——习近平浙江足迹[M].杭州：浙江人民出版社，2022.

6.史晋川，汪晓辉，吴晓露.产品侵权下的法律制度与声誉成本权衡——一个微观模型补充[J].经济研究，2015(9):156-159.

7.张维迎.法律制度的信誉基础[J].经济研究，2002(1):3-13＋92-93.

第九章 高水平推进文化强省建设
打造新时代文化高地

◆◆ **本章要点**

1. "八八战略"指出,进一步发挥浙江的人文优势,积极推进科教兴省、人才强省,加快建设文化大省。

2. 浙江是中华文明的重要发源地之一,文化底蕴深厚、文化名人辈出。改革开放以来,浙江将深厚的文化底蕴和文化传统与当今时代精神有机地结合在一起,在推进经济发展的同时大力加强文化建设,这是浙江经济社会持续健康发展的深层原因。

3. 从"建设文化大省"到"建设文化强省",蕴含着重大而深远的意义。这就是将文化作为引领转型发展的旗帜。

4. 公共文化服务体系建设是浙江文化强省建设的重要组成部分,要加快构建具有浙江特色的现代公共文化服务体系,完善基层公共文化服务网络,扩大高品质公共文化供给。

"八八战略"指出,进一步发挥浙江的人文优势,积极推进科教兴省、人才强省,加快建设文化大省。一个地方乃至一个国家的发展和繁荣,离不开文化的滋养。习近平总书记指出:"文化是一个国家、一个民族的灵魂。文化兴国运兴,文化强民族强。"[①]习近平

---

① 习近平.决胜全面建成小康社会 夺取新时代中国特色社会主义伟大胜利——在中国共产党第十九次全国代表大会上的报告[N].人民日报,2017-10-18.

总书记明确要求浙江，大力实施文化建设工程；要传承历史、守正出新，海纳百川、兼收并蓄，实现建设文化强省的目标。中国式现代化是物质文明和精神文明相协调的现代化，共同富裕是人民群众物质生活和精神生活都富裕。

文化的力量已经深深地熔铸到人民群众巨大的创造力和凝聚力之中，文化软实力越来越成为浙江综合实力的重要组成部分。2022年浙江文化产业增加值5145亿元，是2002年的22.5倍，年均增速达16.9%，文化产业增加值占GDP比重为6.95%，比2002年提高4.1个百分点。县级文化馆和图书馆覆盖率、乡镇文化站和行政村文化活动室覆盖率均达100%，公共图书馆虚拟网络基本全覆盖。广播人口覆盖率99.82%，电视人口覆盖率99.89%。截至2022年底，浙江名城名镇名村总数和已公布历史建筑总数均位居全国第一。

浙江是中华文明的重要发源地之一，文化底蕴深厚、文化名人辈出。浙江将深厚的文化底蕴和文化传统与当今时代精神有机地结合在一起，在推进经济发展的同时大力加强文化建设，这是浙江经济社会持续健康发展的深层原因。20多年来，8000多个"15分钟品质文化生活圈"在浙江落地，文化建设成果随处可享。高等教育毛入学率达到66.3%，较20年前增长了46个百分点。浙江不断深化教育改革，创新推进以精神富有为标志的文化发展模式，着力构建城乡一体、区域均衡的高品质公共文化服务体系，取得了良好成效。

第一节　与时俱进发展浙江精神　增强主流意识形态的凝聚力

在新时代,浙江要以更加自觉的精神推动文化强省建设,坚持用文化体制改革释放文化发展的活力,大力发展公益性文化事业和经营性文化产业,充分发挥先进文化在浙江经济社会发展中的"支撑"和"引擎"作用,坚持用正确的历史教育人民,用先进的文化熏陶人民,用"浙江精神"凝聚人心和激励人民,形成共同的精神认同和文化认同,从而进一步激发人民群众从事改革开放和现代化建设的智慧、热情和勇气,满足人民群众日益增长的精神需求。

习近平同志在浙江工作期间指出:"文化的力量,或者我们称之为构成综合竞争力的文化软实力,总是'润物细无声'地融入经济力量、政治力量、社会力量之中,成为经济发展的'助推器'、政治文明的'导航灯'、社会和谐的'黏合剂'。"①这深刻地表明,在新发展阶段,文化的地位和作用已由仅仅服务于经济增长的"附庸"、"文化搭台、经济唱戏"的配角,上升为转变经济发展方式、构建和谐社会、实现"以人为本"整体发展的精神动力,从而在"五位一体"的科学发展总布局中,彰显出自身的强大力量。

一、深入挖掘科学提炼浙江精神的深厚内涵

优秀传统文化底蕴和精髓需要根据不同的时代需求进行重点系统梳理和深度挖掘。浙江是中国古代文明的发祥地之一,无论是早期的河姆渡文化、马家浜文化和良渚文化,还是后来的吴越文

---

① 习近平.之江新语[M].杭州:浙江人民出版社,2007:149.

化、南宋文化,无论是以叶适为代表的"务实而不务虚"的永嘉学派,还是以陈亮为代表的"义利双行"的永康学派,无论是以"孝、义"传家的"江南第一家"郑义门,还是以"戒欺"立堂规的胡庆余堂,无论是勾践的"卧薪尝胆"、钱镠的"保境安民",还是岳飞的"精忠报国"、于谦的"要留清白在人间",无论是依山而居养成的"山的硬气"、临水而居养成的"水的灵气",还是傍海而居养成的"海的大气",都是浙江人立体鲜活精神世界的重要来源,为浙江精神提供了丰富的历史素材和深厚的文化滋养。这种文化基因也成了浙江克服资源贫乏等不利因素,崛起为经济大省的成功秘诀、精神密码。为此,从 20 世纪末开始,浙江省委提出要研究浙江现象、总结浙江经验、提炼浙江精神,并总结出了民营企业创业"走遍千山万水、想尽千方百计、说尽千言万语、吃尽千辛万苦"的"四千精神",之后又概括了"自强不息、坚韧不拔、勇于创新、讲求实效"的浙江精神。

进入 21 世纪,习近平同志以总结历史、观照现在、展望未来的历史担当和使命自觉,深刻总结浙江大地形成的文化精华,高度评价改革开放以来浙江创造的宝贵精神财富,科学提炼浙江人民身上所展现出的生活气度和精神品格,对浙江精神作了全面系统、深刻生动、科学严谨的阐释。可以说,习近平同志概括提炼的"求真务实、诚信和谐、开放图强"这 12 个字,是历史积淀、文化淬炼的精华,承载着浙江人民高度的价值认同、文化认同和情感认同。

二、浙江精神是革故鼎新的强大动力

浙江精神是浙江人民高度文化自省、文化自觉、文化自信的集中体现。传统文化的历久弥新,取决于其变迁过程中,各种元素、层次、类型在内容和结构上通过碰撞、解构、融合而产生的革故鼎新的强大动力。发展先进生产力应与发展先进文化有机结合,文化的软实力可以转化为经济的硬实力。21世纪初,浙江收获了丰厚的改革开放先发红利,但当时盛名之下,隐忧和困局也暗潮涌动,生态环境压力、资源要素制约、内外市场竞争加大等"成长的烦恼"如影随形、逐步显现。

　　21世纪初,浙江"有项目无地建设、有订单缺电生产"曾经是普遍现象。依赖成本优势的"浙江制造"遭遇产品质量差、生态环境恶化、内销压价和外部反倾销的多重挤压,受到了"浙江制造怎么了"的质疑。浙江今后怎么办?资源匮乏的瓶颈如何突破?低端制造怎样提质升级?能不能走出污染—发展—再污染—再治理的怪圈?这些问题都亟待回答。正是在这样的背景下,习近平同志透过现象看本质,认为从精神文化层面来解决这些问题,既迫在眉睫又水到渠成。事实也充分证明,习近平同志概括提炼出与时俱进的浙江精神,有效地指引了浙江人民在新征程中树立现代的思想观念、价值取向、心理状态和社会道德标准,为浙江破解发展瓶颈注入了强劲的文化支撑力,增强了浙江经济社会发展的软实力,增创了浙江改革发展的新优势。

三、浙江精神是伟大民族精神的生动诠释

　　放大了的浙江精神是伟大民族精神、红船精神的生动诠释。浙江人民是在与时俱进的历史轨迹上一路走来的,秉承着富有创造力的文化传统。这些传统悠久深厚、意蕴丰富,深深融汇在一代代浙江人民的血液中。优秀的文化传统滋育着浙江的生命力,催生着浙江的凝聚力,激发着浙江的创造力,培植着浙江的竞争力。在中国文化的共同价值取向下,浙江以自己的个性支撑着、引领着当地经济社会的发展。

　　浙江精神不是独立存在的,而是民族精神的重要组成部分,也

与红船精神有着内在的、必然的、紧密的联系。就传承民族精神而言，浙江人民在创造灿烂奋斗史的同时，由观念、理性、胸襟、情怀、品行、气节和志向所凝聚的浙江精神既受到民族精神的哺育，也处处彰显着民族精神的内涵，无论是求真务实、经世致用的科学态度，知行合一、事上磨炼的哲学思维，还是义利并举、达观通变的价值体系，扬长避短、创新开拓的理性智慧，都为民族精神的形成作出了自己的贡献。就传承红船精神而言，浙江大地为红船精神的孕育形成提供了重要条件、发挥了重要作用，浙江精神中本身也包含着红色基因，特别是红船精神包含的首创精神、奋斗精神和奉献精神都在浙江精神中得到了很好的体现。

当年，习近平同志开创性地把浙江精神与民族精神、红船精神紧密联系起来、有机统一起来，通过总结提炼浙江精神，传承弘扬以爱国主义为核心的民族精神、以改革创新为核心的时代精神、以红船精神为源头的革命精神，充分体现了习近平同志作为马克思主义政治家、思想家、战略家的远见卓识和宏大格局，是中国共产党人不忘初心、牢记使命，执着信念和纵观历史、胸怀天下宏大格局的具体体现。

四、浙江精神是新时代新阶段的动力源泉

浙江精神是新时代新阶段浙江"干在实处、走在前列、勇立潮头"的动力源泉。先进的思想文化一旦被群众掌握，就会转化为强大的物质力量。与时俱进的浙江精神对于浙江来说，是一座取之不尽的思想宝库，是一笔用之不竭的精神财富。"求真务实、诚信和谐、开放图强"，始终激励着浙江干部群众不断解放思想、抢抓历史机遇，干在实处、走在前列、勇立潮头，过去是这样，现在仍然如此。2015 年 5 月，习近平总书记亲临浙江视察指导，赋予浙江"干

在实处永无止境，走在前列要谋新篇"的新使命。2016 年 9 月，G20 杭州峰会期间，习近平总书记对浙江工作提出"秉持浙江精神，干在实处、走在前列、勇立潮头"的新要求。2018 年 7 月，习近平总书记又赋予浙江"干在实处永无止境，走在前列要谋新篇，勇立潮头方显担当"的新期望。

"求真务实、诚信和谐、开放图强"的浙江精神是浙江的"根"和"魂"，过去是、现在是、将来仍然是推动浙江发展和应对各种挑战的根本动力。浙江作为中国革命红船启航地、改革开放先行地、习近平新时代中国特色社会主义思想重要萌发地，有责任在新时代大力弘扬"求真务实、诚信和谐、开放图强"的浙江精神，为推进"八八战略"再深化、改革开放再出发，加快"两个高水平"建设提供强大精神力量。在浙江精神的激励和引领下，浙江广大干部群众保持了"一张蓝图绘到底、一任接着一任干、一锤接着一锤敲"的韧劲定力，激荡起改革再出发、开放再扩大、创新再发力的滚滚大潮，涵养了生态之美、和谐之美、人文之美的源头活水，凝聚起不忘初心、牢记使命、永远奋斗的磅礴伟力。

总之，从"建设文化大省"到"建设文化强省"，蕴含着重大而深远的意义。这就是将文化作为引领转型发展的旗帜，尊重文化、敬畏文化、弘扬文化，让文化浸润浙江全省，以文化的张力提升浙江的影响力，以文化的创造力提升浙江的竞争力，以文化的渗透力提升浙江的凝聚力。

◆◆【案例 9-1】

与时俱进擦亮"潇洒桐庐郡·中国最美县"特色品牌

"潇洒桐庐郡·中国最美县"是具有独特文化底蕴、人文气质和显著区域辨识度的桐庐品牌。"潇洒"是桐庐人长期以来形成的通达、乐观、向上的标志性人文符号，展示了在处理人与自然、人与社会关系上的一种超越性精神气质，延伸为新时代新征程桐庐的发展目标定位对桐庐人精神状态的新要求，是新时代"干在实处、走在前列、勇立潮头"的浙江精神的生动素材。要持续擦亮"潇洒桐庐郡·中国最美县"这一独特品牌，与时俱进赋予"潇洒桐庐郡·中国最美县"崭新的时代意义。其内在含义包括以下5个方面。

1.富裕富足是"潇洒"的基础。产业兴旺是"潇洒"的首要任务。桐庐的经济体量还不够大、不够强、不够优，产业的高度决定了"潇洒"的程度。要大抓产业、抓大产业，加快新旧动能转换，推动传统产业向数字化智能化新能源等现代产业迭代，产业体系从过去依靠针织制笔、水电设备等传统产业转向依靠视觉智能、新能源、磁性材料等新兴产业转变。

2.全域大美是"潇洒"的标杆。绿色发展是"潇洒"的底色。秉持"环境立县""生态立县"战略，实景展现《富春山居图》核心地的独特韵味。一方面，推动"美丽盆景"向"美丽风景"扩面，全域创建美丽城镇样板；另一方面，推动"美丽事业"向"美丽经济"转化，拓宽"绿水青山"向"金山银山"的转化通道。

3.宜居宜业是"潇洒"的人居环境。和谐和睦是"潇洒"的社会保障。以"跨江发展""拥江发展"为牵引，构建从最美县城再到最美县的全域美丽体系；聚焦城市风貌提升，启动富春未来城"开城行动"，推动老城区块有机更新；以"千万工程"牵引全域景区化建设，一体推进和美乡村迭代与休闲旅游、康养融合发展；积极融入"诗路文化·三江两岸"世界级文化旅游带建设，打造长三角最佳短途旅居目的地。

4.诗乡画城是"潇洒"的文化底蕴。农文旅融合是持续"潇洒"

的重要路径。聚焦农文旅深度融合主题,提炼主题"文化标识",串联诗画山水,推动自然山水、田园村舍、古村古镇、核心景区等资源优化重组,协同发展城市旅游、乡村体验、运动休闲、教育研学等产业,推进文旅产业空间重构、业态重塑,高质量打造"长三角最佳短途旅游目的地"。

5.民生幸福是"潇洒"的归宿。人民至上是"潇洒"的立足点。实施居民收入和中等收入群体双倍增行动,开展乡贤助力"扩中""提低"省级试点,探索乡贤共富联盟、共富工坊、强村公司、就业直通车等载体,拓宽富民增收渠道。

第二节　全面提高人的文明素养和社会文明程度

建设文化强省,是满足人民群众精神文化追求的迫切需要。经济发展以社会发展为目的,社会发展以人的发展为归宿,人的发展以精神文化为内核。就浙江来说,2022年人均 GDP 超过 1.7万美元,已进入精神文化消费的旺盛时期,人民群众对文化有了更多期待,文化消费呈现多层次、多方面、多样化的特点。浙江争创社会主义现代化先行省,迫切需要加快推进文化强省建设,提供更多更好的文化产品和服务,不断满足人民群众日益增长的精神文化需求;推动社会主义文化大发展大繁荣,兴起社会主义文化建设新高潮,提高国家文化软实力,发挥文化引领风尚、教育人民、服务社会、推动发展的作用。① 这就是建设文化大省、文化强省的战略意义。

---

① 中共浙江省委.关于深入学习贯彻习近平总书记考察浙江重要讲话精神努力建设新时代全面展示中国特色社会主义制度优越性重要窗口的决议[N].浙江日报,2020-06-18.

一、显著提升主流思想正面舆论传播力影响力

哲学社会科学是人们认识世界、改造世界的重要工具,是推动历史发展和社会进步的重要力量。在建设"两个先行"中,浙江要深入实施铸魂工程、溯源工程、走心工程,持续深化习近平新时代中国特色社会主义思想学习宣传实践。打好党的二十大学习宣传贯彻组合拳,全网总传播量突破 70 亿人次,传播影响力居全国各省区市首位。组建党的二十大精神省委宣讲团,用好"双百千万"、8090 后宣讲团、理论大咖网络宣讲团等特色宣讲品牌,发挥来自基层一线二十大代表、省级宣讲名师、青年宣讲员等群体作用,有力推动党的二十大精神进机关、进校园、进企业、进农村、进社区、进军营、进网络。

上线"浙江宣传"公众号,自 2022 年 5 月 30 日至 2023 年 3 月 23 日,累计发表文章 629 篇,用户量超 258 万,阅读量 10 万＋文章 453 篇,占比 72％,仅《"人民至上"不是"防疫至上"》一文阅读量就超 2003 万,全网超 12.5 亿,公众号入选 2022 中国应用新闻传播十大创新案例。打造纵贯省市县三级的重大技术平台"传播大脑"公司,推动浙报集团整合移动端资源力量,推出"潮新闻"客户端。大力推进市级媒体融合改革,湖州等 8 个地市挂牌成立融媒体中心。积极做好疫情防控舆论引导,在全省各级新媒体创新推出"战疫求助平台",累计回复处置群众急难愁盼问题 11 万余条。

持续擦亮"最美浙江人"品牌,"时代楷模"数量居全国第二。扎实推进"浙江有礼"省域文明实践,提炼形成"浙风十礼",体系化构建全域文明创建、志愿服务精准触达、社会诚信评价、道德典型礼遇、文化保障卡等机制,"浙江有礼"被省委列入浙江共同富裕美好社会建设十大标志性成果。围绕城乡精神文明建设融合发展,

统筹推进全域文明创建,文明城市、文明村镇、文明单位、文明校园创建内生动力不断激活,浙江好家风、礼让斑马线、聚餐用公筷、用餐不浪费、带走半瓶水等逐渐成为具有全国影响力的文明品牌。

二、厚植文化繁荣发展沃土,擦亮重大文化标识

2022年,浙江文艺精品创作成果涌现,电视剧《外交风云》等7部作品获得"五个一工程"奖,创8年来最好成绩,居全国前列。越剧《枫叶如花》获得文华大奖,中篇小说《过往》等4部作品获鲁迅文学奖。婺剧六登央视春晚,舞蹈《碇步桥》广获好评。推出《我们这十年》《运河边的人们》《县委大院》等一批优秀浙产剧目。发挥中国网络作家村、之江编剧村等重大平台作用,启动百名文化人才引育工程,优化全省宣传文化系统"五个一批"人才工程,新增入选国家高层人才特殊支持计划青年拔尖人才3人,入选人数居全国第三,遴选省高层次人才特殊支持计划人文社科领军人才19人,逐步形成筑巢引凤、聚才育才的良好局面。

"中国传统制茶技艺及其相关习俗"成功入选人类"非遗"名录,历经17年编撰出版的"中国历代绘画大系"形成重大影响,两者都得到习近平总书记批示肯定。系统开展宋韵文化研究传承和品牌打造,深入实施宋韵文化传世工程,成立宋韵文化研究传承中心;完成217项宋韵重点文化元素基因解码;建成省级文化基因库"宋韵文化子库";德寿宫建成开放,一面红墙已经成为杭州市民的"新宠"。创新开展"诗画江南,活力浙江"省域品牌logo全球征集活动和全球短视频大赛,省域品牌知名度逐步打响。杭州国家版本馆建成开馆,成为浙江文化新地标。打造长江和大运河国家文化公园、之江文化中心等重大文化工程。打造8000多个"15分钟品质文化生活圈",建成新时代文明实践中心(站、所、点)和农村文

化礼堂 5 万余个,实现 500 人以上行政村省内全覆盖,基本公共文化服务标准化率先实现。

持续推进之江文化产业带、横店影视文化产业集聚区、大运河和长江国家文化公园、四条诗路文化带等重大平台建设,文化产业重大平台能级提升,2022 年 4 家企业入选全国文化企业 30 强,居全国首位。实施文化企业"凤凰行动"计划,全省共有规上文化企业 5355 家、上市文化企业 45 家,民营文化企业超 30 万家,新型文化业态占比 55％以上。推动创建文旅融合改革试验区,文旅品牌持续提升,全省共有 66 个县(市、区)创建成为省级及以上全域旅游示范县,景区城、景区镇、景区村覆盖率分别达 70％、56.7％、56.5％。累计建成 5A 级景区 20 家、国家级旅游度假区 6 家。

三、延续升华、迭代升级新时代文化工程

习近平同志在浙江工作期间作出了建设文化大省战略布局,指引浙江走出了一条具有中国特色、时代特征、浙江特点的文化发展之路。20 多年来,浙江聚焦"文化强省、提升浙江软实力,文化树人、引领社会新风尚"这一总体目标,全面开启文化浙江建设新征程。实现文化强省,关键要提升文化软实力,重点是提升文化自信主动权、意识形态领导权、对外交流话语权、文化产业竞争力、文化传播创新力和文化品牌影响力。

1.20 多部精品荣获国内顶级文艺大奖。电视剧《外交风云》、歌剧《红船》、电影《峰爆》等 7 部作品入选第十六届全国精神文明建设"五个一工程"。中篇小说《过往》、诗歌《山海间》等获第八届鲁迅文学奖。电视剧《和平之舟》《叛逆者》等获第三十三届电视剧飞天奖。纪录片《西泠印社》获得第二十七届电视文艺星光奖。木雕《人生·戏台》、灯彩《乐清首饰龙灯》获第十五届中国民间文艺

山花奖。70 件作品入展第七届全国青年美术作品展,居全国第一。《中国式现代化新道路与人类文明新形态》等 8 个项目入选 2022 年全国主题出版重点出版物选题,数量居全国前列。

2. 一批力作亮相国家级重要平台,产生热烈反响。《县委大院》等 3 部电视剧入选中宣部、国家广电总局"礼赞新时代·奋进新征程"优秀电视剧展播重点剧目。浙江原创舞蹈节目《碇步桥》亮相央视春晚"引爆"热搜。电视剧《运河边的人们》、电影《里斯本丸沉没》获 2023 年度中央文化产业发展专项资金推动影视产业发展项目支持。话剧《钱塘浩歌》入选文旅部舞台艺术创优工程。

3. 省域文艺创作生态得到整体提升。2022 年,省艺术基金资助项目 126 个,资助金额 13761.84 万元,截至目前共扶持管理文艺创作项目 651 个,总拨付资金 3.829 亿元。谋划推进"之江潮"杯文化奖,探索编剧村"1＋X"发展模式,指导第一个分中心莫干山编剧村建设开村。启动"之江艺术季"系列活动,大力实施宣传思想文化"五个一批"青年英才、名家孵化、舞台艺术"1111"等人才计划。制定出台《关于加强和改进新时代浙江文艺评论工作的实施意见》,推动形成健康评论生态,提升浙产文艺作品的影响力和美誉度。

【案例 9-2】

良渚遗址:为实证中华五千年文明史提供重要的实物依据

良渚是杭州市余杭区的一个地名,地处天目山东麓河网纵横的平原地带。"良渚"意即"美丽的水中之洲"。良渚遗址中心位于浙江省杭州市余杭区西北部瓶窑镇,核心部位位于良渚古城。在中国新石器时代晚期,长江下游环太湖流域曾经存在过一个以稻作农业为经济支撑的,出现明显社会分化和具有统一信仰的区域性早期国家。1959年，中国社会科学院考古研究所所长夏鼐，首次公开提出了"良渚文化"的命名。距今5300年至4300年的良渚古城遗址，遗存类型丰富，遗址格局完整，揭示了中华文明国家起源的基本特征，为中华五千多年文明史提供了最完整、最重要的考古学物证。2003年7月，时任浙江省委书记习近平来到良渚遗址调研，明确指出："良渚遗址是实证中华五千年文明史的圣地，是不可多得的宝贵财富，我们必须把它保护好！"①。这一重要论述为良渚遗址保护、申遗工作指明了方向、提供了遵循。

1.加强良渚遗产保护工作。全面贯彻落实习近平总书记指出的"保护文物也是政绩"的科学理念，坚守"保护第一"原则，认真落实世界遗产大会会议决议，继续推进考古与保护相融合，实现良渚遗址全面科学保护管理。加大保护管理力度，综合运用现代科技全面提升遗址巡查、监测预警、文物前置审核等保护管理工作，全面加强遗产区和缓冲区的监测保护水平。

2.加深良渚遗产价值研究。下一步，应继续做好良渚遗址的考古研究和价值挖掘。一方面，制订长远的考古工作规划，充分利用先进的工作理念和现代技术手段，开展重大考古项目，推进重点工作研究，进一步厘清良渚文明发展历程，充分挖掘良渚遗址所蕴藏的文化基因、文明记忆、民族精神。另一方面，加强学术研究，通过课题研究、学术研讨会、座谈会等方式，充分调动国内外专家学者就良渚遗址的价值系统进行持续深入、高层次的研究和交流研讨，不断丰富良渚遗址的文化内涵。

3.处理好遗产保护和当地发展的关系。一方面，各相关方要秉承"保护第一"的原则，处理好遗产的保护和当地经济社会发展

---

① 刘军国.保护古城遗址赓续灿烂文明[N].人民日报,2023-7-26.

的关系。所在地政府和居民要进一步树立"保护好遗址就是金山银山"的发展理念,围绕遗址走出发展的转型之路,以保护促发展。另一方面,遗址管委会也要配合所在地政府,推动对文化遗产的创新利用,提高将文化遗产作为经济生产要素的有效性,走出包容性发展、可持续发展之路,走出遗产的保护和当地经济社会发展相互促进的良性发展道路。

第三节　推进公共文化服务优质均衡发展

提升公共文化服务水平,对于提高国民的文化素养和生活质量发挥着越来越重要的作用。没有文化的繁荣发展,就没有社会主义现代化。公共文化服务体系建设是浙江文化强省建设的重要组成部分,积极构建公共文化服务体系,促进基本公共文化服务标准化、均等化,满足人民群众基本文化需求,对繁荣社会主义文化具有重要作用。加快构建具有浙江特色的现代公共文化服务体系,这是浙江文化强省建设的一件大事。浙江要大力实施文化惠民工程,加快构建城乡一体的现代公共文化设施网络。深化基本公共文化服务标准化建设,完善基层公共文化服务网络,扩大高品质公共文化供给,促进城乡社区公共文化服务资源整合和互联互通。

一、坚持以政府为责任主体

各级人民政府是本行政区域公共文化服务的责任主体,要承担起公共文化服务的保障主体责任,自觉履行"四个纳入",即将公共文化服务体系纳入当地经济和社会发展规划、纳入年度工作计划、纳入本级财政预算、纳入政府目标责任制。县级以上人民政府要建立综合协调机制，成立由政府负责人牵头的公共文化服务协调机构。在人员保障方面，乡镇（街道）综合文化站应当配备专职文化员，文化礼堂（社区文化家园）和文化活动中心应当配备文化管理员，做到既有章办事又有人干事。在经费保障方面，各级人民政府应当根据公共文化服务的事权和支出责任，建立与公共文化服务发展相适应的财政投入增长机制，逐步增强对公共文化服务的投入。同时，县级以上人民政府应当安排一定资金，支持公共文化服务相对薄弱地区的事业发展。

二、坚持促进优质均衡发展

围绕推动公共文化服务的城乡均等、区域均等、人群均等目标，从设施建设、服务提供、产品生产等方面，对政府在公共文化服务体系建设中保障什么、保障多少、怎么保障提出了具体要求，明确了浙江基本公共文化服务的标准化制度体系。在资源建设方面，各级人民政府应当加强跨部门、跨行业、跨区域资源的整合，统筹推进公共文化服务发展，防止出现公共文化资源重复建设。在服务内容方面，明确要求，省人民政府要制定基本公共文化服务标准，设区市和县级人民政府要结合当地实际制定公共文化服务目录，用标准化的形式补齐基层公共文化服务短板，拉高标杆，协调发展。在服务方式上，在倡导推广具有浙江特色的流动文化服务、县级文化馆总分馆建设的同时，强调省人民政府应当整合现有的公共数字文化资源，建立全省统一的公共数字文化服务平台，推动公共文化服务与现代科技的融合发展。

三、科学布局公共文化设施

各级人民政府应当合理确定公共文化设施布局，设施种类、数量、规模和布局要适合当地经济社会发展实际，早日实现"市有五馆、县有四馆、区有三馆"的建设目标,满足人民群众基本文化需求。对机关、学校和其他企事业单位的向公众开放的文体设施,要在设施维修、管理和意外伤害保险等方面给予相应的经费补助。对因城乡建设需要拆除公共文化设施或者改变其功能用途的,应先建后拆或者同时进行,建设拆除同时进行的,当地人民政府应当安排过渡的公共文化设施,确保公共文化服务不间断。

四、引导社会力量广泛参与

在设施建设方面,各级人民政府应当鼓励和支持公民、法人和其他组织兴建、捐建或者与政府部门合作建设公共文化设施。捐赠人单独捐赠或者主要由捐赠人出资建设的公共文化设施,可以由捐赠人个人冠名或提出名称。在文化人才队伍上,要求广泛开展文化志愿服务,建立健全省、市、县、乡、村五级文化志愿服务网络体系,逐步建立全民参与公共文化服务的建设格局。对民营文化企业、民间文化团体的文化人才,各级人民政府及其文化行政部门应当在评定职称、参与培训、申报项目、表彰奖励等方面实行统一标准。在公共文化服务评价方面,要求建立反映公众文化需求的征询反馈机制和考核评价机制,提高服务的有效性和针对性。

【案例9-3】

杭州市临平区打造品质文化空间　提升公共服务品质

2022年,临平区针对老城区"公共空间匮乏、环境质量不高、停车位不足、城市记忆散失"等日渐凸显的问题,以省级公共文化服务现代化先行区创建为抓手,全面打造标准化、品质化的公共文化空间,持续推动公共文化服务提档升级,更好地满足市民群众的精神文化生活。

1.全面完善公共文化服务阵地。持续推进公共文化服务阵地建设,建成国家一级文化馆、国家一级图书馆,还有国际一流的临平大剧院、亚运场馆群、国家二级博物馆等地标性公共文化设施,镇街综合文化站均达到浙江省特级站标准,是全省唯一一个特级站100%全覆盖的县(市、区),其中崇贤街道综合文化站是全省首个全国优秀文化站。镇街图书分馆、农村文化礼堂均实现全覆盖,公共文化服务阵地网络不断完善。

2.品质化打造新型公共文化空间。加快新型公共文化空间布局,以新的审美品质呼应群众审美水平的提升,创意性打造"有风格、有品位、有情怀"的高质量公共文化空间。如利用老城有机更新,深挖本地运河山水文化,建成串联临平山与上塘古运河,以戏曲交流中心、智慧图书馆、文化艺术交流中心为主阵地的文化艺术长廊。

3.社会运营提升公共文化服务水平。通过社会化、专业化运营,提升公共文化服务效能。临平文化艺术长廊场馆引入第三方运营团队进行专业化运营,在保持高水平公共文化服务的基础上,全年管理运营费用较同级别场馆节省近30%。临平大剧院委托保利大丰剧院管理有限公司运营,凭借"专业化、规范化、集团化、国际化"的质量管理,自2019年开业首演以来,共接待国内外演出团体240余个,举办演出及活动500余场、公益演出93场,会员11万人,超过20万观众走进剧院,成为杭州市乃至浙江省剧院的"风向标"。

第四节　推动文化产业高质量发展

文化是生产力,文化和科技融合,既催生了新的文化业态、延伸了文化产业链,又集聚了大量创新人才,是朝阳产业,大有前途。要推进文化数字化战略,打造国家数字文化创新基地,建设横店国际影视文化创新中心,加快培育文创经济,促进文旅深度融合,创建全域旅游示范省。加强文化国际传播能力建设,打响省域品牌。

文化领域改革存在冷热不均的问题,有些改革都热火朝天了,但有些改革仍在原地打转,等着上头出题目、给政策、拿方案。像针对国有文艺院团改革"后遗症"如何破解、国有文化资产如何管好用活、宣传文化单位优秀人才如何引育等"老大难"问题,目前还没有真正破题,管用的招数还不多。

一、实施文化产业数字化战略

进入新时代,人民群众的文化需求由生存型向发展型拓展,逐步由"有没有"向"好不好"转变、线下向线上转变、追求物质文化产品向注重精神领域的文化愉悦和享受转变。文化传播呈现全媒体融合发展的趋势,表现为传统媒体和互联网新媒体融合、多种传播平台和传播渠道融合以及行业之间跨界融合等。新的需求和传播模式变化带来文化消费的深刻变化,快节奏、碎片化、短小精悍的内容成为文化行业潮流;文化消费群体逐渐年轻化和付费化,越来越多的中高收入和高学历群体参与到在线文化消费中;视频平台的会员付费、头部平台的内容付费收入超过传统的广告收入,成为营收主力。未来浙江应充分把握新文化需求、新消费趋势,积极引导数字文化新兴业态创新和规范发展,加快抢占数字新兴文化大市场。

围绕核心业务全覆盖、数据全归集、应用全贯通目标,攻坚建设数字文化大脑。把互联网思维和信息技术改造贯穿宣传思想工作各方面、全过程,梯次推进"五个一批"重大应用,持续提升舆论引导在线、国际传播在线、志愿浙江、品质文化惠享、旅游通等应用，形成更多标志性成果；迭代升级浙影通、全民阅读在线、民情在线等应用；推动浙里文物、意识形态全链智控、理论在线等应用贯通落地，推进宣传思想工作系统重塑。深化数字文化理论阐释研究，加快构建数字文化话语体系。

建成并迭代舆论引导在线、国际传播在线、浙里网络安全智控等一批重大应用。其中，舆论引导在线等应用多次得到中央领导批示，志愿浙江应用成为全国创新示范。数字文化系统获全省改革突破奖8项、最佳应用奖11项、最响话语奖1项。探索打造数字文化大脑，目前已经归集1.38亿条数据，打造智能模块组件30个，宣传工作整体智治格局加快构建。

二、大力发展数字文化产业

数字文化涉及面广、新业态多，应在战略布局上有的放矢，积极做好全省数字文化产业发展的顶层设计，制订全省数字文化产业规划，确定数字文化产业的发展目标、方向、任务和要求，有选择、有重点地发展数字文化产业。加快研究制定促进数字文化产业发展的政策措施，加大对从事数字文化企业在税收、技术、资金、人才等方面的支持力度。整合数字文化骨干企业和研究机构力量，建立浙江省数字内容研究院，为全省数字文化产业发展提供决策支持。

加强虚拟现实、交互娱乐引擎开发、文化资源数字化处理等行业关键核心技术的突破，培育基于大数据、云计算、人工智能等新技术的新型业态，开拓超感影院、混合现实娱乐等消费新领域，加快创意设备、数字艺术等新兴产业发展。积极布局数字内容版权标识管理与追踪、媒体指纹提取与检索、版权交易结算等技术研发与应用,提升数字版权管理与保护能力。加快内容资源数字化处理,促进数字内容智能化和知识化组织、管理、呈现、存储等技术研发与应用。推进数字文化产业与休闲旅游、健康养生、体育等相关产业融合发展,拓展"数字文化＋"融合应用,培育发展数字文化跨界融合新业态。

持续推动数字出版、数字音乐、视听创新、短视频四大国家级基地和之江文化产业带、横店影视文化产业集聚区等重大平台支撑能级提升。2022 年全省 5721 家规上文化企业实现营业收入13410 亿元,其中,规上数字文化企业实现营业收入 7521 亿元,占规上文化企业营业收入的比重为 56.1%。

三、打造文化创新创业示范区

要分类解决好文化重大基础设施谁研究、谁规划、谁决策、谁实施的问题。一是大力实施数字博物馆、数字图书馆、数字文化馆、数字诗路 e 站、国家阅读基地等数字文化场馆建设工程,运用5G、区块链、大数据、云计算、物联网等新技术,汇聚文化大数据信息,结合浙江智能制造、智慧城市建设,为文化生产和数字消费的终端用户提供服务供给。培育现代都市文化,提高文化治理精细化、智能化水平,打造文化数智创新先行区。二是大力倡导和鼓励兴办企业文化博物馆和消费品展示馆,促进制造业转型升级,并向消费者展示文化赋能下的新生代产品,刺激消费者产生多元需求,促进资本良性投入。三是推进数字乡村与文旅综合体建设,赋予村落民宿、文化讲堂、VIP 会议室、茶室、图书馆、咖啡厅等公共设施文化数字服务功能,让民宿成为别具匠心的"艺术院落"。

聚焦媒体融合发展,加快建立以内容建设为根本、先进技术为支撑、创新管理为保障的全媒体传播体系。以创新传播引领人，集聚全省资源力量，着力打造深耕浙江、读懂中国、影响世界的重大传播平台，以浙报集团为基础打造全国一流的省级重大新闻传播平台，以浙江广电集团为基础打造全国一流的省级重大文化传播平台。设立省、市、县三级贯通的传播大脑，赋能平台内容运营及各级媒体融合发展。打造市域主流舆论阵地、综合服务平台、权威信息渠道，全省市级传媒集团建设实现全覆盖。指导县级融媒体中心提质增效、深耕本土，做强县域新型主流媒体。

【案例 9-4】

"中国历代绘画大系"编纂出版①

盛世修典，赓续文脉。中国历代绘画是中华优秀传统文化的瑰宝。2022 年年底，历时 17 年的"中国历代绘画大系"文化工程结项，编纂出版 60 卷 226 册，收录海内外 263 家文博机构的中国绘画藏品 12405 件（套），涵盖绝大部分传世国宝级绘画珍品，生动呈现赫赫先秦、大汉雄风、盛唐气象、典雅宋韵和元明清风采。这套书的出版圆了多少代艺术人的中国梦！

"中国历代绘画大系"，是习近平总书记亲自批准、高度重视、持续关注，并多次作出重要批示的一项规模浩大、纵贯历史、横跨中外的国家级重大文化工程。2005 年 7 月，时任浙江省委书记习近平在关于汇编出版两岸故宫博物院宋画藏品等建议的报告上明确批示："这一构想很好，值得为此努力。"并安排专人研究，提出可实现方案。2008 年 7 月，浙江大学项目组赶制出《宋画全集》样书

① 参阅周玮、商意盈、史竞男、朱涵．习近平总书记关心国家重大文化工程"中国历代绘画大系"编纂出版工作纪实[N]．新华社，2022-12-12；缪哲．中国传统绘画的"活"力工程——"中国历代绘画大系"项目介绍[N]．光明日报，2022-01-24．

稿,书面向习近平作了汇报,同时呈上序言稿请他审定。习近平审定序言并批示:"《宋画全集》编纂工作开展很好,向你们表示祝贺!望再接再厉,善始善终,完成好这一光荣历史任务。"2008 年 12 月 28 日,《宋画全集》首批 8 册正式出版。《宋画全集》是迄今为止最完整、最权威的宋代绘画总汇,是一次成功的中华图像文献编纂集成。2010 年 9 月,习近平在获悉《宋画全集》出版任务进展顺利后非常高兴。得知项目组下一步计划出版"中国历代绘画大系",他进一步批示:"'中国历代绘画大系'的打算很好,可积极向有关部门汇报,争取各方支持。希望你们再接再厉,为弘扬中华优秀传统文化,为浙江文化大省建设作出新的更大贡献。"在关键时刻,这个重要批示再一次为项目组指明了方向。"中国历代绘画大系",利用最先进的摄影与图像处理技术,对全球现今存世的中国古代主要绘画作品,留影存形并建立数字化档案,使中国历代绘画初步完成从物质形态向数字形态的整体转化。2022 年 9 月,"盛世修典——'中国历代绘画大系'"在中国国家博物馆开展,1.5 万余的日均观展人数,使其成为现象级全民文化盛宴。

中国美术是中国文化的重要载体,是中华文明进程的图像记录。"中国历代绘画大系"完整还原了中华古代绘画演进历程,深度呈现了中华民族文化脉络。从第一次对《宋画全集》项目作出批示到亲自推动"中国历代绘画大系"的编纂出版,项目的每一个关键节点、每一段攻关时期,习近平总书记都倾注了大量心血,提出殷切期望。"中国历代绘画大系"持续推进、成果丰硕,充分体现了习近平总书记对大规模系统整理、出版中华优秀传统文化工作的高度重视,充分体现了总书记对中华文化的理解、热爱和珍惜,彰显了当代共产党人深厚的文化情怀。

◆◆ **本章小结**

在新发展阶段,文化的地位和作用已由仅仅服务于经济增长的"附庸"、"文化搭台、经济唱戏"的配角,上升为转变经济发展方式、构建和谐社会、实现"以人为本"整体发展的精神动力。浙江争创社会主义现代化先行省,迫切需要加快推进文化强省建设,提供更多更好的文化产品和服务,不断满足人民群众日益增长的精神文化需求,推动社会主义文化大发展大繁荣。公共文化服务体系建设是浙江文化强省建设的重要组成部分,要积极构建公共文化服务体系,促进基本公共文化服务标准化、均等化,满足人民群众基本文化需求。文化是生产力,文化和科技融合,既催生了新的文化业态、延伸了文化产业链,又集聚了大量创新人才,是朝阳产业,大有前途。

◆◆ **思考题**

1.什么是新时代的浙江精神?如何与时俱进发展浙江精神?

2.文化强省建设的内容和要求是什么?如何看待文化的地位和作用?

3.公共文化服务主要包括哪些内容?如何推动公共文化服务体系建设?

◆◆ **拓展阅读**

1.习近平.之江新语[M].杭州:浙江人民出版社,2007.

2.习近平.干在实处 走在前列:推进浙江省新发展的思考与实践[M].北京:中共中央党校出版社,2006.

3.习近平.与时俱进的浙江精神[N].浙江日报,2006-02-05.

4.中共中央文献研究室.习近平关于社会主义文化建设论述摘编[M].北京:中央文献出版社,2017.

5.中共中央宣传部,国家发展和改革委员会.习近平经济思想学习纲要[M].北京:人民出版社,2022.

6.李培林,景天魁.浙江经验与中国发展(社会卷)[M].北京:社会科学文献出版社,2007.

7.陈立旭.从浙江精神到中国精神[J].观察与思考,2019(10):5-13＋2.

结束语:启示与展望

20多年来,"八八战略"不仅引领浙江经济社会发展取得了历史性成就,实现了伟大变革,也为新时代打造全面展示中国特色社会主义制度优越性的重要窗口,在高质量发展中奋力推进共同富裕先行和省域现代化先行,奠定了坚实的思想基础、实践基础和战略基础。

一、"八八战略"的启示

20多年来,浙江深入实施"八八战略"实践,不仅给经济社会发展带来了巨大的变化,也给我们提供了许多体会和启示。

1.坚持加强党的全面领导和党的建设,以自我革命引领社会革命。中国共产党的领导是中国特色社会主义事业最本质的特征。习近平总书记指出:"在统揽伟大斗争、伟大工程、伟大事业、伟大梦想中,起决定性作用的是新时代党的建设新的伟大工程。"[①] 20多年来,历届浙江省委在党中央的正确领导下,胸怀"国之大者",始终强化"核心",坚持把中央精神与浙江实际紧密结合,切实改进党的领导方式和领导方法,从"巩固八个基础、增强八种本领"到新时代党建高地,从深入实施"先锋工程"到充分发挥基层党组织的战斗堡垒作用,推动党的建设与推进经济、政治、文化、社会、生态文明建设深度融合、互动共进,为深入实施"八八战略"提供了

---

① 习近平.习近平著作选读:第二卷[M].北京:人民出版社,2023:100.

坚强的政治保证。20多年的实践表明,"八八战略"之所以能够落到实处,关键是省委的坚强领导和各级党委真抓实干;浙江之所以能够走在前列,关键是各级党组织发挥了领导核心和战斗堡垒作用,党员干部发挥了先锋模范作用,党的领导核心作用是推动"八八战略"深入实施的根本保证,而"八八战略"的不断实施和经济社会持续发展则为巩固党的领导核心作用提供了扎实基础。

2.坚持系统谋划、统筹兼顾,扬优势、补短板、强弱项相统一。系统观念是基础性的思维和工作方法,着眼整体、统筹兼顾,突出重点、带动全局,用普遍联系的、全面系统的、发展变化的观点认识事物,把握发展规律,正确处理全局和局部、眼前和长远、特殊和一般、主要矛盾和次要矛盾等关系,推动省域经济社会全面协调持续发展。"八八战略"在省域层面体现了"五位一体"总体布局和"四个全面"战略布局,彰显了习近平同志对浙江发展的战略思考和整体设计。20多年来,浙江历届省委始终坚持和运用系统思维,统筹协调,通过深化国有企业改革和发挥民营经济活力创造力,促进多种所有制经济共同发展,从"利用国际也要利用国内"推动开放发展,从"腾笼换鸟、凤凰涅槃"优化调整产业结构,按照"绿水青山就是金山银山"的理念抓生态环境,以更好发挥"看得见的手和看不见的手"深化改革,充分发挥比较优势、着力补齐短板,整体推进经济、政治、文化、社会、生态文明和党的建设各领域各项部署的落实。20多年实践表明,省域现代化建设是一个有机整体,经济、政治、文化、社会、生态文明建设和党的建设相互之间存在着紧密的联系,只有坚持以系统思维观全局、看问题、作决策,才能不断巩固现有优势,同时将原有劣势转化为新的优势,整体推进经济社会全面发展。

3.坚持人民至上,实现好、维护好、发展好人民群众的根本利益。人民立场是中国共产党的根本政治立场,人民的创造性实践是理论创新的不竭源泉。习近平总书记明确指出:"以人民为中心的发展思想,不是一个抽象的、玄奥的概念,不能只停留在口头上、止步于思想环节,而要体现在经济社会发展各个环节。"①"八八战略"充分体现了习近平同志诚挚的为民情怀和以人民为中心的发展思想。20多年来,浙江坚持强省与富民相结合,千方百计促民富,支持和鼓励群众创新创业,不断提高城乡居民收入,让广大人民群众充分享受改革发展的成果。坚持在改善民生福祉中不断满足人民对美好生活的向往,始终把人民拥护不拥护、赞成不赞成、高兴不高兴作为制定政策的依据,建立并不断完善为民办实事的长效机制,每年抓好十个方面实事,下大力气解决群众急难愁盼问题,不断提高城乡公共服务均等化水平。坚持尊重和维护人民群众的民主权利,问需于民、问计于民、问情于民,民主协商、民主决策。20多年的实践表明,坚持以人民为中心的发展思想,站稳人民立场、把握人民愿望、尊重人民创造、集中人民智慧,做到民有所呼、我有所应,全心全意为人民服务,持续提升人民群众的幸福感、获得感、认同感,就能充分激发人民群众创新创业活力,夯实党的执政基础。

4.坚持守正创新,用改革开放创新破解发展中的难题。守正就是坚守真理、坚守正道,其实质是因正确而坚守、因根本而坚守;创新就是勇于探索、开辟新境,敢于说前人没有说过的新话、干前人没有干过的事情。守正才能不迷失方向、不犯颠覆性错误,创新

---

① 中共中央文献研究室.习近平关于社会主义经济建设论述摘编[M].北京:中央文献出版社,2017:40.

才能把握时代、引领时代。守正和创新是相辅相成、辩证统一的,体现了"变"与"不变"、继承与发展、原则性与创新性的统一。20 多年来,浙江坚持深入实施"八八战略",坚持发展是第一要务、是解决所有问题的基础和关键。同时坚持把改革开放创新作为深入实施"八八战略"的关键之举,深入推进重要领域和关键环节改革,着眼于建立促进经济发展方式转变的体制机制,推进土地等资源要素市场化改革,建立生态补偿机制,用市场机制的办法在更大的范围内配置资源要素,推动"最多跑一次",构建服务型政府,优化营商环境,等等,最大程度地激发内在发展活力。"走出去"和"引进来"相结合,"立足浙江发展浙江"和"跳出浙江发展浙江"并举,充分利用"两种资源、两个市场",持续拓展发展空间。将创新思维贯穿在全省工作的方方面面,完善创新体制机制,深入实施科教兴省、人才强省战略,全面推进理念创新、理论创新、制度创新、文化创新、科技创新,区域创新能力得到显著增强,为经济社会发展提供了强劲动力。20 多年的实践表明,创新是第一动力、改革是关键一招、开放是必由之路,改革开放创新是浙江发展的活力和动力之源,也是高质量发展的关键。推进中国式现代化,必须进一步深化改革、扩大开放、强化创新。

5. 坚持干在实处、善作善成,一张蓝图绘到底,久久为功。大道至简,实干为要。干在实处,关键就在于以钉钉子精神抓部署、抓落实、抓督查,不获全胜决不收兵。抓落实,久久为功,就要一张蓝图绘到底,只要是科学的、切合实际的、符合人民愿望的,就要一茬接着一茬干。20 多年来,浙江历届省委秉持求真务实的要求,按照习近平同志给浙江擘画的省域现代化蓝图,从"创业富民、创新强省"到"物质富裕、精神富有",再到"建设美丽浙江、创造美好生活"，深入贯彻"绿水青山就是金山银山"的理念，持续实施"千村示范、万村整治""山海协作"等重大工程，深入推进"平安浙江""法治浙江"建设，持续推动文化建设"八项工程"，当前又以"两个先行"打造"重要窗口"，强力推进创新深化改革攻坚开放提升和三个"一号工程"，切实推动"八八战略"落地生根，实现了全方位深层次根本性精彩蝶变，迎来了从率先转型发展到以"两个先行"打造"重要窗口"的重大跨越。20 多年的实践表明，一分部署、九分落实。抓落实如敲钉子，如果不沉下心来抓落实，再好的目标、再好的蓝图，也只是镜中花、水中月。要把蓝图变现实、把目标变成果，就必须久久为功，一任接着一任抓，才能走在前列、勇立潮头。

这些启示，既是浙江 20 多年实践的深刻体会，也是"八八战略"蕴含的立场、观点、方法的集中体现，是深入实施"八八战略"必须始终坚持、一以贯之的基本原则。

二、"八八战略"的展望

"八八战略"蕴含着一系列极具开创性、前瞻性、洞察力的发展理念、战略思路和思想论断。2023 年 7 月，中共浙江省委十五届三次全会指出，"八八战略"是马克思主义中国化时代化在省域层面探索创新的理论成果，是习近平新时代中国特色社会主义思想在浙江萌发与实践的集中体现和重要标志。新时代新征程，浙江深入实施"八八战略"，就是要在习近平新时代中国特色社会主义思想的指导下，强力推进创新深化、改革攻坚、开放提升，以"两个先行"打造"重要窗口"。

1. 打造习近平新时代中国特色社会主义思想省域实践范例，在学习贯彻习近平新时代中国特色社会主义思想主题教育上发挥示范引领作用。深化铸魂溯源走心工程，打响浙江"跟着总书记学"、中心组学习巡听旁听、青年学习等工作品牌,成为党的创新理论常态长效学习样板。加强溯源研究,建设社科强省,形成一批标志性研究成果。深化"80后""90后""00后"新时代理论宣讲,构建高水平"浙字号"宣讲矩阵,让宣传宣讲新思想蔚然成风。

2.打造转型升级创新发展新样板,在推动高质量发展上发挥示范引领作用。完整、准确、全面贯彻新发展理念,打好服务融入新发展格局组合拳,全面建成数字经济高质量发展强省,建设更具活力、创新力、竞争力的现代化产业体系,建设具有全球影响力的科创高地、创新策源地和国际重要产业创新中心,深化"腾笼换鸟、凤凰涅槃",全面建成全球先进制造业基地。深入实施数字经济创新提质"一号发展工程",打造以创新为主要引领和支撑的数字经济。深入实施"地瓜经济"提能升级"一号开放工程",高水平服务和融入新发展格局,稳步扩大制度型开放。实施长三角一体化高质量发展、长江经济带发展等重大国家战略,共建"一带一路",推进自由贸易试验区提升和世界一流强港建设。

3.打造民营经济高质量发展新高地,在"两个健康"上发挥示范引领作用。深化"两个健康"集成改革,支持民营企业做优做强,建设民营经济健康发展先行省。深入实施营商环境优化提升"一号改革工程",加大改革力度,破解深层次体制机制障碍,加快打造市场化、法治化、国际化一流营商环境,进一步激发市场活力和社会创造力,为"两个先行"提供最优环境支撑。制定优化营商环境条例、促进民间投资健康发展政策意见,落实放宽民营企业市场准入政策,鼓励引导民营企业参与重大工程、重大产业链供应链建设,依法保护民营企业产权和合法权益,打造营商环境最优省,推动构建高水平亲清政商关系。

4.打造"三大差距"持续缩小的实践范例，在共同富裕上发挥示范引领作用。全面实施"扩中提低"行动，优化收入分配结构，完善高质量就业创业体系，大力发展公益慈善事业。推动山区海岛县高质量发展，大力发展海洋经济，打造"山海协作"升级版。深化农业转移人口市民化集成改革和强村富民集成改革，坚持和深化新时代"千万工程"，绘就"千村引领、万村振兴、全域共富、城乡和美"新画卷。实施公共服务"七优享"工程，高质量办好民生实事，建成体育强省和健康浙江，让城乡居民过上高品质的现代文明新生活。率先建立推动共同富裕的体制机制和政策体系，形成一批可复制、可推广的普遍性经验、制度性成果。

5.打造展示中国特色社会主义民主政治制度优越性的省域实践范例，在践行全过程人民民主上发挥示范引领作用。充分发挥人民代表大会发展全过程人民民主的主要渠道作用，迭代升级人大代表联络站，打造践行全过程人民民主基层单元。支持政协加强专门协商机构制度化、规范化、程序化功能建设，打造特色履职品牌，构建完善特色鲜明的政协协商民主体系。健全以职代会为基本形式的企事业单位民主管理制度，推行"职工说事"等新形式，推进村级议事协商创新实验试点，推动"有事好商量""民主恳谈""村民说事"等基层民主实践在全国形成更广泛的影响力。

6.打造高水平文化强省，在建设中华民族现代文明上发挥示范引领作用。大力实施新时代文化浙江工程，形成以精神富有为标志的文化发展模式。大力推进媒体深度融合改革，提升重大传播平台影响力、传播力。实施中华文明浙江标识行动，加强文明探源实证和文化遗产保护，打造文博强省。深化新时代文艺精品创优工程，深化"艺术乡建"活动，建成一批新时代文化地标。推动文化产业高质量发展,打造数字文化创新基地。深化"浙江有礼"省域文明实践,放大"最美浙江人"效应,打响"在浙里看见文明中国"品牌。用好杭州亚运会、亚残运会重大机遇,全力打响"诗画江南、活力浙江"省域品牌,高水平打造文旅深度融合,发展"浙江样板",高水平建设赛事强省。

7.打造生态文明绿色发展标杆之地,在美丽中国建设上发挥示范引领作用。实施"811"生态文明先行示范行动和循环经济"991"行动计划升级版,争创国家生态文明试验区,提标提速打造现代版富春山居图。深化"多规合一""耕地套合"改革,推进土地整治共同富裕基本单元建设,打造国土空间整体优化省域样板。高水平推进减污降碳协同创新区建设,实施循环经济"991"行动计划升级版,打造新型能源体系先行省,高水平推进能源绿色低碳转型。深入打好蓝天、碧水、净土保卫战和新要素新领域污染治理防御战,打好重点海域综合治理攻坚战。建立健全生态产品总值核算应用体系,深化两山合作社建设,拓展生态产品价值实现路径,率先构建形成全域共富大美新格局。

8.打造高水平"平安浙江""法治浙江",在社会治理现代化上发挥示范引领作用。坚持和发展新时代"枫桥经验",深入运用践行"浦江经验",推进矛盾纠纷化解和信访工作法治化,全面形成在法治化轨道上解决群众诉求的闭环体系,加快建设社会治理共同体,不断提升基层治理效能。健全风险闭环管控大平安体系,构建社会治安整体防控体系,有效提升重点行业领域安全生产水平,提高自然灾害监测预警和科学防控能力,全面建成更高水平的平安中国示范区。构建共同富裕省域法规体系,纵深推进"大综合一体化"行政执法改革等系统集成改革,深化信用浙江建设,营造更加浓厚的社会法治风尚,全面建成法治中国示范区。

9.打造新时代勤廉浙江,在以党的自我革命引领社会革命上发挥示范引领作用。忠实践行"八八战略",奋力推进"两个先行",关键在党。全面落实新时代党的建设总要求,健全全面从严治党体系。深化"循迹溯源学思想促践行",推动浙江大地处处成为学习贯彻伟大思想的大课堂。深入推进党政机构改革,锻造一支堪当现代化建设重任的高素质专业化干部队伍。大力实施"红色根脉强基工程",推动基层党建全省域建强、全领域过硬、全面走在前列。纵深推进清廉浙江建设,全面探索建立以党内监督为主导,各类监督有机贯通、相互协调的体制机制,擦亮巡视巡察利剑,迭代升级公权力大数据监督应用建设,争创高质量正风肃纪反腐的省域范例,不断推进以党的自我革命引领社会革命在浙江的生动实践。

后 记

　　本书作为"新思想在浙江的萌发与实践"系列教材之一,与本系列其他教材相比较,由于其选题的重要性和涉及内容的综合性,使得本书的编写和出版过程相对长些,也因此成为本系列教材中最后出版的一本。

　　本书也是浙江(浙江大学)国际发展与治理研究中心"浙江经验研究成果跟踪和评估"课题的成果。浙江(浙江大学)国际发展与治理研究中心是浙江大学在浙江省委直接关心下成立的省新型重点专业智库,其重要职责是提炼概括和研究阐释浙江省改革开放以来所取得的成就和经验。中心成立以来就把"浙江经验研究成果跟踪和评估"作为重要研究课题,本书就是这一研究的成果之一。

　　本书的研究编写工作得到了浙江大学领导和相关专家的大力支持。任少波书记亲自指导选题并审定书稿。浙江(浙江大学)国际发展与治理研究中心主任贡森教授对相关课题的研究工作给予大力支持。浙江大学出版社对本书的编写与出版提供了细致周到的专业服务。匿名审稿专家认真审阅书稿并提出了十分中肯、有益的修改意见。在此一并表示感谢。

　　本书的研究编写工作由盛世豪牵头负责,盛世豪、王祖强共同研究撰写。中共浙江省委党校经济学教研部的袁涌波教授、李涛副教授、刘磊副教授为本书的提纲讨论、材料收集和文字校对付出了辛勤劳动和智慧。

由于本书选题重大,内容涉及面广,研究难度大,虽然做出了很大努力,肯定还有许多不足和纰漏之处,敬请读者批评指正!

2024 年 7 月

图书在版编目(CIP)数据

"八八战略"：引领省域"两个先行"的科学指南 /
盛世豪,王祖强编著. -- 杭州 ：浙江大学出版社，
2024.7. -- ISBN 978-7-308-25100-6

Ⅰ. F127.55

中国国家版本馆 CIP 数据核字第 2024CD8865 号

"八八战略"：引领省域"两个先行"的科学指南

盛世豪　王祖强 编著

出 品 人	褚超孚
总 编 辑	袁亚春
策划编辑	黄娟琴
责任编辑	葛　娟
责任校对	闻晓虹
封面设计	程　晨
出版发行	浙江大学出版社
	(杭州市天目山路 148 号　邮政编码 310007)
	(网址:http://www.zjupress.com)
排　　版	杭州朝曦图文设计有限公司
印　　刷	浙江新华数码印务有限公司
开　　本	710mm×1000mm　1/16
印　　张	18.5
字　　数	215 千
版 印 次	2024 年 7 月第 1 版　2024 年 7 月第 1 次印刷
书　　号	ISBN 978-7-308-25100-6
定　　价	39.80 元